C. H. BECK
STUDIUM

Peter Riemer
Michael Weißenberger
Bernhard Zimmermann

Einführung in das Studium der Gräzistik

Verlag C. H. Beck München

Mit 12 Abbildungen, 1 Karte und 4 Stammbäumen

2. Auflage. 2017
Unveränderter Nachdruck

© Verlag C.H.Beck oHG, München 2000
Umschlagentwurf: Bruno Schachtner, Dachau
Satz: Janß GmbH, Pfungstadt
Druck und Bindung: Beltz Bad Langensalza GmbH, Bad Langensalza
Gedruckt auf säurefreiem, alterungsbeständigem Papier
(hergestellt aus chlorfrei gebleichtem Zellstoff)
Printed in Germany
ISBN 978 3 406 69953 5

www.chbeck.de

Inhalt

Vorwort 9

I. Einleitung – Definition des Faches und seines Gegenstandes (B. Zimmermann) 11

II. Geschichte der Klassischen Philologie (M. Weißenberger) . 14
   1. Die voralexandrinische Zeit 14
   2. Die Alexandriner 15
   3. Pergamon 19
   4. Späthellenistische Epoche und römische Kaiserzeit 20
   5. Das 'griechische Mittelalter': Byzanz 23
   6. Die Neuzeit 26
      6.1. Der italienische Humanismus 26 – 6.2. Die französisch-niederländische Periode 30 – 6.3. Richard Bentley und seine Nachfolger 33 – 6.4. Die deutsche Periode 35 – 6.5. Die Klassische Philologie im 20. Jh. 40

III. Sprachgeschichte (P. Riemer) 42
   1. Allgemeines 42
   2. Die Dialekte 45
      2.1. Ionisch-Attisch 47 – 2.2. Dorisch 47 – 2.3. Äolisch 48 – 2.4. Arkadisch-Kyprisch 48
   3. Die Dialekte in der Literatur 49
      3.1. Epische Dichtung 49 – 3.2. Die anderen Gattungen 49
   4. Zur Form 50

IV. Vom Autograph zur modernen Edition (M. Weißenberger) 52
   1. Überlieferungsgeschichte 52
      1.1. Definition 52 – 1.2. Beschreibstoffe in der Antike 53 – 1.3. Buchformen in der Antike 54 – 1.4. Verbreitung von Büchern in der Antike 55 – 1.5. Verbreitung von Büchern in Spätantike und frühem Mittelalter 57 – 1.6. Geschichte der Schrift: griechische Paläographie 58
   2. Textkritik 66
      2.1. Ausgangslage 66 – 2.2. Zielsetzung und Bedeutung der Textkritik 67 – 2.3. Methode der Textkritik 69 – 2.4. Die 'kritische Ausgabe' 76 – 2.5. Praktischer Teil: Benutzung einer kritischen Ausgabe 77

V. Hilfswissenschaften (M. Weißenberger) 82
   1. Epigraphik 82
   2. Papyrologie 85

VI. Metrik (B. Zimmermann) 88
   1. Definition, Grundbegriffe 88
   2. Die wichtigsten Versmaße und ihre Verwendung 91

VII. Rhetorik (P. Riemer) 97
   1. Allgemeines 97
   2. Die Arten der Rede und ihre Hauptvertreter 98
   3. Von der Stoffsammlung zum Redevortrag 101
   4. Stilistik 103
      4.1. Figurenlehre 103 – 4.1.1. Tropen 103 – 4.1.2. Figuren 105 –
      4.2. Zum Rhythmus der Rede 112

VIII. Philosophie (P. Riemer) 115
   1. Vorbemerkung 115
   2. Die Vorsokratiker 116
   3. Die Sophisten 121
   4. Sokrates und die Sokratiker (Kyniker) 122
   5. Platon und die Akademie 124
      5.1. Sonnengleichnis 125 – 5.2. Liniengleichnis 125 –
      5.3. Höhlengleichnis 127
   6. Aristoteles und der Peripatos 129
   7. Hellenistische Philosophenschulen 133
   8. Der Neuplatonismus 134

IX. Epochen der griechischen Literatur (B. Zimmermann) 135
   1. Allgemeines 135
   2. Die Epochen der griechischen Literatur im einzelnen 137
      2.1. Die archaische Literatur 138 – 2.2. Die klassische
      Literatur 142 – 2.3. Die hellenistische Literatur 145 – 2.4. Die
      kaiserzeitliche und spätantike Literatur 147

X. Die Gattungen der griechischen Literatur (M. Weißenberger) 153
   1. Poesie 154
      1.1. Epos 154 – 1.2. Sonstige hexametrische Dichtung 157 –
      1.2.1. Lehrgedicht 157 – 1.2.2. Parodisches Epos und Kleinepos
      (Epyllion) 158 – 1.2.3. Hymnos 159 – 1.2.4. Mimos und
      Bukolik 160 – 1.3. Lyrik 161 – 1.4. Elegie 163 –
      1.5. Epigramm 164 – 1.6. Iambos 165 – 1.7. Tragödie und
      Satyrspiel 165 – 1.8. Komödie 169
   2. Prosa 172
      2.1. Philosophische und wissenschaftliche Prosa 172 –
      2.2. Geschichtsschreibung und Biographie 175 – 2.3. Rede 179 –
      2.4. Brief 183 – 2.5. Roman 185

Inhalt

XI. Autoren und Werke (B. Zimmermann) 187
   1. Archaische Literatur 187
   2. Klassische Literatur 192
   3. Hellenistische Literatur 207
   4. Literatur der Kaiserzeit und Spätantike 210

XII. Das Studium (P. Riemer) 214
   1. Studienorganisation 214
     1.1. Allgemeines 214 – 1.2. Studienbeginn 214 – 1.3. Grundstudium 215 – 1.4. Hauptstudium 220
   2. Der Studienabschluß 221
     2.1. Allgemeines 221 – 2.2. Die wissenschaftliche Hausarbeit 223 – 2.3. Die Klausurarbeit 225 – 2.4. Die mündliche Prüfung 225

Anhang

XIII. Verzeichnis der wichtigsten, in textkritischen Apparaten verwendeten Abkürzungen (M. Weißenberger) 229

XIV. Stammbäume zur griechischen Mythologie (B. Zimmermann) 231

XV. Literaturverzeichnis 236
   1. Allgemeines 236
   2. Literaturhinweise zu den einzelnen Kapiteln 239

XVI. Glossar/Sachregister 246

XVII. Namensregister 249

Abbildungsnachweis 252

Vorwort

Wie die vor zwei Jahren erschienene *Einführung in das Studium der Latinistik* ist der vorliegende Band als eine Reaktion auf die veränderten Studienbedingungen zu verstehen. Die Erfahrung in der Lehre zeigt, daß ein Propädeutikum, in dem Studierenden der Gräzistik die methodischen und inhaltlichen Voraussetzungen des Faches vermittelt werden, immer notwendiger wird. Die Situation wird sich mit der Einführung neuer Studiengänge wie des Bachelor (B. A.) noch weiter ändern. Die vorliegende *Einführung in das Studium der Gräzistik* versucht, dieses Basiswissen zu vermitteln. Da der Band unabhängig von der *Einführung in das Studium der Latinistik* benutzt werden soll, waren einige Überschneidungen, vor allem in Kap. II 'Geschichte der Klassischen Philologie', nicht zu vermeiden.

Saarbrücken	Peter Riemer
Greifswald	Michael Weißenberger
Freiburg i. Br.	Bernhard Zimmermann

I. Einleitung

Definition des Faches und seines Gegenstandes

Gegenstand der Gräzistik ist die griechische Sprache, Literatur und Kultur vom 8. Jh. v. Chr., von Homers *Ilias* und *Odyssee* (S. 139, 187 ff.)* bis zum Ende der Spätantike (ca. 7. Jh. n. Chr., S. 138). Die Zeit vom 7./ 8. Jh. n. Chr. bis zum Fall Konstantinopels im Jahre 1453 wird von der Byzantinistik abgedeckt, die seit dem 16. Jh. als eigenständige Wissenschaft betrieben wird. Die byzantinische Literatur zählt jedoch auch zu den Gegenständen, die im weiteren Sinne zu den Gebieten der Gräzistik gehören, da die griechische Literatur der Antike und Spätantike durch byzantinische Gelehrte abgeschrieben und kommentiert wurde (S. 23 ff.) und byzantinische Autoren sich ständig mit den Texten der Antike auseinandersetzten. Die griechische Literatur und Sprache seit 1453 bis in die Gegenwart wird von der Neogräzistik behandelt.

Im Gegensatz zu anderen philologischen Fächern wie Germanistik, Anglistik, Romanistik und Slawistik widmet sich die Gräzistik nicht nur der 'schönen Literatur', sondern allen in Griechisch verfaßten Texten, also auch der Fach- und Sachliteratur (z. B. historischen, philosophischen, rhetorischen, geographischen und medizinischen Werken). Aufgrund der besonderen Überlieferungslage muß sich die Gräzistik in höherem Maße, als dies bei den modernen literaturwissenschaftlichen Fächern der Fall ist, mit der Erstellung einer zuverlässigen Textbasis befassen und die Wege untersuchen, über die ein Werk von der Antike in die Neuzeit gelangt ist ('Überlieferungsgeschichte', S. 52 ff.).

Die zeitliche Distanz, die den Studierenden der Gräzistik von den Gegenständen seines Faches trennt, bringt es mit sich, daß eine Rekonstruktion des historisch-kulturellen Hintergrunds für das adäquate Verständnis eines Textes unabdingbar ist. Diese Rekonstruktion kann nur durch Grundkenntnisse in anderen Wissenschaftszweigen wie der Indogermanistik, Alten Geschichte, Philosophie und Philosophiegeschichte, Kunstgeschichte und Archäologie sowie Religionsgeschichte und Theo-

---

* Alle Seitenverweise ohne nähere Werkangabe innerhalb des Bandes beziehen sich auf die vorliegende Einführung.

logie geleistet werden. Da zudem die griechische Literatur in entscheidendem Maße die europäische Literatur, beginnend mit der lateinischen, beeinflußte, sollte die Rezeption – jedenfalls der wichtigsten Gattungen wie z. B. der Tragödie – im Verlauf des Studiums wenigstens exemplarisch Berücksichtigung finden.

Bis vor ca. 40 Jahren wurde Gräzistik in der Regel in Verbindung mit Latinistik studiert. Institutionell findet diese ehemals enge Verbindung ihren Niederschlag darin, daß Gräzistik und Latinistik meistens in einem Seminar oder Institut für Klassische Philologie zusammengefaßt sind. Nur an wenigen Universitäten existiert ein Institut für Altertumswissenschaft, wodurch der oben skizzierten engen Verbindung der Gräzistik zu anderen benachbarten Wissenschaftszweigen, die sich mit dem Altertum befassen, Rechnung getragen wird. Der ständig zurückgehende Bedarf an Lehrkräften im Bereich der Alten Sprachen – insbesondere des Griechischen – hat zu einer Änderung in den Fächerkombinationen geführt. Gräzistik wird zwar noch häufig in der Kombination mit der Latinistik studiert – momentan dürfte dies sogar noch die Regel sein. Sinnvollerweise sollte jedoch die traditionelle klassisch-philologische Kombination durch ein weiteres Fach ergänzt werden. Zwar ist momentan – jedenfalls in einigen Bundesländern – ein (geringfügig) höherer Bedarf an Griechischlehrerinnen und -lehrern festzustellen. Auf längere Sicht kann der Lehrberuf jedoch nicht das hauptsächliche Berufsziel für Studierende der Gräzistik bleiben. Andere berufliche Perspektiven, die sich vor allem im Bereich des Kulturbetriebs – z. B. des Journalismus, Verlagswesens, Theaters und der kommunalen Kulturarbeit, immer mehr auch im expandierenden Kulturtourismus – auftun, hängen in entscheidendem Maße von den mit der Gräzistik kombinierten Fächern ab. Auf alle Fälle ist anzuraten, nach der Zwischenprüfung (S. 215 ff.) das Studium breiter anzulegen und sich 'Zusatzkompetenzen' – z. B. im Rahmen der im *Studium generale* angebotenen Veranstaltungen – zu erarbeiten. Durch die Einführung von B. A.- und M. A.-Studiengängen steht in nächster Zeit ohnehin ein gravierender Einschnitt im deutschen Hochschulsystem bevor, dem sich die Gräzistik und Latinistik nicht entziehen können. Gerade die geplanten Bachelor-Studiengänge (B. A.) werden praxisorientiert sein und sollen direkt auf die oben skizzierten Berufe im Kulturbereich hinführen. Inwieweit (und in welchem Umfang) Sprachkenntnisse in den neuen Studiengängen verlangt werden, zumal wenn sie als Nebenfach studiert werden, wird momentan kontrovers diskutiert.

Vor diesem Hintergrund ist die vorliegende *Einführung in das Stu-*

dium der Gräzistik zu verstehen. Sie soll Grundlagenwissen vermitteln, soll den Studierenden in den ersten Semestern den Einstieg in das Studium erleichtern und soll auch ohne Griechischkenntnisse zu benützen sein. Deshalb haben wir in der Regel, soweit dies möglich war, griechische Begriffe in lateinischer Umschrift und in deutscher Übersetzung wiedergegeben. Dem einführenden Charakter des Buches entsprechend, können die Literaturangaben am Ende des Bandes nur einige weiterführende Titel nennen; dasselbe gilt für Kap. XI 'Autoren und Werke'.

II. Geschichte der Klassischen Philologie

1. Die voralexandrinische Zeit (bis ca. 300 v. Chr.)

Philologie als eigenständige wissenschaftliche Disziplin entwickelte sich in den ersten Jahrzehnten des 3. Jh.s v. Chr. in Alexandria. Die ersten Versuche einer Bearbeitung von Dichtertexten, in denen zumindest Elemente philologischer Tätigkeit zu erkennen sind, reichen aber viel weiter zurück. So hören wir von einem Theagenes von Rhegion (6. Jh.), der nicht nur Biographisches über den ersten Dichter der Griechen, Homer, zusammentrug, sondern auch Textinterpretation betrieb: Mit dem Instrument der allegorischen Deutung versuchte er die in den homerischen Epen vermittelte und bereits im 6. Jh. kritisierte Gottesvorstellung zu rechtfertigen.

Bis ins 4. Jh. hinein blieb unseres Wissens Homer der einzige Gegenstand der 'vorphilologischen' Bearbeitung. Neben der Produktion von Schriften zur sachlichen Erklärung bemühte man sich auch, einen einigermaßen zuverlässigen Text der alten Epen zu sichern. Die in diesem Zusammenhang oft erwähnte 'Peisistratidische Rezension' (d. h. die Fixierung eines gewissermaßen 'offiziellen' Homertextes zur Rezitation im Athen der Söhne des Tyrannen Peisistratos, Ende 6. Jh.) läßt sich allerdings nicht als historisches Faktum erweisen; von dem epischen Dichter Antimachos von Kolophon (um 400) ist dagegen sicher bezeugt, daß er eine Homer-Ausgabe erstellt hat. Es ist aber unwahrscheinlich, daß er oder auch Aristoteles, der für seinen Schüler Alexander den Großen einen Homertext eigenhändig korrigierte, bereits ein dem später in Alexandria entwickelten vergleichbares Verfahren regelrechter Textkritik angewandt haben.

Auch das sogenannte 'athenische Staatsexemplar', eine um 330 auf Initiative des Politikers Lykurgos erstellte Ausgabe sämtlicher Stücke der drei großen attischen Tragödiendichter des 5. Jh.s (Aischylos, Sophokles, Euripides), war keine kritische Ausgabe nach den Standards der späteren Philologie, sondern eine Fixierung des aktuell gängigen Textes, durch die weitere willkürliche Veränderungen (insbesondere durch Hinzufügungen, man spricht von 'Schauspieler-Interpolationen', die anläßlich der Wiederaufführung der alten Stücke in die Texte eingearbeitet wurden) verhindert werden sollten.

Auch für andere Teilgebiete der Philologie wurde in voralexandrinischer Zeit immerhin der Grund gelegt: Mehrere der 'Sophisten' (S. 121) befaßten sich mit grammatischen und sprachwissenschaftlichen Fragen: So beschrieb Protagoras erstmals grammatische Genera und Modi, Prodikos begründete die Synonymik, Hippias schrieb über die Wirkung von Klangelementen der Sprache. Solche Forschungen wurden im 4. Jh. durch Platon und Aristoteles weiter vorangetrieben. Letzterer und die von ihm begründete peripatetische Schule widmeten sich auch der systematischen Ermittlung von historischen Fakten und Gegebenheiten, die für das Verständnis der alten Dichtung wichtig waren. So erstellte Aristoteles selbst eine Sammlung der Didaskalien, also der Protokolle der athenischen Tragödien- und Komödienaufführungen. Schüler des Aristoteles, wie Theophrastos, Herakleides Pontikos, Chamaileon u. v. a. erweiterten und vertieften diese antiquarische Forschung. Es entstand die nach dem ersten Wort des Titels dieser Schriften sogenannte 'Peri-Literatur'. Ein Vertreter dieser peripatetischen Gelehrsamkeit, Demetrios von Phaleron, siedelte 297 nach Alexandria über. Seine Person verbindet das zu Ende gehende Zeitalter der athenischen mit dem anbrechenden der alexandrinischen Philologie.

2. Die Alexandriner

Der erste Ptolemaierkönig (Ptolemaios Soter, 305–285 v. Chr.) versammelte um sich einen Kreis von Gelehrten und Dichtern, die das Bestreben verband, angesichts des intensiv in allen Lebensbereichen empfundenen Umbruchs das immense Erbe der griechischen Literatur, vornehmlich der Poesie, zu bewahren und durch intensives Studium gegebenenfalls für eigene dichterische Versuche fruchtbar zu machen. Prominentester Vertreter der ersten Generation dieses neuen Typus des 'Dichterphilologen' war der schon in einer antiken Quelle als „zugleich Dichter und Philologe" bezeichnete Philitas von Kos (ca. 325–285), der ein Wörterbuch unbekannten Umfangs zusammengestellt hat. Noch unter dem ersten Ptolemaierkönig wurde, vielleicht auf Anregung des Demetrios von Phaleron, das *Museion* gegründet. Den Mittelpunkt dieser aus königlichen Mitteln finanzierten Wohn-, Forschungs- und Lehrstätte bildete die Bibliothek, die bereits um 285 etwa 200000 Bände (Buchrollen) umfaßte und damit sämtliche bis dahin vorhandenen Büchersammlungen der griechischen Welt (die größte war wohl die des Aristoteles) bei weitem übertraf. Ihren größten

Umfang erreichte die Bibliothek in der Mitte des 1. Jh.s v. Chr. mit ca. 700000 Rollen. Die zweite Bibliothek Alexandrias, das wahrscheinlich unter Ptolemaios III. Euergetes gegründete *Serapeion*, enthielt dagegen nie mehr als 43 000 Rollen.

In Alexandria wurde Philologie aber von Anfang an auch als eigenständige Disziplin betrieben, die ihren Zweck, die Bewahrung und Erklärung der alten Literatur, in sich selbst trägt. So ist von dem Philitas-Schüler Zenodotos von Ephesos, dem ersten Leiter der neugegründeten Bibliothek, nicht bekannt, daß er seine Studien für eigenes poetisches Schaffen nutzbar gemacht hätte. Zenodot erarbeitete als erster eine kritische Ausgabe der homerischen und der hesiodischen Epen mit dem Ziel der Wiedergewinnung des Urtextes, in der er bei divergierenden Versionen verschiedener Überlieferungsträger begründete Entscheidungen zu treffen versuchte; als erster gebrauchte er den *Obelos*, einen waagerechten Strich am Rand zur Kennzeichnung von Versen, die er für unecht hielt; der Vers blieb aber im Text, so daß dem Leser eine eigene Entscheidung ermöglicht wurde. Zenodot hat damit eines der Prinzipien moderner kritischer Textausgaben begründet – wogegen die Fragwürdigkeit mancher der für ihn überlieferten textkritischen Entscheidungen wenig ins Gewicht fällt (Zenodot arbeitete bei der Echtheitskritik anscheinend bevorzugt mit dem – natürlich subjektiven – Kriterium des 'Unschicklichen'). Ähnliche philologische Pionierarbeit wie Zenodot für das Epos leisteten seine Zeitgenossen Lykophron für die komische und Alexandros Aitolos für die tragische Dichtung.

Kallimachos von Kyrene (ca. 310–240 v. Chr.) war selbst zwar nie, wie früher fälschlich angenommen, Leiter der Bibliothek, leistete aber die grundlegende Arbeit für deren Benutzbarkeit als wissenschaftliches Arbeitsinstrument: In den 120 Bücher umfassenden *Pinakes* legte er ein Verzeichnis des damals in der Bibliothek vorhandenen Literaturbestandes vor; das Werk war nach literarischen Gattungen in sechs Gruppen eingeteilt, innerhalb derer in alphabetischer Reihenfolge die einzelnen Autoren aufgeführt wurden, jeweils mit Lebensdaten und Werkverzeichnis. Neben seiner gelehrten Tätigkeit fand Kallimachos auch Zeit für eigene Dichtung; er ist der Autor, der dem neuen poetologischen Programm des Hellenismus die maßgebliche Formulierung gegeben hat.

Apollonios Rhodios (ca. 300 – nach 246 v. Chr.), der bedeutendste unter den zahlreichen Schülern des Kallimachos, übernahm zu einem nicht genau zu sichernden Zeitpunkt als Nachfolger Zenodots die Leitung der Bibliothek. Über seine philologische Tätigkeit ist wenig bekannt, doch ist er der letzte der großen alexandrinischen Gelehrten, der sich auch als Dichter einen Namen gemacht hat; sein Argonautenepos *Argonautika* in vier Büchern ist vollständig erhalten.

Für den Nachfolger des Apollonios, Eratosthenes von Kyrene (ca. 276–195 v. Chr.), war dagegen Poesie nichts weiter als eine Nebentätigkeit. Er erstrebte und beanspruchte für sich universale Gelehrsamkeit, die auch den gesamten Bereich der Naturwissenschaften einschloß. Um diesen neuen Anspruch zu manifestieren, bezeichnete er sich selbst als φιλόλογος (*philólogos*) und distanzierte sich damit von seinen als κριτικοί (*kritikoí*) bzw. γραμματικοί (*grammatikoí*) bezeichneten Vorgängern. Sein Hauptwerk auf dem Gebiet der eigentlichen Philologie war eine mindestens 12 Bücher umfassende Abhandlung über die Alte Komödie. Scharf widersprach Eratosthenes denjenigen, die Dichtung als Quelle präziser Sachinformation benutzen zu können glaubten und so etwa die Stationen der Fahrt des Odysseus aufgrund der Angaben in der Odyssee geographisch zu lokalisieren versuchten; da müsse man zuvor, so sein sarkastischer Kommentar, den Schuster ausfindig machen, der den ledernen Windsack des Aiolos (des Hüters der Winde) zusammengenäht habe.

Ihren Höhepunkt erreicht die alexandrinische Philologie in Eratosthenes' Nachfolger, Aristophanes von Byzanz (ca. 255–180 v. Chr.), der sich – soweit wir wissen – weder als Dichter noch als Naturwissenschaftler betätigte. Um so imposanter in Umfang und Qualität sind die Ergebnisse seiner philologischen Arbeit: Seine kritischen Ausgaben der Epiker, Lyriker, Tragiker und Komiker wurden in den folgenden Jahrhunderten der Antike (vom Mittelalter zu schweigen) nicht mehr übertroffen und bildeten die Grundlage der gesamten weiteren Überlieferung dieser Texte. Gegenüber seinen Vorgängern entwickelte Aristophanes ein erweitertes und verfeinertes System textkritischer Zeichen, versah überall da, wo die bloße Buchstabenfolge uneindeutig war, die Wörter mit von ihm selbst erfundenen Akzentzeichen und erleichterte das syntaktische Verständnis durch eine konsequent durchgeführte Interpunktion. Lyrische Dichtung notierte er (vielleicht als erster) nicht mehr fortlaufend, sondern setzte die metrischen Einheiten durch jeweils neue Zeilen voneinander ab und begründete damit das noch heute übliche Verfahren. Seine *Hypothéseis* (Inhaltsangaben, lat. *argumenta*) zu den Tragikern und zu dem Komödiendichter Aristophanes sind, zum Teil in abgekürzter Form, bis heute erhalten geblieben. Neben seiner editorischen Tätigkeit verfaßte Aristophanes auch ein umfangreiches lexikographisches Werk, in dem er unter anderem zwischen älterem und jüngerem Vokabular unterschied, auf regionale und dialektale Besonderheiten einging und so Pionierarbeit auf dem Gebiet der griechischen Sprachwissenschaft leistete. Auch durch seine Qualitätsentscheidungen als Literaturkritiker hat Aristophanes die weitere Textüberlieferung entscheidend geprägt. Auf ihn gehen wenn nicht alle, so doch einige der in der Neuzeit als *canones* bezeichneten Listen zurück, in denen die vorbildlichen Vertreter jeder Literaturgattung verzeichnet wurden. Die Griechen sprachen von οἱ ἐγκριθέντες (*hoi enkrithéntes*) bzw. οἱ πραττόμενοι (*hoi prattómenoi*), die Römer von *classici*. Fast alles, was nicht in diesen Klassikerkanon aufgenommen wurde, hat die folgenden Jahrhunderte bis zum Ende der Antike nicht überstanden. Die Bedeutung des Aristophanes für die Überlieferungsgeschichte des größten Teiles der älteren griechischen Literatur kann also kaum überschätzt werden.

Die Reihe der bedeutenden Philologen Alexandrias endet mit Aristarchos von Samothrake (ca. 216–144 v. Chr.). Den Schwerpunkt seiner Tätigkeit bildete das von seinen Vorgängern vernachlässigte Gebiet der Kommentierung. Aristarchos verfaßte Kommentare (*Hypomnémata*) zu beinahe allen bedeutenden Dichtern und zu einem Prosaiker, dem Geschichtsschreiber Herodot. Insgesamt soll er nach Angabe eines byzantinischen Lexikons 800 Bücher geschrieben haben. Nach unserer Kenntnis enthielten diese Kommentare umfangreiche Wort- und Sacherklärungen sowie Stellenvergleiche. Bei der Interpretation befolgte Aristarchos insgesamt den Grundsatz, einen Autor aus sich selbst heraus zu erklären.

Etwa im Jahr 145 v. Chr. endet mit politischen Wirren im Ptolemaierreich die Glanzzeit der alexandrinischen Philologie. Zahlreiche Gelehrte verließen Ägypten, um anderswo die Tradition fortzusetzen. Das wissenschaftliche Niveau eines Aristophanes oder Aristarch hat die griechische Philologie der Antike aber nicht wieder erreicht. Von dem ausgebreiteten philologischen Schrifttum der Alexandriner hat sich kein einziges Werk im Original erhalten. Unsere Kenntnis beruht ausschließlich auf Angaben in Scholien (antiken und mittelalterlichen Kommentaren), Lexika, kaiserzeitlichen und spätantiken Autoren wie Athenaios von Naukratis sowie neuerdings vermehrt auf Papyrusfunden.

3. Pergamon

Eine rivalisierende und in vieler Hinsicht antagonistische philologische Tradition erwuchs den Alexandrinern seit dem Beginn des 2. Jh.s v. Chr. in der Schule von Pergamon. Sie war von König Attalos I. (241–197 v. Chr.) begründet worden und erreichte ihre Blüte unter dessen Nachfolger Eumenes II. (197–158 v. Chr.), der nicht nur den berühmten Stoiker Krates von Mallos und einige seiner Schüler für Pergamon gewinnen konnte, sondern dort auch – in deutlicher Konkurrenz zu Alexandria – eine große Bibliothek gründete. Die Schule von Pergamon verdient innerhalb eines kurzen Überblicks über die Geschichte der Philologie aus folgenden Gründen Beachtung:

– Das von den Stoikern entwickelte System der Grammatik wurde in Pergamon vervollkommnet. Ein auch für uns noch greifbares Ergebnis dieser grammatischen Studien ist die vollständig erhaltene griechische Grammatik des auf Rhodos lebenden Dionysios Thrax (geb. um 166 v. Chr.), eines Aristarch-Schülers, der aber stark von der pergamenisch-stoischen Tradition beeinflußt ist; sein schmales Werk bietet im wesentlichen die noch heute gebräuchliche Terminologie: „Einen ähnlichen Einfluß dürfte kaum ein zweites Buch ähnlichen Umfanges aufzuweisen haben" (Gudeman, Grundriß S. 53).

– Die bis ins 6. Jh. zurückreichende allegorische Homerdeutung wurde von den Pergameniern in demonstrativem Gegensatz zur Interpretationsmethode des Aristarch wiederbelebt; das gesamte stoische Lehrgebäude versuchte man auf diese Weise aus der Dichtung Homers herauszulesen.

– Im Gegensatz zu der (von Eratosthenes abgesehen) auf Wortkritik und -erklärung konzentrierten alexandrinischen Philologie trieb man in Pergamon ausgedehntere und vielseitigere Studien. Diese verselbständigten sich allmählich und entwickelten sich zu der rein antiquarischen Gelehrsamkeit eines Polemon von Ilion (1. Hälfte 2. Jh. v. Chr.) und anderer, denen die alten Dichtungen hauptsächlich als Fundgruben für historische, mythologische, topographische und andere Spezialkenntnisse galten – Tendenzen, die Teilbereichen der positivistischen Altertumswissenschaft des 19. Jh.s seltsam verwandt wirken.

– Wichtig sind die Pergamenier nicht zuletzt wegen ihres starken Einflusses auf Entstehung und Entwicklung der römischen Philologie. Genannt und in seiner Bedeutung wohl überschätzt wird in diesem Zusammenhang seit Sueton (*De grammaticis* 1f.) stets der durch einen Beinbruch nötig gewordene, mehrmonatige Aufenthalt des Krates in Rom, wo er die Zeit zu aufsehenerregenden Vorträgen nutzte. Die Beeinflussung des geistigen Lebens in Rom durch die Pergamenier hielt aber während des 1. Jh.s. v. Chr. kontinuierlich an; genannt seien hier nur, stellvertretend für viele, der Lehrer des Hyginus, Alexandros Polyhistor (ca. 100–46), sowie Apollodoros von Pergamon, bei dem der junge Octavian, der spätere Kaiser Augustus, lernte.

4. Späthellenistische Epoche und römische Kaiserzeit

Die griechischen Philologen vom 1. Jh. v. Chr. bis zum Ende der Antike haben, soweit wir dies beurteilen können, einerseits das Erbe der Gelehrten von Alexandria und Pergamon bewahrt, andererseits die philologische Tätigkeit auf von diesen nicht behandelte Gebiete ausgedehnt – allerdings ohne methodisch über das bereits Geleistete hinauszukommen. Im folgenden kann nur eine knappe Auswahl von Namen und Fakten gegeben werden.

Im 1. Jh. v. Chr. wirkte eine große Zahl griechischer Gelehrter in Rom, dem neuen geistigen Zentrum der Welt: Tyrannion von Amisos (in Rom seit 67 v. Chr.), ein Schüler des Dionysios Thrax, verfaßte Schriften über die homerischen Epen, grammatische Probleme und den Zusammenhang zwischen der griechischen und der lateinischen Sprache. Ähnliches gilt für Philoxenos von Alexandria, der ein Werk *Über die Sprache der Römer* schrieb und zu den wichtigsten Quellen für den größten Gelehrten der Römer, seinen ungefähren Zeitgenossen M. Terentius Varro (116–27 v. Chr.), gehörte. Von größter Bedeutung sind die Zeitgenossen (beide 2. Hälfte 1. Jh. v. Chr.) Caecilius von Kale Akte (nur Fragmente erhalten) und Dionysios von Halikarnassos (S. 210f.): Sie gelten wenn nicht als Erfinder, so doch als die tatkräftigsten Pioniere des sprachlichen Attizismus (S. 148f.). Daß ihre Konzeption nicht nur die folgenden 1500 Jahre der griechischen Literaturgeschichte prägen, sondern selbst noch im Griechenland des ausgehenden 20. Jh.s spürbar sein würde (zwei Formen des Neugriechischen: 'Volkssprache' [δημοτική, *demotiké*] und 'Reinsprache' [καθαρεύουσα, *katharéusa*]), hätten wohl selbst Dionysios und Caecilius sich nicht träumen lassen.

In augusteischer Zeit lebte auch der wohl produktivste aller antiken Gelehrten, Didymos von Alexandria, den man scherzhaft *Chalkénteros* ('mit ehernen Eingeweiden') oder *Bibliolàthas* nannte ('der [seine eigenen] Bücher vergißt', was nicht erstaunlich ist bei 3500 bis 4000 Bänden, die er verfaßt haben soll!). Über seine immense, wenn auch sicher nicht modernen wissenschaftlichen Ansprüchen genügende Leistung urteilt am treffendsten Gudeman (Grundriß S. 54): „Der beispiellosen kompilatorischen Tätigkeit dieses Mannes verdankte das Altertum einen großen, wir mittelbar den weitaus größten Teil unserer Kenntnis alexandrinischer Gelehrsamkeit. Bei dieser gewaltigen Arbeitsleistung fällt der öfter nachweisbare Mangel an Akribie, tieferem Verständnis und Zuverlässigkeit im einzelnen nicht allzu schwer ins Gewicht, und so ist das jetzt übliche Verdammungsurteil ... ebenso einseitig wie ungerecht." Unverändert erhielt sich keine einzige Schrift des Didymos, lediglich große Reste eines Werkes zu Demosthenes wurden auf Papyrus wiedergefunden.

Eine bedeutsame Erweiterung des Arbeitsgebietes der Philologie verbindet sich mit den Namen des Artemidoros von Tarsos und seines Sohnes Theon: Der Vater erstellte Sammlungen der hellenistischen bukolischen Dichter (Theokritos, Bion, Moschos) und kommentierte die *Aitia* des Kallimachos. Der Sohn setzte diese Arbeit fort und verfaßte Kommentare zu allen bedeutenden Dichtern des Hellenismus (Lykophron, Nikandros u. a.). Die Philologie griff damit erstmals über das Gebiet der archaischen und klassischen Literatur hinaus und machte eine Epoche zu ihrem Gegenstand, in der die großen Philologen Alexandrias selbst gelebt hatten. Auch die gerade heute sehr beliebte Praxis, daß die Philologie sich zu ihrem eigenen Gegenstand macht, ist bereits für die Antike bezeugt: Aristonikos (ebenfalls augusteische Zeit) verfaßte neben vielem anderen eine Schrift *Über das Museion in Alexandria*.

Wahrscheinlich in der 1. Hälfte des 1. Jh.s n. Chr. entstand eine Schrift, die unter dem Namen des Longinos (eines Grammatikers, der Mitte des 3. Jh.s n. Chr. am Hofe der Zenobia von Palmyra wirkte) überliefert ist, aber nach einhelliger Meinung nicht von diesem verfaßt wurde: In der Περὶ ὕψους (*Peri Hýpsus, Über das Erhabene*) betitelten Untersuchung wird anhand vieler Beispiele der Frage nachgegangen, welche Faktoren Spitzenleistungen literarischen Künstlertums ausmachen; das Werk gilt allgemein als das Tief- und Scharfsinnigste, was die antike Literaturkritik hervorgebracht hat und uns noch vorliegt. Wenigstens erwähnt sei für das 1. Jh. n. Chr. die monumentale Enzyklopädie (95 Bücher) eines Pamphilos von Alexandria, die später mehrfach epitomiert (gekürzt) wurde und noch dem erhaltenen Lexikon des Hesychios (5. Jh. n. Chr.) als Quelle zugute kam.

Das 2. Jh. n. Chr. sieht den Attizismus (S. 148 f.) auf dem Höhepunkt seiner Wirksamkeit: Mehrere erhaltene attizistische Lexika sind in dieser Phase entstanden (Pollux, Phrynichos, Moiris, Harpokration), Werke also, die durch meist alphabetische Gegenüberstellung 'richtiger' attischer und 'falscher' hellenistischer bzw. umgangssprachlicher Vokabeln und Konstruktionen zu im Sinne der Zeit 'korrektem' Schreiben befähigen wollen. Die wissenschaftliche Grammatik erreicht im 2. Jh. ihren Höhepunkt in Apollonios Dyskolos, dessen Schrift über Syntax teilweise durch erhaltene spätantike Grammatiken (Priscian) kenntlich ist, und seinem Sohn Herodianos (von dem sich nur eine kleine Schrift über Singularitäten der Morphologie erhalten hat), dessen Hauptwerk, die *Katholiké Prosodía* in 20 Büchern, umfassend die Regeln der Akzentsetzung zusammenstellte. Normativ ausgerichtet ist auch eine kleine, erhaltene Schrift über Metrik, die Hephaistion, der Lehrer des Kaisers Lucius Verus, verfaßt hat: Im gesprochenen Griechisch dieser Zeit machten sich offenbar bereits die tiefgreifenden Wandlungen bemerkbar, die vom Altgriechischen zum Mittel- und Neugriechischen führen, nämlich Zusammenfall der Quantitäten (*Isochronie*) und Ersetzung des musikalischen durch den exspiratorischen Akzent (S. 88). Gerade jetzt schien es folglich an der Zeit, die nur aus dem alten Sprachzustand verständlichen Regeln der Prosodie und Metrik umfassend zu fixieren.

Auch die ausgebreitete philologische Tätigkeit der Spätantike kann hier nur gestreift werden: Im 3. Jh. n. Chr., der Zeit der schweren Reichskrise unter den Soldatenkaisern, entstanden doch so bemerkenswerte Schriften wie die Aristoteles-Kommentare des Alexandros von Aphrodisias (1. Viertel 3. Jh.) sowie eine für die mittelalterliche Aristoteles-Rezeption sehr wichtige Einführung zu den *Kategorien*, verfaßt von dem auch durch seine Homer-Studien bekannten Plotin-Schüler Porphyrios (234–301). Auch christliche Gelehrte begannen in dieser Zeit, nach den Standards der traditionellen Gelehrsamkeit zu arbeiten. Genannt seien als Beispiele die *Hexapla* des Origenes (185–254), eine Ausgabe des *Alten Testaments*, die, wie ihr Name sagt, in sechs Kolumnen jeweils den hebräischen Text im Original und in griechischer Umschrift sowie die vier vorhandenen griechischen Übersetzungen bot (Fragmente erhalten). Zweitens die *Chronik* des Eusebios (265–340), für uns die Hauptquelle der antiken Chronologie (im griechischen Original nur in Auszügen erhalten, aber in lateinischer und armenischer Übersetzung). Neben dem seit der Regierung des Konstantin (306–337) immer stärker dominierenden Christentum konnte sich bis weit ins 6. Jh. der sog. Neuplatonismus behaupten, die letzte bedeutende Denkschule der griechischen Philosophie. Wichtig in unserem Zusammenhang sind die zahlreichen, großenteils erhaltenen Platon- und Aristoteleskommentare, die von Neuplatonikern (z. B. Proklos, Simplikios, Syrianos) verfaßt wurden. In der Spätantike beginnt insgesamt ein Prozeß, der die Ergebnisse antiker Philologie allmählich in diejenige Form gerinnen läßt, in der sie uns (abgesehen von Papyrusfunden) tradiert wurden: „Die große Zahl von Kommentaren und anderen Werken machte Verkürzungen und Verschmelzungen erforderlich. Dieser Prozeß scheint in der Spätantike begonnen zu haben; sein Ergebnis war die Entstehung der Scholien." (Wilson, in Nesselrath, Einführung S. 102).

5. Das 'griechische Mittelalter': Byzanz

Für den Übergang von der römischen Spätantike in die byzantinische Zeit werden verschiedene Daten vorgeschlagen, darunter so weit auseinanderliegende wie die Einweihung der neuen Hauptstadt Konstantinopel (330) und das Ende der Regierungszeit des Kaisers Heraklios I. (641). Im Bereich der Philologiegeschichte jedenfalls scheint es sinnvoll, die Epochengrenze möglichst spät anzusetzen, denn hier dominiert bis weit ins 7. Jh. hinein Kontinuität im Studium und der Pflege des literarischen Erbes (S. 57). Zentren dieser Tätigkeiten waren bis ins 6., teilweise 7. Jh. eine Reihe von Schulen (Antiochia, Gaza, Alexandria, Athen), später hauptsächlich Konstantinopel, wo bereits unter Theodosios II. eine Hochschule begründet worden war. Wohl kein antikes Buch, das den für die Überlieferungsgeschichte entscheidenden Prozeß der Umschrift von Rolle auf Kodex (S. 54f.) mitgemacht hatte, ist in dieser Zeit verlorengegangen: Das heidnische Bildungsprogramm wurde so gut wie unverändert übernommen, eine christliche Zensur fand nicht statt, und am Stilideal des Attizismus wurde während der gesamten byzantinischen Periode festgehalten, was einer ganzen Reihe antiker Autoren ihren unantastbaren Rang als Stilvorbilder sicherte. Als bemerkenswertes Zeugnis der Gelehrsamkeit dieser Zeit hat sich das in Alexandria entstandene Lexikon des Hesychios (5., vielleicht auch frühes 6. Jh.) erhalten. Zu nennen ist hier auch die *Chrestomathía* des Johannes Stobaios (um 500), die Auszüge aus ca. 500 (zumeist verlorenen) Autoren bietet. Die ca. 150 Jahre zwischen der Mitte des 6. und dem Beginn des 9. Jh.s gelten innerhalb des byzantinischen Jahrtausends als 'dunkle Zeit', in der Bildung und literarisches Leben fast vollkommen zum Erliegen kamen. Der wichtigste antike Autor, dessen Werke spätestens in dieser

Phase verlorengingen, ist der hellenistische Komödiendichter Menander (S. 207).

Etwa zeitgleich mit der 'karolingischen Renaissance' im Westen erwachte auch in Byzanz wieder das Interesse an antiker Literatur (ausschließlich an griechischer, wie im Westen nur an lateinischer). Platzsparende Minuskelschrift (S. 63) und zunehmende Verwendung des aus der arabischen Welt übernommenen Papiers sind die materiellen Voraussetzungen für das deutliche Ansteigen der Kopistentätigkeit im 9. Jh. Der Patriarch Photios (ca. 810–893), vielleicht der bedeutendste Gelehrte von Byzanz, verfaßte nicht nur ein Lexikon vornehmlich des attischen Prosavokabulars, sondern hat auch in seiner etwa 1600 moderne Druckseiten umfassenden *Bibliothéke* ein Zeugnis seiner ausgedehnten Lektüre hinterlassen, darunter nicht weniger Werke, die heute verloren sind. Von vielen griechischen Autoren stammen die jeweils ältesten heute noch vorhandenen Handschriften aus dem 9. und 10. Jh., das insgesamt als ein Höhepunkt der byzantinischen Gelehrsamkeit bezeichnet werden kann: Bildung, Kopieren und Sammeln von Büchern wurde besonders unter Konstantinos Porphyrogennetos (912–959) großzügig gefördert: Konstantinos Kephalas kompilierte die Sammlung griechischer Poesie, die heute unter dem Namen *Anthologia Palatina* bekannt ist. Kurz nach der Jahrhundertmitte entstand das gewaltige, unter dem Namen *Suda* bekannte Lexikon (2785 moderne Druckseiten), das in einer Mischung aus Wörterbuch und Enzyklopädie neben auch anderweitig Bekanntem eine Fülle uns nirgendwo sonst überlieferter Informationen bietet.

In den folgenden Jahrhunderten wurde die antike Literatur in Byzanz kontinuierlich, wenn auch nicht stets in gleicher Intensität, tradiert und studiert. In unserem Rahmen muß die Nennung weniger Namen genügen: Michael Psellos (1018–1078) hinterließ ein reiches literarisches Werk, darunter stilkritische Schriften zu spätantiken christlichen Autoren; Gregorios von Korinth (1. Hälfte 12. Jh.) kommentierte Hermogenes und verfaßte eine (unsystematische) Schrift über die altgriechischen (zu dieser Zeit längst ausgestorbenen) Dialekte; Isaak Tzetzes (gest. 1138) schrieb über die Metren Pindars, sein Bruder Johannes (gest. nach 1180) verfaßte zahlreiche Kommentare und kannte bemerkenswerterweise noch eine Reihe heute verlorener Autoren, darunter wohl den vollständigen frühgriechischen Spottdichter Hipponax und Kallimachos. Eustathios (ca. 1115–1199) schrieb einen monumentalen, im Autograph erhaltenen Kommentar zu den homerischen Epen.

Den tiefsten, im Gedächtnis des griechischen Volkes heute noch traumatisch präsenten Einbruch der byzantinischen Geschichte brachte das Jahr 1204, als die christlichen Gottesstreiter des 4. Kreuzzuges unter venezianischer Führung die Hauptstadt des ebenfalls christlichen, aus abendländischer Sicht aber häretischen (und aus venezianischer als Handelskonkurrenten unliebsamen) Ostens eroberten und dort mit so bemerkenswerter Gründlichkeit mordeten, brandschatzten, plünderten, daß die heute noch sprichwörtlichen Vandalen ihnen ihren historischen (Un-)Ehrenplatz eigentlich längst hätten abtreten müssen. Der Bestand an antiker griechischer Literatur wurde durch diese Untat im wesentlichen auf das heute noch Erhaltene reduziert. Byzanz erwies sich aber wieder als ungemein zählebig: 57 Jahre überdauerte das östliche Kaisertum im Exil von Nikaia, 1261 beendete der Kaiser Michael VIII. Palaiologos das Intermezzo des 'Lateinischen Kaiserreiches' und nahm wieder Besitz von Konstantinopel. In den letzten knapp 200 Jahren seiner Existenz war Byzanz machtpolitisch zwar nur noch ein Schatten seiner selbst (zuletzt umfaßte es nicht viel mehr als das Stadtgebiet von Konstantinopel), seine Gelehrsamkeit erreichte in der Phase bis ca. zur Mitte des 14. Jh.s (nach der herrschenden Dynastie die 'Palaiologen-Zeit' genannt) aber eine späte und hohe Blüte. Auch hier müssen wenige Namen genügen: Der umfassend gebildete – er übersetzte sogar lateinische Autoren wie Augustinus und Ovid ins Griechische – Maximos Planudes (ca. 1255–1305) edierte den hellenistischen Lehrdichter Arat und befaßte sich u. a. mit den Schriften Plutarchs. Manuel Moschopulos (geb. ca. 1265) stellte eine mit Kommentar versehene Anthologie griechischer Poesie zusammen. Die überragende Gestalt der byzantinischen Philologie dieser Epoche ist aber Demetrios Triklinios (1. Hälfte 14. Jh.), der auf der Basis von Kenntnissen der Metrik, wie sie vor ihm wohl kein Byzantiner besessen hatte, vor allem die Tragikertexte rezensierte und emendierte, wobei er auch Stücke für die Nachwelt rettete, die sonst fast unbekannt waren wie den *Agamemnon* des Aischylos und die 'alphabetischen' Stücke des Euripides (S. 197f.).

In den letzten hundert Jahren vor der Eroberung Konstantinopels durch die Türken (1453) sinkt das Niveau der byzantinischen Philologie merklich, gleichzeitig erwacht aber im Westen ein neues Interesse zuerst an der lateinischen, dann auch an der griechischen Antike. Byzantiner, die in Italien Griechisch lehren, und Italiener, die aus Byzanz nicht nur Griechischkenntnisse, sondern auch Handschriften mit in den Westen nehmen, stehen für die allmähliche Verlagerung der griechischen Philologie nach Westeuropa.

6. Die Neuzeit

Die Geschichte der altertumswissenschaftlichen Studien seit ihrem Wiederaufleben im frühen 14. Jh. bis zur Wende vom 19. zum 20. Jh. läßt sich in vier Phasen einteilen. Diese unterscheiden sich voneinander dadurch, daß sich inhaltlich wie methodisch jeweils unterschiedliche Schwerpunkte herausbildeten und daß jeweils ein anderes Gebiet des abendländischen Kulturkreises nach Quantität wie Qualität zum Zentrum der philologischen Tätigkeit wurde. Dominanz einer bestimmten Region und einer bestimmten Richtung heißt nicht, daß nicht gleichzeitig anderswo und in anderer Weise auch Philologie getrieben worden wäre; die hier übernommene Periodisierung bedeutet deshalb – wie immer – eine Vereinfachung, dient aber als solche nicht nur der besseren Übersicht, sondern hat als Beschreibung der jeweils vorherrschenden Strömung auch ihre sachliche Berechtigung.

6.1. Der italienische Humanismus

Nirgendwo sonst in Europa stand das auch in seinen Trümmern noch grandiose Erbe des römischen Weltreiches so unmittelbar vor aller Augen wie in den Städten Italiens, besonders natürlich in Rom. Nirgendwo sonst hatte sich das gesamte Mittelalter hindurch eine wenn auch noch so vage Erinnerung an die versunkene Größe am Leben gehalten. Zudem konnten sich die Bewohner Italiens mit einigem Recht als Nachfahren des antiken Herrschervolkes fühlen und taten dies auch in unterschiedlichen Graden von Intensität und Bewußtheit. Außerdem fehlte eine starke politische Zentralgewalt, was dem Mäzenatentum reicher Adelshäuser und prestigebewußter Stadtrepubliken reichlichen Raum zur Entfaltung bot. Für das Wiederaufleben des Interesses an der Antike bot das einstige Kernland des *Imperium Romanum* also die besten Voraussetzungen. Es war zunächst nicht wissenschaftliches Erkenntnisstreben, das seit dem *trecento* (14. Jh.) immer mehr Gebildete zum intensiven Studium der antiken lateinischen Autoren trieb, sondern eine schwärmerische Bewunderung für die Schönheit von deren Sprache und Stil. Das Studium der antiken Texte sollte erstens der eigenen literarischen Produktion nutzbar gemacht werden – wie die ersten Philologen Alexandrias, so betätigten sich auch die meisten Gelehrten dieser Epoche als Dichter. Zweitens machte man die lateinischen Klassiker zum Mittelpunkt einer neuen Bildungskonzeption, von der die seit langem an Schule und Universität herrschende Scholastik verdrängt werden sollte und wurde.

Mit diesem ästhetischen und pädagogischen Ansatz schufen die 'Humanisten' (die Bezeichnung kam erst später auf; sie leitet sich ab von *humanitas* im Sinne von *eruditio institutioque in bonas artes*, Gellius, *Noctes Atticae* 13, 17, 1) zugleich das Fundament für das Aufblühen einer philologischen Wissenschaft. Denn um im Sinne ihrer Ziele wirken zu können, benötigten sie vor allem Texte, und zwar möglichst vollständige und zuverlässige Texte möglichst vieler antiker Schriftsteller. Man ging regelrecht auf 'Jagd' nach Handschriften, durchstöberte die nicht selten arg heruntergekommenen Klosterbibliotheken, trug zusammen, was man nur finden konnte, und fertigte Abschriften an. So kamen viele Texte erstmals seit 800 Jahren wieder in größeren Stückzahlen in Umlauf, und für manchen Autor wurden die Humanisten zum Retter in letzter Stunde vor dem sicheren Untergang. Die bedeutendsten Vertreter dieser ersten Phase des italienischen Humanismus waren Francesco di Petracco (Franciscus Petrarca, 1304-1374), der u. a. mehrere verschollene Schriften Ciceros entdeckte, Giovanni Boccaccio (1313-1375), der detailreiche, aber unsystematische Schriften zur antiken Mythologie und Geographie verfaßte, sowie Francesco Poggio Bracciolini (1380-1459), der die vollständige *Institutio oratoria* des Quintilian und das bis dahin völlig unbekannte Argonautenepos des Valerius Flaccus entdeckte. Das Griechische blieb während des *trecento* und noch länger in Westeuropa eine weitgehend unbekannte Sprache: Petrarca besaß zwar eine Homer-Handschrift, konnte sie jedoch, wie er selbst gesteht, nicht lesen.

Coluccio Salutati (1331-1406), Kanzler des Stadtstaates Florenz und ebenfalls erfolgreicher Handschriftensammler (er besaß als erster die kompletten 16 Bücher von Ciceros *Epistulae ad familiares*), ebnete den Weg für die zweite große Leistung des italienischen Humanismus, die Wiederaneignung der griechischen Literatur. Auf seine Einladung kam aus Konstantinopel der Gelehrte Manuel Chrysoloras (1350-1415) nach Florenz und erteilte dort sowie in Pavia und Venedig Griechischunterricht (1397-1400). Seinem Beispiel folgten zahlreiche griechische Gelehrte bereits in der ersten Hälfte des 15. Jh.s, von denen wenigstens Theodoros Gaza (ca. 1400-1475), Georgios Trapezuntios (1395-1484), Johannes Argyropulos (1416-1486) und Demetrios Chalkondyles (1424-1511) genannt seien. Die Eroberung Konstantinopels durch die Türken (1453) verstärkte diesen Zustrom noch. Aber nicht nur Menschen kamen, sondern auch große Mengen von griechischen Handschriften, entweder von den Auswanderern mitgebracht (allein 900 Bände wurden z. B. von Bessarion [1395 oder 1403–1472] der Stadt Venedig geschenkt; sie bildeten den Grundstock der späteren Markus-Bibliothek) oder von italienischen Reisenden (z. B. Giovanni Aurispa [1370–1459], der im Jahre 1423 allein 238 Bände nach Italien brachte, oder Francesco Filelfo [1398–1481], der fünf Jahre in Konstantinopel gelebt hatte und mit einer Griechin verheiratet war). Die seit 800 Jahren im Westen unbekannten Werke der griechischen Antike wurden nun erstmals wieder rezipiert und zwar zunächst, nachdem der griechische Sprachunterricht das notwendige Fundament gelegt hatte, durch eine wahre Flut von Übersetzungen ins Lateinische: Leonardo Bruni (ca. 1370–1444), der Wiederentdecker des lateinischen Prosarhythmus, übersetzte u. a. die Biographien Plutarchs, sein Zeitgenosse Guarino von Verona (1370/74–1466), der hervorragendste Pädagoge der italienischen Renaissance, nahm sich unter anderem des Lukian, Isokrates und Strabon an. Ihren Höhepunkt erreicht diese Übersetzungstätigkeit mit den Späthumanisten Angelo Poliziano (1454–1494), der als erster Westeuropäer das Altgriechische ebenso perfekt beherrschte wie die griechischen Einwanderer und sogar selbst griechische Gedichte verfaßte, sowie Marsiglio Ficino (1433–1499), dessen Ruhm auf der lateinischen Übersetzung sämtlicher Werke Platons und Plotins beruht. Der begeisterte Platoniker (vor der Platonbüste in seinem Studierzimmer soll ständig eine brennende Kerze gestanden haben) war auch Oberhaupt der besonders von Lorenzo Medici geförderten Akademie von Florenz, in der man die Platonverehrung soweit trieb, daß man den Geburtstag des Philosophen mit einem seiner gleichnamigen Schrift nachempfundenen *Symposion* beging. 'Akademien', also Vereinigungen von Gelehrten und Dichtern, existierten im 15. Jh. auch in Neapel sowie in Rom, wo einige (besonders Pomponius Laetus, 1425–1498) sogar den heidnisch-antiken Lebensstil in allen alltäglichen Einzelheiten zu kopieren trachteten.

Einige Humanisten richteten ihr Augenmerk nicht allein auf die literarische Hinterlassenschaft der Antike und wurden so zu Pionieren der archäologischen Forschung: Flavio Biondo (1388–1463) verfaßte Beschreibungen der antiken Ruinen in Rom und ganz Italien *(Roma instaurata, Roma triumphans, Italia illustrata)* und verfolgte allen Ernstes den Plan, das Rom der Kaiserzeit wiedererstehen zu lassen. Ciriaco de' Pizzicolli (1391–1450), der 'Schliemann der Renaissance', bereiste den östlichen Mittelmeerraum auf der Suche nach antiken Kunstwerken und Inschriften, deren Quellenwert er als einer der ersten klar erkannt hatte.

Im Jahre 1465 gründeten zwei Deutsche, Sweynheym und Panartz, in Subiaco bei Rom die erste Druckerei Italiens, zwei Jahre später eine in Rom selbst. Durch die Buchdruckerkunst war es zum erstenmal möglich, beliebig viele, völlig identische Exemplare eines Textes herzustellen, womit nicht nur der Prozeß der fortlaufenden Textveränderung beendet, sondern auch die Gefahr behoben war, daß ein Autor noch verlorengehen konnte. Die technische Neuerung verbreitete sich rasch über die Städte Italiens, und bereits im letzten Viertel des 15. Jh.s entstanden die Erstdrucke (*editiones principes*) mehrerer griechischer Autoren: des Homer in Florenz (1488), des Hesiod, Theokrit und Isokrates in Mailand (1493), des Aristoteles und Aristophanes in Venedig (1495–1498), wo seit 1489 die für den Druck antiker Schriften wichtigste Werkstatt unter der Leitung von Aldus Manutius (1449–1515) arbeitete. Das erste griechische Buch, das gedruckt wurde, war aber kein Klassiker, sondern die *Erotémata* (*Fragen*) betitelte griechische Grammatik des Konstantinos Laskaris (Mailand 1476).

Die frühen Drucke stützten sich zumeist nicht auf die durch sorgfältigen Vergleich als die besten erkannten Handschriften, sondern auf die jeweils vorhandenen und am leichtesten erreichbaren. Eine Ausnahme stellen bis zu einem gewissen Grad die von Manutius in Zusammenarbeit mit dem kretischen Gelehrten Markos Musuros besorgten Erstdrucke griechischer Klassiker dar. Entsprechend schlecht war die Qualität des Textes. Das Unbehagen der Gelehrten über diesen Zustand führte in den letzten Jahrzehnten des 15. Jh.s zur ansatzweisen Entwicklung einer textkritischen Methode: Angelo Poliziano erkannte die Abhängigkeitsverhältnisse von Handschriften und forderte, nur die unabhängigen Textzeugen zur Textherstellung heranzuziehen (S. 70).

Auch außerhalb Italiens erwachte in der zweiten Hälfte des 15. Jh.s Interesse an der Antike. Der wohl einflußreichste Vermittler humanistischen Denkens nördlich der Alpen war Enea Silvio Piccolomini (1405–1464), der als Papst Pius II. die Gründungsurkunde der Universität Basel unterzeichnete (1459), wo im Gegensatz zum damaligen Usus antike Literatur als fester Bestandteil des Lehrprogramms vorgesehen war. Johannes Reuchlin (1455–1522), der in Florenz auch Griechisch gelernt hatte, begründete in Deutschland die klassischen Studien, Philipp Schwarzerd ('Melanchthon', 1497–1560) erwarb sich durch sein vornehmlich pädagogisches Wirken den Titel eines *praeceptor Germaniae*.

Alle Gelehrten seiner Zeit überragte Erasmus von Rotterdam (1466/ 67–1536), in dessen Person sich der Übergang der in Italien wiederbelebten Bildung auf den Westen und Norden Europas manifestierte. Seine vielfältigen Leistungen können hier nur gestreift werden: Er betätigte sich ebenso als scharfsinniger und auf der Grundlage umfassender Sach- und Sprachkenntnis arbeitender Editor lateinischer und griechischer Texte (u. a. Terenz, Livius, Seneca, Aristoteles, Neues Testament: die Grundlage für Luthers Übersetzung) wie auch als Verfasser von Lehrbüchern für Syntax und Stil. In seiner Schrift *De recta Latini Graecique sermonis pronuntiatione* (*Über die richtige Aussprache des Lateinischen und Griechischen*) befürwortete er die heute im wesentlichen noch als Schulaussprache übliche 'etazistische' Aussprache des Altgriechischen, die nach ihm auch als 'erasmische' bezeichnet wird. Den Gegensatz bildet die 'itazistische', neugriechische Aussprache, die man nach einem ihrer stärksten Befürworter auch als 'reuchlinsche' bezeichnet. Erasmus verbrachte die letzten Jahre seines Wanderlebens, das ihn durch das gesamte Abendland geführt hatte, im Oberrheingebiet, wo er einige Schüler um sich sammelte.

Das Ende des italienischen Humanismus läßt sich ebensowenig durch eine Jahreszahl fixieren wie sein Beginn. Es zeichnet sich aber deutlich ab, daß er im Laufe der ersten Hälfte des 16. Jh.s seinen Elan verlor und sich als nun nicht mehr sonderlich herausragendes Segment in den Kreis einer wiederhergestellten gesamtabendländischen Bildung einfügte. Für den Sonderfall Rom läßt sich ein Jahr nennen, da hier die Eroberung und barbarische Verwüstung der Stadt durch Truppen Karls V. (sacco di Roma, 1527) das besonders unter Papst Leo X. (1513–1521) blühende Kulturleben mit einem Schlag beendete. Aber auch nach dem Verlust seiner Sonderstellung brachte Italien noch bedeutende Philologen hervor, wie z. B. Piero Vettori (Victorius, 1499–1589) und Francesco Robortelli (1516–67), dessen *Disputatio de arte critica corrigendi antiquorum libros* (*Erörterung über die Textkritik*) die textkritische Methodik wesentlich gefördert hat.

6.2. Die französisch-niederländische Periode (ca. 1530–1700)

Der wohl bedeutendste der in Italien wirkenden Gelehrten des 16. Jh.s, Marc Antoine Muret (Muretus, 1526–1585), war Franzose, hatte aber um die Jahrhundertmitte seine Heimat wegen einer Häresieklage verlassen müssen. Seine Überlegenheit als methodischer Kritiker und scharfsinniger Interpret besonders lateinischer Texte, aber auch als lateinischer Stilist, macht deutlich, daß inzwischen Frankreich die Führung übernommen hatte. Das 16. Jh. ist in den klassischen Studien ein französisches. Begründet wurde die Blüte durch Guillaume Budé (Budaeus, 1468–

1540). Er verfaßte grundlegende Werke über das römische Maß- und Münzwesen, über die juristische Terminologie der Griechen und Römer und warb in *De Philologia* für ein höheres Prestige der klassischen Studien, insbesondere auch des damals nicht selten als „Sprache der Ketzer" attackierten Griechischen. Seine wohl größte Leistung war es, den französischen König François I. zur Gründung des Collège Royal zu bewegen (1530), einer als ein neues *Museion* konzipierten Institution, in der vor allem das an der Sorbonne traditionell vernachlässigte Griechische (nebst Hebräisch) gepflegt werden sollte. Drei der bedeutendsten Philologen Frankreichs im 16. Jh. wirkten an dieser Lehrstätte: Jean Dorat (Auratus, 1508–1588), Adrien Turnebe (Turnebus, 1512–1565) und Denys Lambin (Lambinus, 1520–1572). Auratus und Turnebus widmeten sich vor allem der griechischen Poesie, Lambinus schuf für seine Zeit mustergültige Editionen lateinischer Dichter, allen voran des Lukrez und des Horaz.

Gelehrsamkeit und Buchdruckerkunst vereinigten sich in der Familie der Estienne (Stephani), besonders deren herausragenden Vertretern Robert (1503–1559) und seinem Sohn Henri (1531–1598). Die beiden haben Dutzende lateinischer und griechischer Autoren, nicht wenige davon zum ersten Mal, gedruckt. Besondere Erwähnung verdient Roberts *Thesaurus Linguae Latinae* (²1543), der erst im 18. Jh. ersetzt wurde, so wie seine Ausgabe des *Neuen Testaments*. Henri druckte vornehmlich griechische Texte, darunter erstmals die *Anakreonteen*, eine erste Fragmentsammlung der griechischen Lyriker, eine Platon-Ausgabe, nach deren Seitenzahlen noch heute zitiert wird, sowie einen fünfbändigen *Thesaurus Linguae Graecae*. Mit seiner Schrift *De criticis veteribus Graecis et Latinis* (1587) ist er zum ersten neuzeitlichen Chronisten der Philologie geworden. So hatte – bei allen aus heutiger Sicht zu äußernden Vorbehalten an der Textgestaltung der frühen Drucke – die Wiederentdeckung und Sicherung der antiken Literatur in den letzten Dekaden des 16. Jh.s doch ein beachtliches Niveau erreicht: Fast alles, was das Mittelalter überdauert hatte, lag in gedruckter Form vor, die ärgsten Entstellungen der Texte waren korrigiert und sachliche Schwierigkeiten in Kommentaren erklärt.

Wenigstens zwei Namen müssen hier noch erwähnt werden: Isaac Casaubon (Casaubonus, 1559–1614), der Prototyp des arbeitsbesessenen, asketischen Gelehrten. Er verfaßte neben zahlreichen Ausgaben und Kommentaren die erste Monographie über ein Einzelproblem der Literaturgeschichte, über das griechische Satyrspiel und die römische Satire (*De satyra Graecorum poesi et Romanorum satura*, 1605). Joseph

Justus Scaliger (1540–1609) gilt als einer der größten Philologen aller Zeiten. Bereits sein von Italien nach Frankreich übersiedelter Vater, Julius Caesar Scaliger (1484–1558), hatte mit seiner *Poetice* ein dichtungstheoretisches und literaturkritisches Werk verfaßt. Sein Sohn aber hat „die wissenschaftlichen und stilistischen Errungenschaften seiner französischen und italienischen Vorgänger zusammengefaßt und weit übertroffen" (Pfeiffer, Geschichte S. 143). Genannt seien nur seine Zusammenführung der gesamten chronologischen Überlieferung der Alten Welt (einschließlich des alten Orients), mit der er die Basis für die moderne Geschichtswissenschaft geschaffen hat, seine maßgebliche Beteiligung bei der Begründung einer wissenschaftlichen Epigraphik, seine bis dahin unerreichte Kenntnis des Altlatein, und schließlich seine ingeniösen, wenn auch zuweilen etwas kühnen Verbesserungen unzähliger Textstellen. Scaliger erstrebte ein allumfassendes Wissen über die Antike, die Bildungskonzeption trat bei ihm hinter das seinen Sinn in sich selbst tragende Erkenntnisstreben zurück. Seit 1593 war er Angehöriger der Universität Leyden, wo er sich frei von jeglicher Lehrverpflichtung allein seinen Forschungen widmen konnte. Sowohl mit dem Wechsel von Frankreich nach Leyden als auch durch die inhaltliche Ausrichtung seiner Studien leitete Scaliger die vornehmlich niederländisch geprägte Philologie des 17. Jh.s ein.

Deren Aufstieg beginnt mit der Gründung der Universität Leyden nach der Vertreibung der Spanier (1575). Die bisher dominierende, katholische Bildungsstätte in Louvain (gegr. 1426, seit 1517 mit dem *collegium trilingue* ausgestattet, also dem Unterricht in Hebräisch, Griechisch und Latein) bekam damit eine reformierte Konkurrenz, von der sie rasch überflügelt wurde. An beiden Universitäten wirkte Justus Lipsius (1547–1606), der im Laufe seines Lebens mehrfach die Konfession wechselte. Die bei ihm unverkennbare Konzentration auf das Lateinische und die Bevorzugung nachklassischer Autoren prägen die niederländische Philologie des 17. Jh.s insgesamt. Deren zweites Charakteristikum, die Vorliebe für ein „selbstzufriedenes Anhäufen von Wissen" (Pfeiffer, Geschichte S. 179), repräsentiert Gerhard Johannes Voss (Vossius, 1577–1649). Genannt seien außerdem Hugo Groot (Grotius, 1583–1645), Johannes Gronov (Gronovius, 1611–1671) und Nicolaus Heinsius (1620–1681). Die Namen Heinsius, Gronovius, Vossius erscheinen mehrfach in dieser Epoche, denn die Philologie wurde – wie bereits bei den Scaliger – in den Familien als Beruf vererbt.

Die anderen europäischen Länder konnten sich mit der eher durch Quantität als durch Qualität dominierenden Philologie Hollands kaum messen. In Italien befaßte man sich vornehmlich mit archäologischen Studien, in Deutschland gab es nach einer gewissen Blüte des Humanismus im 16. Jh. keine Philologie europäischen Formats mehr. Die Beschäftigung mit der Antike beschränkte sich in dem durch den 30jährigen Krieg verarmten und weithin verwüsteten Land auf wenige Bibliotheken und Universitäten. Auch im Reich des 'Sonnenkönigs' fristeten die klassischen Studien ein eher zurückgezogenes Dasein. Philologie betrieben vornehmlich Ordensgeistliche, die auf Spezialgebieten beachtliche Leistungen erzielten: Charles du Cange (1610–1688) schuf die ersten, teilweise bis heute unentbehrlichen Lexika des nachantiken Griechisch (*Glossarium ad scriptores mediae et infimae Graecitatis*, 1688) und Latein, Jean Mabillon (1632–1707) begründete mit seiner Schrift *De re diplomatica* die Wissenschaft von den Urkunden und der Schriftentwicklung. Richard Simon (1638–1712), der an einer Edition des *Neuen Testaments* arbeitete, erkannte erstmals klar, daß die Erforschung der Textgeschichte Voraussetzung jeglicher methodischer Textkritik ist. Jean Le Clerc (1657–1736) entwickelte in seiner *Ars critica* Prinzipien der Editionstechnik. Die Spezialdisziplin der griechischen Paläographie wurde durch die Arbeiten von Bernard de Montfaucon (1655–1741) begründet (*Palaeographia Graeca*, 1700). Ausufernde Gelehrsamkeit, Spezialisierung, oftmals mangelnde kritische Schärfe sowie fehlende methodische Reflexion und abnehmende gesellschaftliche Relevanz prägen also die Philologie des 17. Jh.s. Ein aufrüttelnder Neuansatz kam aus England.

6.3. Richard Bentley und seine Nachfolger

In England war die Tradition der klassischen Studien seit dem Humanismus kontinuierlich gepflegt worden, ohne daß es – außer auf dem Feld der neulateinischen Poesie (Buchanan, Milton u. a.) – zu herausragenden Leistungen gekommen wäre. Um die Wende vom 17. zum 18. Jh. wurde die englische Philologie durch das Wirken eines einzigen Mannes führend in Europa. Richard Bentley (1662–1742), von vielen als der größte Textkritiker der Neuzeit bezeichnet, begründete seinen Ruhm mit zwei Schriften. In der *Epistula ad Millium* von 1691 wurden auf weniger als 100 Seiten zu mehr als 60 lateinischen und griechischen Autoren ebenso geniale wie evidente Anmerkungen und Korrekturen vorgelegt. So emendierte Bentley z. B. die von dem byzantinischen Chronisten Johannes Malalas genannten Namen der drei frühesten tragischen Dichter (Thespis, Ion von Chios und Aischylos statt Themes,

Minos, Auleas). Von einem bislang in der Philologie unbekannten kritischen Scharfsinn zeugt auch die *Dissertation upon the Epistles of Phalaris*, die in erweiterter Form 1699 erschien. Ausgerechnet die unter dem Namen des Tyrannen Phalaris (6. Jh. v. Chr.) überlieferten Briefe waren in der in Frankreich leidenschaftlich ausgetragenen *querelle des anciens et des modernes* als Beispiel für die unerreichbare Überlegenheit der alten Literatur angeführt worden, bis Bentley diese mit einer Fülle unwiderlegbarer sprachlicher und sachlicher Argumente als Fälschungen entlarvte. Seine auch heute noch lesenswerte *Dissertation* setzte hinsichtlich der Breite der Gelehrsamkeit und methodischen Reflexion neue Maßstäbe. Die zweite Hälfte seines langen Lebens widmete Bentley einer Vielzahl von Projekten, die er nicht alle zu Ende führen konnte (z. B. Neuausgaben des Homer, bei deren Vorarbeiten er das Digamma entdeckte, und des *Neuen Testaments*). Bentleys Textkritik beruhte auf dem Glauben „an die ursprüngliche Harmonie klassischer Dichtung, ihre Vernünftigkeit und ihre rechten Maße, die – wenn sie durch das Abschreiben von einer Kopie zur anderen verderbt sind – durch vernünftige Kritik wiederhergestellt werden müssen" (Pfeiffer, Geschichte S. 184). Bentley war sich aber – im Unterschied zu einigen seiner Nachfolger – vollkommen im klaren darüber, daß auch der kenntnisreichsten und scharfsinnigsten Konjekturalkritik die genaue Befragung der handschriftlichen Überlieferung voranzugehen hat.

In Bentleys Nachfolge blieb die Textkritik der hauptsächliche Gegenstand der englischen Philologie des 18. Jh.s. Sie wurde vornehmlich auf die Texte der attischen Dramatiker angewandt, am erfolgreichsten in den zahlreichen Editionen Richard Porsons (1759–1808), der die nach ihm benannte Gesetzmäßigkeit im iambischen Trimeter entdeckte ('Porsons Brücke', S. 92). Auf dem europäischen Kontinent machte sich der Einfluß der erneuerten englischen Philologie besonders in den Niederlanden bemerkbar. Pieter Burman (1668–1741) und sein gleichnamiger Neffe (1714–1778) schufen neue Editionen lateinischer Autoren, bei denen die Sorgfalt und Qualität allerdings nicht immer der Quantität der geleisteten Arbeit gleichzukommen vermag. Überwiegend, aber nicht ausschließlich mit griechischen Autoren befaßten sich Tiberius Hemsterhuys (1685–1766) und seine Schüler Valckenaer (1715–1785) und Ruhnken (1723–1798), die man auch als das niederländische 'Gräzisten-Triumvirat' des 18. Jh.s bezeichnet. Daniel Wyttenbach (1746–1820), wie Ruhnken ein gebürtiger Deutscher, entzog sich als erster bedeutender Philologe dem beherrschenden Einfluß Bentleys, indem er sich von der Textkritik abwandte und statt dessen literarästhetisch orientierte Kommentare verfaßte. Trotzdem hielt die Vorherrschaft der Konjekturalkritik an und erreichte etwas später einen bedenklichen Höhepunkt in den Editionen des Niederländers Peter Hofman-Peerlkamp (1786–1865). Er war von der Objektivierbarkeit des letztlich doch subjektiven Kriteriums der poetischen Vollkommenheit als Instrument der Textkritik so überzeugt, daß z. B. in seiner Edition der *Oden* des Horaz – von zahlreichen Athetesen und Umstellungen im einzelnen abgesehen – überhaupt nur ein Viertel der überlieferten Gedichte als authentisch anerkannt wurde. Die Grenzen von Bentleys kritischer Methode und die Gefahren ihrer Überstrapazierung wurden bei Hofman-Peerlkamp in paradigmatischer Weise vorgeführt (ähnlich bei Carolus Gabriel Cobet, 1813–1889). Zusätzlich zu diesen Schwächen der Philologie selbst wurde im Zeitalter der Aufklärung das antike Erbe immer weniger als etwas Eigenes empfunden. Die Beschäftigung mit diesen Gegenständen wurde zur „Pflege einer fremden Sache" (Latacz, Gräzistik S. 48) und geriet zunehmend unter Rechtfertigungsdruck und ins gesellschaftliche Abseits. Die Wende kam mit dem sogenannten 'Zweiten Humanismus'.

6.4. Die deutsche Periode

Die Beschäftigung mit der Antike war in Deutschland seit Reuchlin und Melanchthon niemals abgerissen. Der eigentliche Aufschwung kündigte sich aber erst im 18. Jh. mit Gelehrten wie Johann Albert Fabricius (1668–1736) und besonders Christian Gottlob Heyne (1729–1812) an. Fabricius legte in seiner *Bibliotheca Graeca* ein Verzeichnis der einschlägigen Fachliteratur von der Erfindung des Buchdruckes bis etwa 1700 vor. Heyne prägte in entscheidendem Maße – insbesondere durch seine Pindar-Ausgabe – nicht nur die Philologie, sondern die Literatur der zweiten Hälfte des 18. Jh.s (Sturm-und-Drang).

Die für die klassischen Studien in Deutschland entscheidenden Namen lauten jedoch Johann Joachim Winckelmann und Friedrich August Wolf. Winckelmann (1717–1768) wurde mit seinem Werk über die *Geschichte der Kunst des Altertums* (1764; ²1766) zum eigentlichen Begründer der antiken Kunstgeschichte und der wissenschaftlichen Archäologie. Als erster erkannte er den engen Bezug zwischen der Entwicklung der Kunst und der allgemeinen kulturellen und politischen Entwicklung. Noch bedeutender ist Winckelmann aber als Schöpfer einer neuen Sicht der Antike, die sich in Deutschland im 18. Jh. durchsetzte und die man als 'Zweiten Humanismus' oder 'Neo-Hellenismus' bezeichnet.

Die Leistungen der griechischen Kultur auf allen Gebieten wurden als unbedingt vorbildlich und unübertrefflich gesehen, während die römische Zivilisation nirgends Gleichwertiges zu bieten habe. So stellte man etwa die homerischen Epen als 'naive Dichtung' und 'Volkspoesie' über Vergil und übertrug diese Wertung auf die Kunst und andere Gebiete. Gedanken dieser Art prägen die Schriften der größten deutschen Gelehrten der Zeit, wie etwa Gottfried Herders (1744–1803) und Gotthold Ephraim Lessings (1729–1781), der eine neue, ästhetisch geprägte Rezeption antiker Dichtung initiiert hat, besonders des Homer und des Sophokles. Die neue Begeisterung für die griechische Antike herrschte weit über den Kreis der eigentlichen Philologen hinaus. In keinem Geringeren als Goethe fand sie ihren theoretischen Vollender, durch Wilhelm von Humboldt (1767–1835) wurde sie zur Grundlage eines neuen Bildungskonzeptes in Preußen (Einrichtung des humanistischen Gymnasiums, Gründung der Universität Berlin, 1810). Ziel der Bildung war die Formung einer harmonischen Gesamtpersönlichkeit, wesentliches Mittel zur Erreichung dieses Zieles das gründliche Studium des Erbes der altgriechischen Kultur.

F. A. Wolf (1759–1824), ein Schüler Heynes, wird heute meist in Verbindung gebracht mit der in seinen *Prolegomena ad Homerum* (1795) aufgeworfenen 'homerischen Frage' (S. 188). Doch war er weder der erste, der das Problem der poetischen Einheit von *Ilias* und *Odyssee* gesehen hat, noch fand er damit zu seiner eigenen Zeit größere Beachtung. Viel bedeutender für die Zukunft ist Wolfs neues Konzept der Philologie als einer umfassenden Altertumswissenschaft (*Darstellung der Alterthumswissenschaft*, 1806/7). Ihr Gegenstand und Ziel ist die möglichst lückenlose Erkenntnis der als zeitlos gültiges Ideal verstandenen griechischen Kultur in all ihren Äußerungen und die allseitige Ausbildung des Menschen durch Vermittlung dieses Ideals. Die so definierte Philologie erhebt den Anspruch, die führende Bildungsmacht zu sein. Konkrete Gestalt gewann dieses neue Konzept in Wolfs Hallenser philologischem Seminar zur Ausbildung von Lehrern, das freilich auch dem Vorbild Heynes verpflichtet war.

Seit dem beginnenden 19. Jh. ist die weitere Entwicklung der nunmehr umfassenden Altertumskunde durch folgende Faktoren geprägt: Ihre einzelnen Disziplinen werden weiter vertieft und ausgestaltet. Bereiche wie die Vergleichende Sprachwissenschaft (seit 1816 durch Franz Bopp) und die Klassische Archäologie emanzipieren sich allmählich als eigenständige Fächer. Die Methodik der philologischen Fächer wird verfeinert, zum Beispiel in der Textkritik und der Paläographie. Im folgenden kann nur noch eine sehr knappe Auswahl der wichtigsten Namen und Fakten gegeben werden.

August Wilhelm von Schlegel (1767–1845) trat u. a. durch seine Übersetzungen griechischer Poesie und seine *Vorlesungen über dramatische Kunst und Literatur* hervor, sein jüngerer Bruder Friedrich (1772–1829) gab durch seine Sanskrit-Studien einen wichtigen Impuls zur Entwicklung der Indogermanistik. Friedrich Schleiermachers (1768–1834) Übersetzungen fast aller platonischen Dialoge finden noch heute ihre Leser, sein grundlegendes Werk zur Hermeneutik (Möglichkeiten und Methoden zum Verständnis eines Textes) dürfte aber noch bedeutsamer sein. August Böckh (1785–1867), ein Schüler Wolfs und Schleiermachers, sah die Philologie nicht mehr primär als ein Mittel zur Bildung des Menschen, sondern als eine ihren Zweck in sich selbst tragende wissenschaftlich-künstlerische Betätigung. Sein Bild der Antike ist aus einem historistischen Ansatz heraus entworfen. Sie repräsentiert nicht – wie noch für Wolf – ein statisches Ideal, sondern ist als historischer Prozeß zu sehen, den es möglichst in allen seinen Einzelheiten zu erkennen und zu verstehen gilt. Zeugnisse dieses Bemühens sind Böckhs epigraphische Studien und seine Schrift *Über die Staatshaushaltung der Athener*. Philologie ist für Böckh das Erkennen des vom menschlichen Geist Produzierten, also des Erkannten. Der Schlüssel zum Verständnis eines Textes liegt für ihn in der Untersuchung seiner „Compositionsweise", der Art, wie er zustandegekommen ist.

Diese antiquarische, auf die Erkenntnis von Sachverhalten ausgerichtete Sichtweise Böckhs, die in seinem Hauptwerk *Encyklopädie und Methodologie der philologischen Wissenschaften* ausgeführt wird, steht im Gegensatz zu einer Richtung der Philologie, für die der Wortlaut der Texte den Mittelpunkt bildet. Ein herausragender Vertreter dieser Richtung in der ersten Hälfte des 19. Jh.s war Gottfried Hermann (1772–1848), der sich besonders durch seine Editionen griechischer Poesie (z. B. Aischylos) einen Namen gemacht und die Prinzipien seiner textkritischen Arbeit ausführlich dargelegt hat (*De emendanda ratione linguae Graecae*). Der Textkritik widmete sich auch August Immanuel Bekker (1785–1871), der die Überlieferungsgeschichte vieler griechischer Autoren systematisch aufarbeitete. Nach seiner Gesamtausgabe wird Aristoteles noch heute zitiert. Karl Lachmann (1793–1851) entwickelte in seinen Arbeiten über Lukrez und das *Neue Testament* die bis ins 20. Jh. maßgebliche Methode zur Bestimmung der Handschriften-Genealogie (stemmatische Theorie) und unterschied als erster ausdrücklich zwischen *recensio* und *emendatio* (S. 74 f.). Erwähnt seien noch Barthold

Georg Niebuhr (1776–1831), der mit seiner *Römischen Geschichte* ein Meisterwerk der philologisch-kritischen Geschichtsschreibung schuf, wichtige Palimpseste entdeckte (z. B. die *Institutiones* des Gaius) und die Zeitschrift *Rheinisches Museum* begründet hat, außerdem Karl Otfried Müller (1797–1840), der den griechischen Mythos als Reflex der Frühgeschichte der griechischen Stämme interpretierte und eine erste Geschichte der griechischen Literatur bis zum Zeitalter Alexanders verfaßt hat, schließlich Friedrich Gottlieb Welcker (1784–1868), dessen bedeutendstes Werk eine umfassende Darstellung der griechischen Religion ist.

Ihren Höhepunkt erreichte die historistisch-positivistische deutsche Altertumswissenschaft mit Theodor Mommsen (1817–1903) und Ulrich von Wilamowitz-Moellendorff (1848–1931). Mittel zur Erfassung der im Böckhschen Sinne als historischer Prozeß verstandenen Antike ist die umfassende Sammlung und Auswertung aller erreichbaren Quellen. Doch nicht nur eine genaue Kenntnis soll erlangt werden, eigentliches Ziel ist die Vergegenwärtigung der vergangenen Realität. Dieser wissenschaftliche Ansatz fußt auf der Überzeugung von der „totale(n) Erkennbarkeit und Verfügbarkeit des historischen Gegenstandes, sofern nur die Quellen reichlich fließen" (Hentschke/Muhlack, Einführung S. 103). Es ist unmöglich, das wissenschaftliche Œuvre von Wilamowitz in diesem Zusammenhang auch nur in groben Umrissen vorzustellen. Es gibt wohl keinen wesentlichen Gegenstand der griechischen und kaum einen der lateinischen Philologie, zu dem er nicht einen Beitrag von mehr oder weniger großer Bedeutung geliefert hätte. Stellvertretend sei hier nur die *Griechische Verskunst* (1921) genannt, durch die das Verständnis der griechischen Metrik auf eine neue Grundlage gestellt wurde.

In dieser Blütezeit des historischen Positivismus in der deutschen Altertumswissenschaft gehen Einzelforschung und der Versuch großer Gesamtschauen Hand in Hand. Sie manifestieren sich in der neuen wissenschaftlichen Darstellungsform der deutschsprachigen Monographie einerseits, andererseits durch die Organisation der wissenschaftlichen Arbeit in Großprojekten wie dem vierbändigen *Corpus Inscriptionum Graecarum* (CIG, 1828–1877), dem *Corpus Inscriptionum Latinarum* (CIL, seit 1863), den *Inscriptiones Graecae* (IG, seit 1868), dem *Thesaurus Linguae Latinae* (ThLL, seit 1897), der *Realencyclopädie der classischen Alterthumswissenschaft* (RE, seit 1893), dem *Handbuch der Altertumswissenschaft* (HdA, seit 1886) und der großen Editionsreihe der *Bibliotheca Teubneriana* (BT, seit 1850). Dazu kommen umfassende

Fragmentsammlungen, die erst in den letzten Jahren oder noch gar nicht durch Neubearbeitungen ersetzt wurde wie z. B. die Komikerfragmente von August Meineke (1790–1870), die Tragikerfragmente von August Nauck (1822–1892) oder die Fragmente der Vorsokratiker von Hermann Diels (1848–1922). Die positivistische Wissenschaft erbrachte zwar ungeheuren Zuwachs und Fortschritt der Erkenntnis, ging aber einher mit wachsendem Defizit an Selbstreflexion und Sinngebung. Im Unterschied zum humanistischen Ansatz wurde die Philologie nicht mehr als Bildungsinstrument, ja überhaupt nicht mehr als Mittel zu einem Zweck gesehen, sondern als eine beinahe religiös zu verehrende Instanz, die nicht den Menschen, sondern der die Menschen zu dienen hätten. So weigerte sich Wilamowitz, von der Tatsache Kenntnis zu nehmen, daß seine akademische Lehrtätigkeit auch der Ausbildung von Lehrern zugute kommen sollte. Der von Wilamowitz – aber keineswegs von ihm allein – repräsentierte Wissenschaftsbegriff ist aus heutiger Sicht auch deshalb zu kritisieren, weil er sich der Reflexion über Möglichkeit, Methodik, Grenzen des Erkennens entzog und unbekümmert mit dem höchst problematischen Instrument der historischen Analogie arbeitete. Solche Kritik am dominierenden positivistischen Wissenschaftsbegriff wurde bereits zu dessen Blütezeit geäußert: Friedrich Nietzsche (1844–1900) entlarvte die vermeintliche 'Objektivität' wissenschaftlicher Erkenntnis als Selbsttäuschung, da auch der Wissenschaftler bei aller Sorgfalt immer nur unter dem Einfluß der Erfahrung seines eigenen Lebens und seiner eigenen Zeit forschen und denken könne. Er forderte die Rückkehr zu einem humanistisch geprägten, also die Bildungsfunktion betonenden Verständnis der Altertumswissenschaft sowie eine schöpferische Auseinandersetzung mit der Antike.

Die praktische philologische Arbeit entfaltete sich unterdessen weithin unberührt von solcher Kritik und im sicheren Gefühl ihrer voraussetzungslosen Bedeutsamkeit. Gerade die während des gesamten 19. Jh.s eindeutig dominierende griechische Philologie erhielt zudem seit dessen letzten Jahrzehnten ein weites neues Arbeitsfeld durch die vermehrt einsetzenden ägyptischen Papyrusfunde. Manches verloren Geglaubte kam plötzlich wieder zum Vorschein wie z. B. Teile der griechischen Lyrik, der *Staat der Athener* des Aristoteles, die Gedichte des Bakchylides oder Komödien Menanders. Mit der Wende zum 20. Jh. konnte sich auch der lateinische Zweig innerhalb der Altertumskunde als gleichrangige Disziplin wieder etablieren. Dieser Prozeß ist verbunden mit Namen wie Eduard Norden, Richard Heinze und Friedrich Leo.

6.5. Die Klassische Philologie im 20. Jh.

Spätestens mit dem Ersten Weltkrieg endete das goldene Zeitalter der deutschen Altertumswissenschaft. Ihre Führungsposition wurde abgelöst durch eine quantitativ wie qualitativ gleichmäßigere Verteilung der klassischen Studien auf die europäischen Länder und die Vereinigten Staaten von Amerika, wo Basil Lanneau Gildersleeve, der 1853 in Göttingen promoviert worden war, eine stark in deutscher Tradition stehende Klassische Philologie 1876 begründet hatte. Die Entwicklung im 20. Jh. entzieht sich wegen ihrer zunehmenden Differenziertheit und Spezialisierung und auch wegen der zu geringen zeitlichen Distanz einer knappen deskriptiven Darstellung und kann hier nur in Umrissen skizziert werden.

Als Reaktion auf das Verblassen des Glanzes eines historistisch-positivistischen Wissenschaftsbegriffes kam es in Deutschland zu einer humanistisch orientierten Rückbesinnung „auf die 'innere Form' der Einzelwerke und ihr Bildungspotential" (Latacz, Gräzistik S. 56). Werner Jaeger, einer der führenden Gräzisten der Zeit, sprach sogar ausdrücklich von einem 'dritten Humanismus' (nach dem italienischen und dem der deutschen Klassik). Während der nationalsozialistischen Diktatur unterschied sich die Haltung der Klassischen Philologie weder im Guten noch im Schlechten merklich von der anderer Wissenschaften. Manche ihrer führenden Vertreter gingen ins Exil, viele zogen sich in die innere Emigration zurück, einige gerierten sich als lautstarke Bannerträger der herrschenden Ideologie. Der Aderlaß, den die deutsche Klassische Philologie durch die Emigration der jüdischen Gelehrten verkraften mußte, war allerdings beträchtlich.

Die Nachkriegszeit brachte dem Fach zunächst Jahrzehnte der ungestörten, seitens der Gesellschaft in ihrer Sinnhaftigkeit und Relevanz kaum je bezweifelten Tätigkeit. Gerade die Gräzistik profitierte von sensationellen Ergebnissen (Entzifferung des Linear B, S. 42) und neuen Fragestellungen (zum Beispiel Oral-Poetry-Forschung, Neo-Analyse der homerischen Epen, S. 154, 188). Sie erlebte die größte quantitative Expansion ihrer Geschichte: Das Fach war und ist in vielen europäischen und überseeischen Ländern nicht nur an den meisten Universitäten oder universitätsähnlichen Einrichtungen fest etabliert, es behauptete sich auch an den Schulen in Gestalt des lateinischen und griechischen Sprachunterrichts unangefochten. Dies begann sich seit den 70er Jahren gründlich zu verändern. Heute ist zwar die an den Hochschulen gehaltene Position der Latinistik und Gräzistik trotz mancher Einbußen nicht ernsthaft bedroht – das bewies erst vor wenigen Jahren die Wiederetablierung an mehreren Universitäten auf dem Gebiet der ehemaligen DDR –, die bisher feste Basis in der schulischen Sekundarstufe bricht jedoch weg. Im Griechischen ist dieser Prozeß schon sehr weit fortgeschritten, das Lateinische kann sich als Unterrichtsfach insgesamt besser behaupten. Die Klassische Philologie steht heute vor einer doppelten Aufgabe: Einerseits muß sie durch die Gestaltung und Neukonzeption ihrer Studiengänge und das Entwerfen neuer Berufsperspektiven für ihre Absolventen dieser Entwicklung Rechnung tragen; andererseits sollte sie ihr durch wissenschaftliche Arbeit gegensteuern, die methodisch offen auch Verfahren und Ergebnisse der Neuen Philologien für sich fruchtbar macht, dabei aber auf der gesamtgesellschaftlichen Relevanz ihrer Gegenstände insistiert. So könnte sie sich den trotz allem immer noch zu konstatierenden „Fortbestand eines latenten Bedürfnisses nach Fundierung durch Einbeziehung des unvergangenen Vergangenen" (Latacz, Gräzistik S. 78) offensiver als bisher zunutze machen.

III. Sprachgeschichte

1. Allgemeines

Die griechische Sprache gehört zur indogermanischen Sprachfamilie, die auch die keltischen, germanischen und slavischen Sprachen sowie das Lateinische und die romanischen Sprachen umfaßt. Manchen Vokabeln ist der gemeinsame Ursprung noch anzumerken. Z. B. ist 'Herz' (got. *haírto*) urverwandt mit dem griechischen *kardía* (καρδία) und mit dem lateinischen *cor* (gen. *cordis*), wenn man die erste Lautverschiebung in den germanischen Sprachen (k > h) berücksichtigt. Das deutsche 'Werk' entspricht exakt dem griechischen *ergon* (ἔργον, ursprünglich *wérgon* gesprochen und mit Digamma [w-Laut, *F*] geschrieben: *Fέργον*).

Das Griechische hat sich seit etwa 2000 v. Chr. eigenständig entwickelt. Von allen in Europa bis heute lebendig nachwirkenden indogermanischen Sprachen ist neben ihr keine so früh *schriftlich* dokumentiert. Die ersten Schriftzeugnisse werden der 2. Hälfte des 2. Jahrtausends zugerechnet. Es handelt sich in dieser frühen Phase um das sogenannte 'Mykenische'. Etwa ins 15. Jh. v. Chr. zu datieren sind die Linear-B-Tafeln (aus Ton, überwiegend nur fragmentarisch), die man in Knossos auf Kreta gefunden hat. Ins 13. Jh. zu setzen sind die vergleichbaren Tafeln der Insel Zypern. Daneben existieren noch Tonsiegel und verschiedene Gefäßbeschriftungen. Hauptfundorte sind Nordkreta (Knossos und Chania) und die Peloponnes (das messenische Pylos sowie Mykene und Tiryns), aber auch das böotische Theben. Es kann für dieses Mykenische trotz seiner räumlichen Streuung eine bemerkenswerte Einheitlichkeit konstatiert werden. Die für das spätere Griechisch typischen dialektalen Unterschiede gibt es nicht. Mit dem Untergang der kretisch-mykenischen Kultur geht die Kenntnis der Linear-B-Schrift selbst verloren.

Erst mit der 'Dorischen Wanderung' (ca. 12. Jh. v. Chr.) kommt es zu einer Aufspaltung in verschiedene Dialekte. Die von Norden aus der dalmatinisch-albanischen Gegend her nach Mittelgriechenland und auf die Peloponnes vordringenden Dorier haben die ansässigen Gruppen verdrängt und voneinander getrennt. Eine Ostwanderung von Aiolern, Ioniern und Kypriern auf die Ägäis-Inseln, Zypern und bis nach Kleinasien hinein war die Folge. In einer schwer faßbaren Zeit des Umbruchs ('dunkle Jahrhunderte') kam es zu der eigentlichen Aufsplitterung in spezifische Dialekte. Gemeinsame Merkmale des Ionisch-Attischen und Arkadisch-Kyprischen sind daher alt, die erkennbaren Unterschiede dagegen, d. h. markante Merkmale z. B. des Äolischen, verhältnismäßig jung.

Das griechische Alphabet (von dem Phönizischen *aleph*, *beth* = gr. *alpha*, ἄλφα, *beta*, βῆτα) stammt aus Kleinasien. Im 9. Jh. v. Chr. übernahmen es die Griechen von den Phöniziern als eine reine Konsonantenschrift, der sie dann unter Verwendung einiger nicht genutzter semitischer Konsonantenzeichen für ihre Sprache die Vokalzeichen A, E, I (etwa für ἀεί [*aeí*], 'immer') und O hinzufügten. Wie bei orientalischen Schriften üblich, sind viele der ersten griechischen Schriftzeugnisse von rechts nach links geschrieben oder in wechselnder Richtung (*bustrophedón*, „nach Art eines Pflugrinds hin und her gehend"; so noch die große Gesetzesinschrift aus dem 5. Jh. v. Chr. in Gortyn auf Kreta). Das phönizische H bezeichnete anfänglich auch im griechischen Alphabet einen starken Hauchlaut, wie ihn die Römer ihrerseits noch kannten und in dem von den Griechen übernommenen Alphabet als H darstellten. Dieses Zeichen wurde aber in den griechischen Regionen, wo man vorwiegend 'unbehaucht' sprach und insofern kein Aspiratzeichen ('Hauchzeichen') brauchte, für die Darstellung des langen E verwendet (H = Eta). 403 v. Chr. wurde diese Neuerung im Rahmen einer Rechtschreibreform ('Reform des Eukleides') auch in die attische Orthographie eingeführt. Zur Darstellung des in Athen nach wie vor gesprochenen starken und schwachen Hauchlauts *(spiritus asper, spiritus lenis)* zerlegte man den ehemaligen Konsonanten H in zwei Hälften und bildete aus ihnen die Aspiratzeichen ᶜ und ᵓ.

Von den ersten Olympischen Spielen (776 v. Chr.) an, deren schriftliche Aufzeichnung sicher ist, kann eine Zunahme der Schriftzeugnisse und eine Verschriftlichung auch der 'literarischen' Produktion in den griechischen Städten beobachtet werden, und zwar in der mundartlichen Differenzierung des uns heute bekannten (historischen) Altgriechischen. Die von Gebirgen und Meeren in kleine geographische Abschnitte zerteilte Landschaft begünstigte die scharfe Trennung der vielfältigen Dialekte und ihre Verfestigung über Jahrhunderte hinweg. Die von den prosperierenden Poleis ausgehende Kolonisation im Mittelmeerraum (besonders in Untertalien und auf Sizilien) und an den Küsten des Schwarzen Meeres sorgte wiederum für eine Verbreitung einzelner Dialekte, ohne daß es dabei zu einer Vermischung kam. Jede

Stadt entsandte mit den Kolonisten auch ihren eigenen Dialekt. Auf Korkyra sprach man Dorisch wie in Korinth, desgleichen im nordafrikanischen Kyrene, das von Thera (dem heutigen Santorin) gegründet war.

Als ein erstes überregionales Griechisch fungierte die Sprache Homers, eine Kunstsprache vornehmlich aus ionischen und äolischen Elementen. Seit dem 6. Jh. gewinnt der ionische Dialekt Kleinasiens an Bedeutung. Durch ihre geographische Lage und durch ihre Beweglichkeit zur See avancierten die Ionier zu Vermittlern orientalischen Sprachgutes (vgl. ionisch 'Medoi' aus kyprisch 'Madoi'; 'Mada' nannten sich die Meder selbst). Sie nahmen maßgeblich Einfluß auf die Prosa z. B. im Bereich der Philosophie (Ionische Naturphilosophen, S. 116 ff.), der Historiographie (Herodot, S. 200 ff.) und der Medizin (Hippokrates). Der Ost-West-Handel tat sein übriges: Mit den Waren drangen verschiedene Begriffe aus dem vorderasiatischen Raum in die griechische Sprache ein (z. B. χρυσός [chrysós], 'Gold'; μνᾶ [mna], 'Mine'; φοῖνιξ [phoinix], 'Dattel'; λιβανωτός [libanotós], 'Weihrauch'). Dennoch blieb der Anteil an Fremdwörtern äußerst gering, vergleicht man etwa die durchaus vermischte Lexik des Lateinischen.

Athen gewinnt mit dem politisch-kulturellen Aufstieg seit dem 5. Jh. v. Chr. an Bedeutung und nimmt auch die Position eines sprachlichen Zentrums ein. Das Attische wird allmählich zur führenden Norm. Eine erste größere Verbreitung erfährt der zuvor recht eng auf Attika (das Gebiet um Athen) begrenzte Dialekt durch die Feldzüge und verschiedenen Städtegründungen Alexanders des Großen, der als Aristoteles-Schüler seinerseits attisch gebildet war. Im Hellenismus führen die Makedonenkönige und ihre Nachfolger, die Diadochen, das Attische als Amtssprache ein. Auf ihrer Grundlage, aber mit eigenen typischen Zügen und Entlehnungen aus anderen Mundarten entsteht die 'Koine' (κοινὴ διάλεκτος) als die eigentliche Verkehrssprache der hellenistischen Welt. Sie verdrängt bis zum 1. Jh. v. Chr. die übrigen Dialekte bis auf das Lakonische der Spartaner, das im Tsakonischen an der Ostküste der Peloponnes erhalten bleibt. Auch unter römischer Herrschaft ist die 'Koine' das dominante sprachliche Medium im Osten des Imperiums, wie aus Papyrus-Funden und aus der griechischen Literatur dieser Zeit (Polybios, *Neues Testament*) hervorgeht. Selbst das Lateinische wird von ihr beeinflußt. Umgekehrt übernimmt das Griechische, das in früherer Zeit nur wenige Entlehnungen aus fremden Sprachen aufwies, unter römischer Herrschaft zahlreiche Bezeichnungen des Alltags und des öffentlichen Lebens, aber auch Personennamen aus dem Lateinischen. Mitte des

1. Jh.s v. Chr. setzte eine Tendenz ein, in der griechischen Prosa nur den rein attischen Dialekt zuzulassen. Nach Dionysios von Halikarnassos (*Über die alten Redner* 3,1) wurde der programmatische 'Attizismus' in Rom konzipiert: „Ausgangspunkt für diese große Wende war das allesbeherrschende Rom". Hieraus ist die bis zum heutigen Tage anhaltende Schultradition erwachsen, zuerst das Attische zu erlernen, um die übrigen altgriechischen Dialekte lediglich als Abweichungen von ihm zu verstehen. Auch die im 19. Jh. von Deutschland und England aus gelenkte klassizistische Sprachreform in Griechenland hat für das heutige Neugriechisch zumindest eine dem antiken attischen Standard angepaßte Schreibweise bewirkt.

2. Die Dialekte

Grundsätzlich gilt es zwei Dialektkategorien zu unterscheiden. Da die Griechen für fast jede Literaturgattung ein eigenes Idiom kannten, gab es zum einen 'literarische' Dialekte. Sie waren aus regionalen Mundarten hervorgegangen, die sich ihrerseits selbstverständlich fortentwickelten und bis weit in die hellenistische Zeit hinein vor allem durch Inschriften auch nachweisbar sind. Wir müssen also ebenfalls von 'epichorischen' (lokalen) Dialekten sprechen.

Generell nahmen die Griechen selbst drei große Dialektgruppen an:
1. Ionisch (und Attisch),
2. Dorisch,
3. Äolisch.

Diese stimmen mit der Einteilung der literarischen Dialekte, wie sie Strabon (8, 1, 2) vorgenommen hat, weitgehend überein. Hexameterdichtung ist seit Homer (alt)ionisch mit äolischem Einschlag, ionisch auch die Lyrik und die ältere Prosa, äolisch die lesbische Lyrik und dorisch die Chorlyrik (S. 162). Wesentlich breiter gefächert sind naturgemäß die epichorischen Dialekte, die grob in die Gruppen Ionisch-Attisch, Arkadisch-Kyprisch (auch Achäisch oder Südachäisch genannt), Äolisch (darunter das Lesbische, Thessalische und Böotische) und Westgriechisch-Dorisch (mit Dorisch und Nordwestgriechisch, Pamphylisch) eingeteilt werden können. Die Gruppen weisen markante Unterschiede, teilweise aber auch Gemeinsamkeiten, sogenannte Isoglossen, auf.

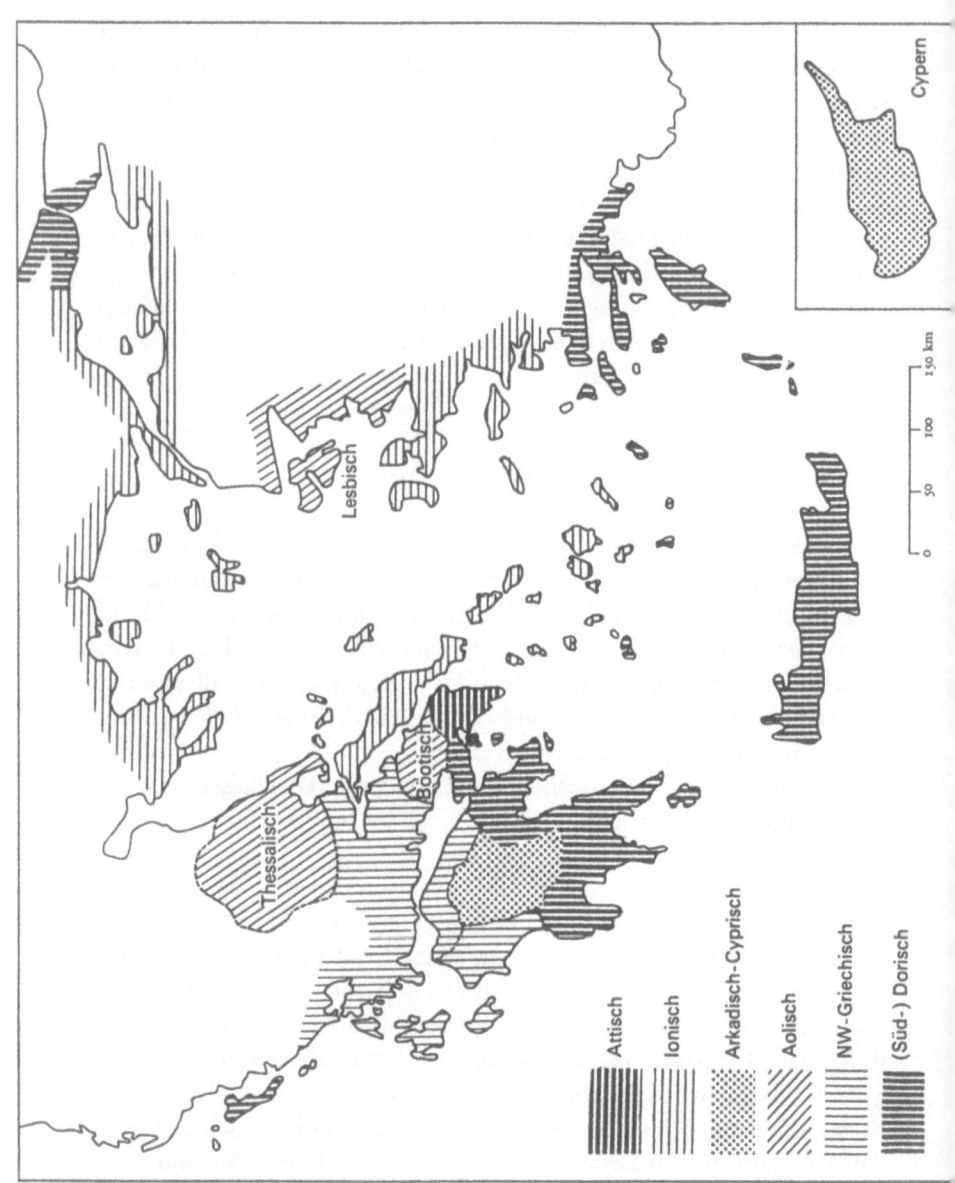

aus: Lexikon der Alten Welt. © Artemis & Winkler Verlag, Düsseldorf/Zürich 1990.

2.1 Ionisch-Attisch

Die enge Verbindung zwischen dem Ionischen und dem Attischen wurde schon von Strabon erkannt, der sie auf eine 'Ionische Wanderung' vom Festland auf die Inseln und zur kleinasiatischen Ägäisküste zurückführt.

Die wesentlichen Merkmale sind folgende:

a) *ā (ursprünglich lang) > η mit Ausnahme des sogenannten α-purum nach ε, ι, ρ im Attischen (auffälligstes Merkmal): νίκη *(níke)* neben χώρα *(chóra)*.

b) Quantitätenmetathese ('Tausch von lang und kurz') ηᾰ > εᾱ, ᾱο/ηο > εω: βασιλεύς, βασιλέως (< βασιλῆος) ... βασιλέα (< βασιλῆα)

c) Aoristendung 3. Pl. -σαν bei nichtsigmatischen Aoristen

d) erweiterte Pluralformen der Personalpronomina ἡμέας, ὑμέας usw. statt *ἅμε, *ὕμε

e) Keine *Apokope* ('Verkürzung') der Präpositionen (ἀνά, παρά usw.)

f) ion. σσ vs. att. ττ: z. B. ion. πρήσσω > att. πράττω

2.2. Dorisch (Westgriechisch)

Das Dorische war auf der gesamten südlichen und östlichen Peloponnes verbreitet sowie am Saronischen Golf und auf den von dort aus besiedelten Inseln der südlichen Ägäis von Melos bis Rhodos und auf Kreta.

Einige Merkmale:

a) unverändertes Beibehalten von *ā als ā

b) Digamma (F) vielfach erhalten

c) ερ > αρ: ἱερεύς > ἱαρέος

d) unveränderte Erhaltung von τι passim: κελεύοντι

e) Personalendung 1. Pl. -μες (auffälligstes Kennzeichen): ἴκομες

f) 'dorisches' Futur auf -σεο- passim

g) -ξ- im Futur und Aorist der Verben auf -ζω passim

h) *Apokope* bei den Präpositionen: πέρ < περί

2.3. Äolisch

Zum Äolischen gehören das Lesbische, Böotische und Thessalische.
Einige Merkmale:
a) o statt a: ὄν (att. ἀνά), vor allem nach silbenbildenden Sonoranten (wie ῥ): στρότος (att. στρατός); an letzterem Beispiel zeigt sich auch der typische zurückgezogene Akzent im Äolischen (*Barytonese*)
b) 'äolischer' Dativ Plural auf -εσσι der 3. Deklination passim
c) Perfektpartizip im Aktiv auf -οντι
d) patronymisches -ιο-Adjektiv statt Genitiv des Vaternamens passim

2.4. Arkadisch-Kyprisch ('Achäisch')

In der antiken Dialektgliederung wurde eine Sprachgruppe, die dem Mykenischen nahe steht, nicht angemessen berücksichtigt, da man offenbar den Zusammenhang zwischen dem Arkadischen (auf der Peloponnes) und dem Kyprischen (auf Zypern) nicht erkannte. Beide Sprachen fanden zudem keine literarische Verwendung.
Einige Merkmale:
a) *ῥ > οῥ
b) ε > ι vor Nasal passim
c) -o > -υ passim, z. B. in der Präposition ἀπύ
e) Stämme auf -εύς > -ης, -ες
f) Demonstrativum ὄνυ
g) Personalendung 3. Sg. Med. -τοι
h) Präpositionen ἀνά > ὀν, πος = πρός passim
i) Konjunktion κας statt καί

Durch Wanderungen und Kolonisation kam es zwar zu einer Verbreitung der eigenen Mundart, dabei fand aber auch eine Beschleunigung der sprachlichen Weiterentwicklung statt. So gaben die kleinasiatischen Ionier als erste das Digamma auf und trennten sich ein halbes Jahrtausend früher als die Athener vom Dual (d. h. von einer besonderen Form für die Zweizahl).

3. Die Dialekte in der Literatur

3.1. Epische Dichtung

Aus der zweiten Hälfte des 8. Jh.s sind Versinschriften belegt (z. B. auf der attischen 'Dipylon-Kanne', ca. 730 v. Chr.). Die mit Homer einsetzende Tradition griechischer Dichtung ist für die Epik maßgebend, strahlt aber auch auf andere Gattungen (Historiographie, Lyrik, Drama) aus. Es handelt sich um eine ionisch-äolische Kunstsprache mit durchaus heterogenen Eigenschaften: Sie ist dichtersprachlich und zugleich voller Alltagsreminiszenzen, weist dialektal gemischte und reine Formen auf, sowohl ältere als auch neue Wortbildungen. In derselben Tradition stehen Hesiod und die *Homerischen Hymnen*. Letztere sind jüngeren Datums; denn sie weisen deutliche Abweichungen auf, z. B. durch das Nebeneinander von homerischen Archaismen und nicht-homerischen Sprachneuerungen sowie durch das Einbeziehen anderer Dialektformen. In den homerischen Epen jedoch hat sich eine Literatursprache verselbständigt, auf deren Substanz *alle* nachfolgenden epischen Dichter (wie z. B. Apollonios von Rhodos aus hellenistischer Zeit oder der kaiserzeitliche Quintus von Smyrna) zurückgreifen. Die Sprache des homerischen Epos zieht sich darüber hinaus wie ein roter Faden durch die übrigen literarischen Dialekte, wie aus der folgenden Übersicht über die verschiedenen Gattungen (nach Strunk S. 153 f.) hervorgeht.

3.2. Die anderen Gattungen

Die Elegie ist ionisch mit epischen Sprachelementen, teils nicht-homerisch (Kallinos, Mimnermos), attisch (Solon) oder dorisch (Theognis) gefärbt.

Das Epigramm ist geprägt von Lokaldialekten und weist in seinen Distichen (S. 164) formale wie sprachliche Nähe zu Epos und Elegie auf.

Iambische und trochäische Sprechverse entstammen dem der Alltagssprache entlehnten Ionisch (Archilochos, Semonides, Hipponax) oder Attisch (Solon).

Das Melos (die 'Lieddichtung', S. 161) kennt keine einheitliche Gattungssprache; Heimatmundarten (Lesbisch bei Sappho, Böotisch bei Korinna, Ionisch bei Anakreon) herrschen vor.

Die Chorlyrik ist klar dorisch mit epischen Elementen, teils ionisch, teils äolisch durchsetzt. Bei dem Thebaner Pindar ist vereinzelt böotische Färbung feststellbar.

Das Drama stellt ein überaus komplexes literarisches Gebilde dar, zusammengesetzt aus chorischen und dialogischen Partien, die jeweils verschiedenen Traditionen verpflichtet sind. Zudem herrschen in der Komödie und der Tragödie spezifische Sprachstile vor. Die Tragödie ist attisch, großenteils stilisiert mit epischen, dorischen, ionischen und äolischen Elementen. Tragische Chorpartien sind dorisch-ionisch. Die Alte Komödie auf Sizilien war rein dorisch (Epicharm und Sophron), in Athen aber attisch (Aristophanes) mit epischen und dorischen Elementen in Chor- und Dialogpartien, vielfach zum Zweck der Tragödienparodie oder der parodistischen Zitation von Chorlyrik eingesetzt. Die Neue Komödie ist sprachlich längst nicht so vielseitig und nähert sich unter dem Einfluß euripideischer Dramaturgie einem attischen Alltagsidiom an.

Die Prosa ist bis zur klassischen Zeit auf das Ionische und Attische beschränkt. Historiographie und Philosophie sind nicht fest an eine der beiden Sprachen gebunden. Ionisch schrieben z. B. Hekataios, Herodotos, Heraklit, Demokrit und Anaxagoras. Attisch formulierten Thukydides und Xenophon, Platon und Aristoteles. Die medizinische Fachliteratur (*Corpus Hippocraticum*) war ionisch. Die in Athen agierenden Redner (selbst Gorgias) bedienten sich des Attischen als Basis.

4. Zur Form

Wichtig für die altgriechische Lautstruktur ist der Gegensatz zwischen Längen und Kürzen bei den Vokalen und der musikalische Akzent. Die Verschlußlaute sind entweder *Tenues* (π, τ, κ) oder *Mediae* (β, δ, γ) oder *Aspiratae* (φ, θ, χ). In nachklassischer Zeit kommt es zu einer Umgestaltung dieses Lautsystems. Alte Diphthonge verschwinden und das lange e fällt mit dem kurzen i zusammen ('Itazimus'). Im Spätgriechischen wird sodann der musikalische Akzent von einem exspiratorischen Akzent abgelöst; im Verlauf dieser Entwicklung entfällt die Unterscheidung zwischen langen und kurzen Vokalen.

Ein außerordentlich großer Formenreichtum ist beim Verbum anzutreffen. Der Aspekt kann durch die Wahl verschiedener Tempusstämme ausgedrückt werden: der Aorist ist punktuell (φυγεῖν [*phygeín*], 'die Flucht ergreifen'), das Präsens vornehmlich durativ (φεύγειν [*pheúgein*], 'auf der Flucht sein'), das Perfekt zeigt den erreichten Zustand an (πεφευγέναι [*pepheugénai*], 'entflohen sein'). Zwei Vergangenheitsformen ermöglichen die Kennzeichnung der Dauer oder Wiederholung bzw. eines Zustands in der Vergangenheit: Es handelt sich um Imperfekt (vom Präsensstamm gebildet) und Plusquamperfekt (vom Perfektstamm gebildet), die durch 'Augment' (Vorsilbe ἐ-) und besondere 'Sekundärendungen' gebildet werden. Mit einem eigenen Tempusstamm wird das Futur ausgedrückt. Neben dem Indikativ und dem Imperativ sind noch zwei weitere Modi vorhanden: Konjunktiv und Optativ (Möglichkeit und Wunsch). Im übrigen werden drei Diathesen unterschieden: Aktiv, Medium und Passiv. Letztere fallen außer im Aorist und Futur zusammen ('Mediopassiv'). Partizipien und Infinitive zeigen sich ebenfalls vielfältig geformt. Das Nomen dagegen kennt im Gegensatz zum Lateinischen nur fünf Kasus (Nominativ, Genitiv, Dativ, Akkusativ, Vokativ). Charakteristisch für das Griechische ist zudem die Möglichkeit der Bildung neuer Wörter durch Ableitung oder Zusammensetzung. Der Reichtum der Ausdrucksfähigkeit der griechischen Sprache spiegelt sich in den zahlreichen griechischen Lehn- bzw. Kunstwörtern in modernen Sprachen wieder: So im Deutschen etwa bei den Neologismen 'Biotop' (< βίος [*bíos*], 'Leben', und τόπος [*tópos*], 'Ort'), 'hypertroph' (< ὑπέρ [*hypér*], 'über', und τρέφειν [*tréphein*], 'nähren'), 'Autobiographie' (< αὐτός [*autós*], 'selbst', βίος [*bíos*], 'Leben', und γράφειν [*gráphein*], 'schreiben').

IV. Vom Autograph zur modernen Edition

Jede seriöse Beschäftigung mit einem Text setzt die Kenntnis von dessen exaktem Wortlaut voraus, d. h. möglichst und im Idealfall die Kenntnis genau desjenigen Wortlautes, den der Autor selbst hergestellt hat. Im Falle zeitgenössischer Literatur und noch lebender Autoren, aber auch allgemein auf dem Gebiet der neusprachlichen Philologien bereitet dieser Anspruch höchstens marginale Probleme. Für die Klassische Philologie dagegen war die Ermittlung eines dem originalen möglichst nahekommenden Wortlautes stets ein zentrales Problem, zu Zeiten vermittelte sie gar den Eindruck, es sei ihr einziges. Die Ursache hierfür ist in der Besonderheit der Überlieferungsgeschichte aller antiken Texte zu finden.

1. Überlieferungsgeschichte

1.1. Definition

Unter der Überlieferungsgeschichte eines Textes versteht man allgemein den Weg, den er vom Ort und Zeitpunkt seiner Entstehung bis zum jeweiligen Rezipienten zurückgelegt hat. Anfang und Ende dieses Weges lassen sich im Falle antiker Literatur aber genauer beschreiben: Am Anfang steht das vom Autor einem Schreiber diktierte, anschließend durchgesehene und autorisierte erste Exemplar. Dieses 'Original' besitzen wir von keinem einzigen Werk der antiken griechischen Literatur. Das Ende der in unserem Zusammenhang relevanten, d. h. in den Wortlaut der Texte eingreifenden Überlieferungsgeschichte ist etwa ein Jahrtausend nach dem Ende der Antike erreicht, nämlich mit der Erfindung und dem massenhaften Einsatz des Buchdruckes seit der Mitte des 15. Jh.s. Jetzt war es nämlich zum erstenmal in der europäischen Kulturgeschichte möglich, von einem Text bis ins kleinste Detail völlig identische Exemplare in bislang unvorstellbaren Stückzahlen herzustellen. Damit war erstens die mit der bisherigen Überlieferungsweise zwangsläufig einhergehende, fortlaufende Entstellung der Texte definitiv unterbunden, zweitens die Gefahr praktisch beseitigt, daß sämtliche existierenden Exemplare eines Textes verloren gehen könnten. Diese beiden Faktoren, fortgesetzte Textentstellung und Gefahr des vollständigen Verlustes, prägten aber die vielen Jahrhunderte, die alle Werke der antiken griechischen Literatur bis zum Zeitalter des Buchdruckes überstehen mußten. Der Weg durch diese Jahrhunderte soll im folgenden kurz beschrieben werden.

1.2. Beschreibstoffe in der Antike

In der Antike benutzte man eine Vielzahl anorganischer (Steine, verschiedene Metalle, Tonscherben) und organischer (Holztafeln, Leinen, Bast u. a.) Materialien zur Fixierung kürzerer, ausnahmsweise auch längerer Texte; für die Aufzeichnung literarischer Texte kamen aber – von seltenen Ausnahmen abgesehen – nur zwei Beschreibstoffe in Frage:

– Papyrus (ὁ χάρτης *[chártes]*, ἡ βύβλος *[byblos]*, ὁ/ἡ πάπυρος *[pápyros]*) wurde aus dem Stengelmark der gleichnamigen Staude hergestellt, die einst in großen geschlossenen Beständen vor allem in der Gegend des Nildeltas wuchs. Zum Beschreiben geeignete Blätter wurden hergestellt, indem man die unteren Teile der bis zu armdicken Stengel in dünne, möglichst breite Streifen zerschnitt und diese auf angefeuchtete Holzbretter so nebeneinander legte, daß die Pflanzenfasern parallel verliefen und die Ränder ein wenig überlappten. Diese Lage bedeckte man mit einer zweiten Streifenschicht in der Weise, daß die Fasern der oberen Lage mit denen der unteren einen Winkel von 90 Grad bildeten. Das Ganze wurde vorsichtig mit flachen, glatten Steinen geklopft, so daß die austretende Stärke die Streifen zu einem fest zusammenhaltenden Blatt verklebte, das man dann an der Sonne trocknen ließ und mit Bimsstein glättete. Für die Vermarktung wurden diese Blätter an den Rändern zu Bahnen von meist sechs bis acht Metern Länge (manchmal auch mehr) zusammengeklebt, und zwar so, daß auf der einen Seite die Fasern durchgehend horizontal (*recto*-Seite), auf der anderen durchgehend vertikal (*verso*-Seite) verliefen. Beim Aufrollen achtete man darauf, daß die im allgemeinen allein für die Beschriftung vorgesehene Innenseite der Rolle diejenige war, an der die Fasern der Blätter horizontal verliefen. Solche Papyrusrollen wurden in mehreren, normierten Formaten und Qualitätsabstufungen hergestellt. Sie waren ein für die Beschriftung mit Rohrfeder und Tinte sehr gut geeignetes, relativ preiswertes und auch einigermaßen haltbares Schreibmaterial.

– Leder, also gegerbte Tierhaut, wurde schon im alten Orient als Beschreibstoff verwendet. Pergament (ἡ διφθέρα *[diphthéra]*) unterscheidet sich von Leder nur durch die Art der Zubereitung: Die Häute wurden nicht gegerbt, sondern mit einer Kalklösung behandelt, dann gespannt und durch mehrmaliges Schaben geglättet. Die moderne, auf das lateinische Adjektiv *pergamena* (zu ergänzen ist *charta*; erstmals belegt erst 301 n. Chr.) zurückgehende Bezeichnung leitet sich von der in Kleinasien gelegenen Stadt Pergamon ab. Plinius (*Naturalis Historia* 13, 70) überliefert, daß dort zu Beginn des 2. Jh.s v. Chr. das Pergament erfunden worden sei, als der über Ägypten herrschende Ptolemaierkönig den Papyrusexport nach Pergamon untersagte, um den weiteren Ausbau der dortigen Bibliothek – einer Konkurrenz zur alexandrinischen – zu verhindern. Wir wissen heute, daß dies nicht richtig sein kann, da Pergamentfunde aus älterer Zeit vorliegen. Es könnte jedoch stimmen, daß in Pergamon im 2. Jh. v. Chr. während kriegsbedingter Stockungen der Papyruszufuhr verstärkt auf diesen Beschreibstoff zurückgegriffen worden ist. Im Vergleich zu Papyrus war Pergament immer ein kostspieliges Material. Erst ganz allmählich wuchs seine Verbreitung während der Kaiserzeit (aus im einzelnen ungeklärten Gründen), und in der Spätantike wurde schließlich die Mehrzahl der Bücher auf Pergament geschrieben.

1.3. Buchformen in der Antike

Die während des größten Teiles der Antike verbreitetste, über Jahrhunderte hinweg die einzige Buchform war die oben schon erwähnte Papyrusrolle. Sie wurde auf der *recto*-Seite in gleichmäßigen, nebeneinander gesetzten Blöcken (Kolumnen) beschrieben, wobei man am oberen und unteren Rand sowie am Anfang und Ende der Rolle etwas freien Platz ließ. Zum Lesen mußte die Rolle fortlaufend abgewickelt und mit der linken Hand wieder aufgerollt werden, wozu man sich der Bequemlichkeit halber meist eines oder zweier Stäbe (ὀμφαλός [omphalós])) bediente. Zur schonenden Aufbewahrung der Rollen benutzte man speziell gefertigte Kästen aus Holz (κιβώτιον [kibótion]). Die heute allein übliche Buchform (σωμάτιον [somátion], lateinisch *codex*] kam vereinzelt schon in der frühen Kaiserzeit vor, hat sich aber erst in der Spätantike (4./5. Jh.) gegenüber der Buchrolle endgültig durchgesetzt. Der Kodex besteht aus mehreren, aneinandergehefteten Lagen einfach gefalteter Blätter, meist Lagen zu je vier Blättern (sog. Quaternionen: ein Quaternio ergibt acht Blätter und damit sechzehn Buchseiten), manchmal auch Fünferlagen (Quinionen). Der Kodex hat gegenüber der Rolle den Vorteil, daß das Material auf beiden Seiten beschrieben und damit ökonomischer genutzt werden kann, aber auch, daß ein Hin- und Herblättern zum Aufsuchen bestimmter Stellen ohne Mühe möglich ist. Das geschmeidigere und damit weniger leicht brüchige sowie beidseitig gleich gut beschreibbare Pergament eignete sich für diese Buchform wesentlich besser als Papyrus. So gab es zwar auch Papyrus-Kodices (umfangreiche Reste haben sich sogar erhalten, z. B. der berühmte 'Papyrus Bodmer' mit Komödien des Menander), aber in der Regel bestand ein Kodex aus Pergament. Die Umstellung von der Papyrusrolle zum Pergamentkodex ist am Ende der Antike weitgehend abgeschlossen. Die Werke der antiken Literatur, die nicht in einen Pergamentkodex übetragen wurden, erreichten in der Regel die mittelalterliche Überlieferung nicht und gingen verloren.

1.4. Verbreitung von Büchern in der Antike

Zu welcher Zeit und an welchem Ort innerhalb des griechischen Kulturraumes Bücher zum erstenmal hergestellt bzw. benutzt worden sind, ist unbekannt. Wir sind auf Schlüsse angewiesen, die sich aus bestimmten Tatsachen der Literaturgeschichte und aus Angaben, die um Jahrhunderte später lebende Autoren machen, ziehen lassen:

– Die immer noch kontrovers diskutierte Frage, wann, wo und in welcher Form die homerischen Epen erstmals schriftlich fixiert wurden, soll hier nicht näher erörtert werden. Sicher wurden diese Epen oder Teile von ihnen bereits im 7. und 6. Jh. von wandernden Rhapsoden bei verschiedenen Gelegenheiten vorgetragen. Daß diese Rhapsoden sich allein auf ihr Gedächtnis verließen und nicht auch Texte, also Bücher, in ihrem persönlichen Gepäck hatten, scheint sehr unwahrscheinlich. Spätestens aber im 6. Jh., als der Vortrag der gesamten *Ilias* und *Odyssee* zum festen Bestandteil des Festprogrammes der Panathenäen gemacht wurde, muß eine verbindliche Textfassung, also eine Buchausgabe existiert haben.

– Andere Dichtung der archaischen Zeit (wie die Werke Hesiods, die älteren der homerischen Hymnen oder die lyrische Poesie) muß von Anfang an schriftlich fixiert worden sein. Sonst wäre es schwer vorstellbar, wie sie über den gesamten griechischen Sprachraum bekannt werden konnte, und unerklärlich, wie sie sich bis zur systematischen Sammlung der griechischen Literatur durch die alexandrinischen Philologen (s. o. S. 15 f.) erhalten konnte.

– Von zwei Persönlichkeiten des 6. Jh.s, Polykrates von Samos und Peisistratos von Athen, ist überliefert (Athenaios 1, 3 a), daß sie umfangreiche Bibliotheken besessen hätten. 'Umfangreich' ist natürlich ein relativer Begriff und bedeutet in dieser frühen Zeit im Bezug auf Bibliotheken wohl etwas, was man später eher 'klein' genannt hätte. Aber für prinzipielle Zweifel an der Richtigkeit dieser Überlieferung gibt es keinen Grund – außer der vorgefaßten Meinung, daß es im 6. Jh. noch keine Büchersammlungen gegeben haben könne.

Die ersten zeitgenössischen Belege, daß Bücher nicht nur existierten, sondern allmählich zu einem alltäglichen Gebrauchsgegenstand wurden, finden sich in der attischen Vasenmalerei am Ende der archaischen Epoche. Kurz nach 500 tritt hier erstmals in bildlicher Darstellung das Thema 'Mensch mit Buch' auf und wird rasch zu einem beliebten Motiv. In der 2. Hälfte des 5. Jh.s verdichten sich die Belege für die zunehmende Verbreitung von Büchern zumindest in Athen: So läßt z. B. Aristophanes in den 405 aufgeführten *Fröschen* den Chor behaupten, jedermann lese Bücher (1114), und im selben Stück erzählt Dionysos, er habe sich während einer Seereise damit unterhalten, daß er allein für sich ein Buch, die Tragödie *Andromeda* des Euripides, gelesen habe (52 f.). Auch Buchläden gehörten im Athen dieser Zeit offenbar zum alltäglichen Leben, wie mehrere Stellen in Stücken der Alten Komödie bezeugen (Aristophanes, *Vögel* 1288; Eupolis Fr. 327 PCG; Nikophon Fr. 10 PCG). Daß Bücher keine Luxusgüter sein mußten, sondern durchaus für jedermann erschwinglich sein konnten, zeigt die von Platon dem Sokrates in den Mund gelegte Bemerkung, die Schriften des Naturphilosophen Anaxagoras seien für höchstens eine Drachme bei den Buchhändlern zu haben (*Apologie* 26 d–e). Und das Interesse an Büchern beschränkte sich am Ende des 5. Jh.s nicht auf Athen. So berichtet Xenophon (*Anabasis* 7, 5, 12–14), daß am Schwarzen Meer in der Gegend von Salmydessos (ca. 100 km nordwestlich von Byzanz) immer wieder Frachtschiffe strandeten und von den Küstenbewohnern geplündert würden. Unter den Gütern nennt er auch Bücher, die offenbar für die griechischen Städte des Schwarzmeerraumes bestimmt waren. Dazu paßt die Nachricht, daß der Isokrates-Schüler Klearchos, seit 364 Herrscher in der Stadt Herakleia am Pontos, eine Bibliothek besessen habe.

Spätestens zu Beginn des 4. Jh.s hatte sich also in Athen und anderen Zentren eine voll entwickelte Schrift- und Buchkultur etabliert, und es ist eine wohlbegründete Annahme, daß jedenfalls in diesen Zentren ein Großteil der Bevölkerung lesen und schreiben konnte. Aus dem Athen des 4. Jh.s hören wir von großen Privatbibliotheken (Platon, Aristoteles). Die ältesten Reste griechischer Bücher, die wir noch besitzen, stammen aus dem letzten Drittel des 4. Jh.s v. Chr. (Derveni- und Timotheos-Papyrus). Seit dieser Zeit weitete sich im Gefolge des Alexanderzuges die literarische Kultur Griechenlands über den ganzen östlichen Mittelmeerraum aus, neue Zentren entstanden (vor allem die große Bibliothek von Alexandreia, S. 15 f.). Das aufstrebende Rom wurde in diesen Prozeß seit der 2. Hälfte des 3. Jh.s einbezogen. Doch blieb dort das Sammeln von Büchern noch für zwei Jahrhunderte Privatsache. Erst 39 v. Chr. wurde in der neuen Welthauptstadt die erste öffentliche Bibliothek eröffnet und sie umfaßte, wie alle in der Folgezeit begründeten Bibliotheken des römischen Reiches, neben einer lateinischen auch eine griechische Abteilung. Die Zweisprachigkeit, die bis weit ins 3. Jh. n. Chr. und teilweise darüber hinaus selbstverständliches Merkmal der Gebildeten in der westlichen Reichshälfte war, garantierte so, daß griechische Literatur nicht nur im Osten, sondern auch in allen städtischen Zentren des Westens präsent war.

1.5. Verbreitung von Büchern in Spätantike und frühem Mittelalter

Niedergang und Verarmung, die das literarische Leben in der Westhälfte des Reiches zuerst in der schweren Krise des 3. Jh.s n. Chr., dann seit dem Beginn des 5. Jh.s zunehmend mit dem Zerfall der staatlichen Strukturen prägten, haben den Osten zunächst wenig in Mitleidenschaft gezogen. Hier hielt nicht nur die politische Ordnung stand, hier dominierte auch im kulturellen Leben Kontinuität – mit der wichtigen Einschränkung freilich, daß im Laufe des 4. Jh.s das Christentum zur alleinigen Staatsreligion aufstieg. Dies bedeutete aber insofern keinen Bruch mit der Vergangenheit, als die klassischen Autoren wie Homer, Euripides, Demosthenes, bis ins 6. Jh. hinein auch der Komödiendichter Menander, ihre Position im Schul- und Bildungswesen unangefochten behielten und auch die christlich gewordene Gesellschaft das Stilideal des Attizismus (S. 148 f.) nicht aufgab. Zentren des geistigen Lebens dieser Epoche waren bis in die 1. Hälfte des 6. Jh.s Athen, Antiochia, Gaza, bis zum Beginn des 7. Jh.s Alexandria und natürlich Konstantinopel. Anders als im Westen beschränkte sich die Produktion von Abschriften der antiken Texte nicht auf die Klöster; vielmehr existierten noch Bibliotheken wie z. B. in Gaza oder Kaisareia (Caesarea), wo die alte Literatur studiert und durch fortwährendes Kopieren erhalten wurde. Der Einbruch zeichnete sich erst um die Mitte des 7. Jh.s ab und scheint vor allem durch zwei Faktoren verursacht worden zu sein: erstens die außenpolitische Katastrophe, die mit dem Vordringen der islamischen Araber von Südosten und der Slawen von Norden über das

Reich kam und zum Verlust von ungefähr zwei Dritteln des Territoriums samt wichtiger Zentren des geistigen Lebens führte (z. B. Antiochia, Alexandria); zweitens die innere Krise, die der fast 150 Jahre währende religiöse Streit um die Bilderverehrung *(Ikonolatrie)* auslöste. In dieser oft als 'dunkle Jahrhunderte' bezeichneten Epoche zwischen der Mitte des 7. und dem Beginn des 9 Jh.s ist sicher eine unübersehbare Masse antiker griechischer Literatur verlorengegangen. Vieles freilich, was wir nicht mehr haben, war jedoch im 9. Jh. noch vorhanden. Spätestens von hier an ist Beschäftigung mit antiker Literatur ausschließlich Sache von Spezialisten. Die Überlieferungsgeschichte fällt also zusammen mit der Geschichte der Gelehrsamkeit und wird deshalb in Kap. II dargestellt.

1.6. Geschichte der Schrift: griechische Paläographie

Der Wandel der griechischen Schrift von den ältesten erhaltenen Inschriften bis zu spätmittelalterlichen Buchschriften ist Gegenstand einer eigenen Disziplin, der griechischen Paläographie. Sie leistet die systematische Erfassung und Beschreibung der entwicklungsgeschichtlich, regional, individuell bedingt unterschiedlichen Erscheinungsformen der griechischen Schrift, wie sie uns in den Textzeugen vorliegen. Der Fachmann, der für eine Textedition wichtige Überlieferungsträger eigenständig prüfen will, benötigt dafür je nach Einzelfall mehr oder weniger umfassende paläographische Kenntnisse. Für den Studierenden der Gräzistik ist die Schriftgeschichte dagegen normalerweise ohne praktische Bedeutung. Dennoch kann die Kenntnis der wesentlichen Entwicklungsphasen zu einem besseren Verständnis grundsätzlicher Probleme der Überlieferung und Textkritik verhelfen (S. 69 ff.).

Das griechische Alphabet entstand durch die vielleicht von einer einzigen Person und vielleicht auf der Insel Euböa geleistete Adaption der phönikischen Buchstabenschrift. Dabei wirkte sich die Wesensverschiedenheit des indoeuropäischen Griechisch vom semitischen Phönikisch vor allem dahingehend aus, daß die im Phönikischen wie in allen semitischen Sprachen nicht notierten Vokale im Griechischen eigene Zeichen erhielten. Man benutzte dafür Buchstaben, die im phönikischen Alphabet Kehl- und Zischlaute bezeichnen, die das Griechische nicht kennt. Die ältesten inschriftlich erhaltenen Beispiele der griechischen Schrift stammen aus der 2. Hälfte des 8. Jh.s v. Chr. (Nestor-Becher, Dipylon-Kanne). Die Geschichte der in unserem Zusammenhang wichtigeren griechischen Buchschrift läßt sich erst seit dem späten 4. Jh. v. Chr.

(Derveni-Papyrus) verfolgen. Ihre Entwicklung von den Anfängen bis zur Verbreitung des Buchdruckes kann man in zwei Hauptphasen einteilen.

1. Zur ersten Phase gehören die gesamte Antike und das frühe Mittelalter. Sie ist dadurch gekennzeichnet, daß für die Fixierung literarischer Texte, d. h. als Buchschrift, nur die Majuskelschrift benutzt wurde. Für diese Schriftform ist es charakteristisch, daß sämtliche Zeichen zwischen zwei (gedachten oder auch wirklich gezogenen) Linien angeordnet werden können und Verbindungen mehrerer Buchstaben (Ligaturen) fast nie vorkommen. Formen der Minuskelschrift, bei der die Zeichen Ober- und Unterlängen aufweisen, sich also einem Vierzeilensystem einordnen lassen und Buchstabengruppen in einem Zug geschrieben werden, waren zwar spätestens seit dem 4. Jh. v. Chr. in Gebrauch. Minuskeln wurden aber nur für kürzere Mitteilungen, alltägliche Aufzeichnungen usw., also als 'Geschäftsschrift' (Kursive) benutzt. Während ihrer mehr als tausendjährigen Herrschaft als Buchschrift tritt die griechische Majuskel in mehreren, deutlich voneinander unterscheidbaren Formvarianten auf. Hier können nur die wichtigsten genannt werden:

Die ältesten Reste antiker Bücher, die wir besitzen, sind im sogenannten Inschriftenstil geschrieben, die Buchstaben haben eckige Formen (Abb.1). Seit dem 3. Jh. v. Chr. tritt vermehrt eine von gerundeten Buchstabenformen geprägte Buchschrift in den Papyri auf. Man spricht von der 'Papyrusunziale', die in eine ältere (bis ca. 2. Hälfte 1. Jh. v. Chr.) und eine jüngere Form (bis ins 2. Jh. n. Chr., auch 'Häkchenstil' genannt) eingeteilt wird (Abb. 2). Im 2. und 3. Jh. n. Chr. dominiert eine ästhetisch sehr ansprechende, durch den Kontrast zwischen breiten und extrem schmalen Buchstaben geprägte Buchschrift, der sogenannte strenge Stil, in der erstmals vermehrt, wenn auch nicht systematisch, Lesehilfen wie Akzente und Interpunktionszeichen gesetzt werden; Worttrennung gibt es wie in allen griechischen Buchschriften der Antike nicht (Abb. 3). Von den verschiedenen Majuskelschriftformen der Spätantike und des frühen Mittelalters sei hier lediglich die nach drei berühmten Bibelhandschriften als 'Bibelunziale' bezeichnete genannt (Abb. 4). In der 'dunklen Zeit' des religiösen Streites um die Bilderverehrung bzw. des Bildersturmes (*Ikonoklasmos*, ca. Mitte. 7. Jh. – Ende 8. Jh. n. Chr.) scheint die Tätigkeit des Kopierens antiker Texte fast ganz zum Erliegen gekommen zu sein. Die beherrschende Schriftform der letzten Phase der griechischen Majuskelschrift (ca. 6. bis 10. Jh., in liturgischen Texten bis ins 12. Jh.) nennt man den koptischen Stil.

Abb. 1: Papyrusfragment von Derveni (2. Hälfte 4. Jh. v. Chr.). Thessaloniki, Archäologisches Museum.

Abb. 2: Häkchenstil, Kallimachos, 1. Jh. v. Chr. (NORSA, Taf, 8a).

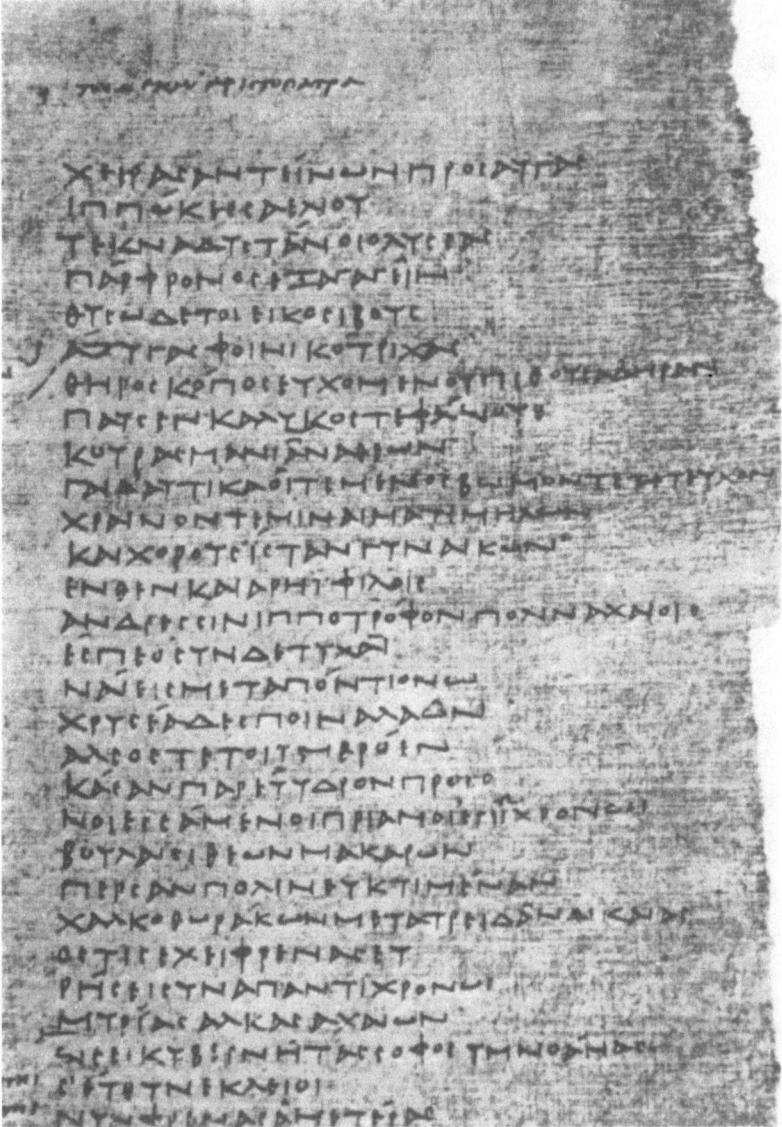

Abb. 3: „Strenger Stil", Bakchylides, 3. Jh. n. Chr. (NORSA, Taf. 10a).

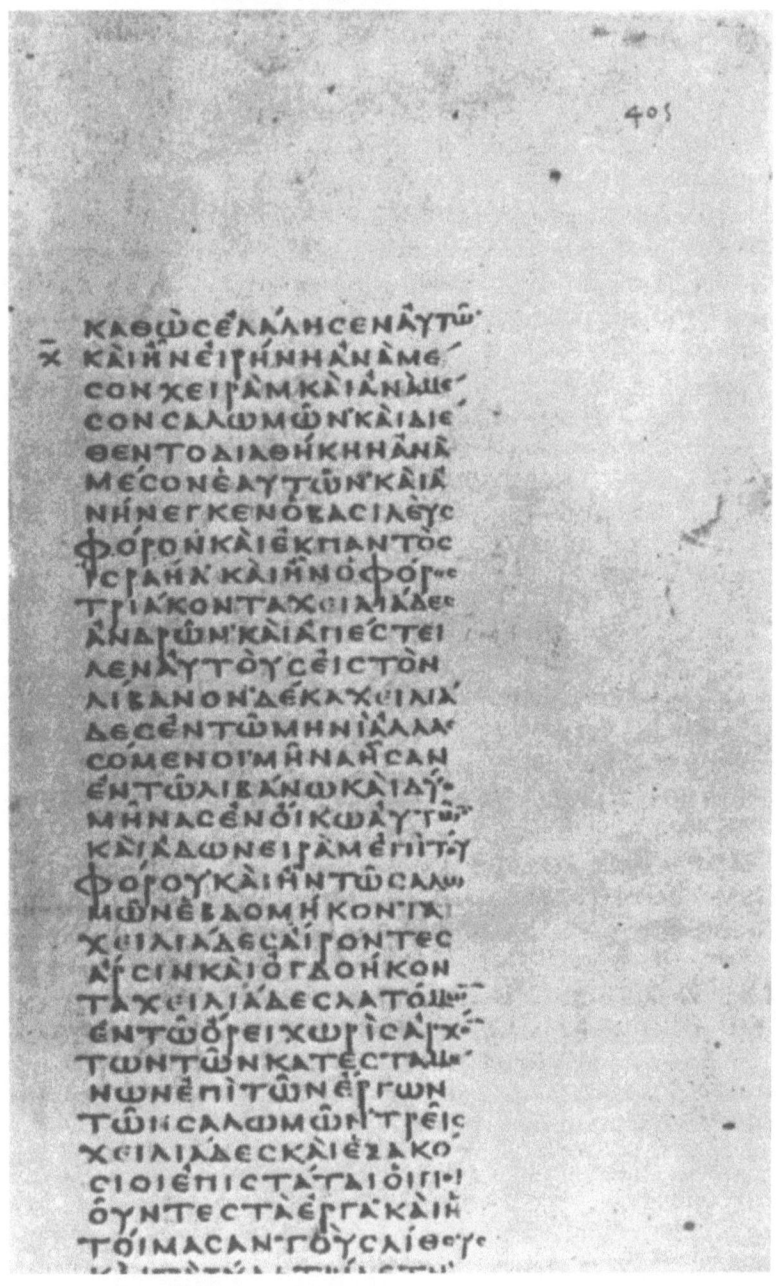

Abb. 4: Bibelstil, 3. Kön. 5, 26ff., Cod. B, 4. Jh. (Vat. gr. 1209, f. 405ʳ, aus: Codices e Vaticanis selecti phototypice expressi, vol. 4, pars 1, tom. 2).

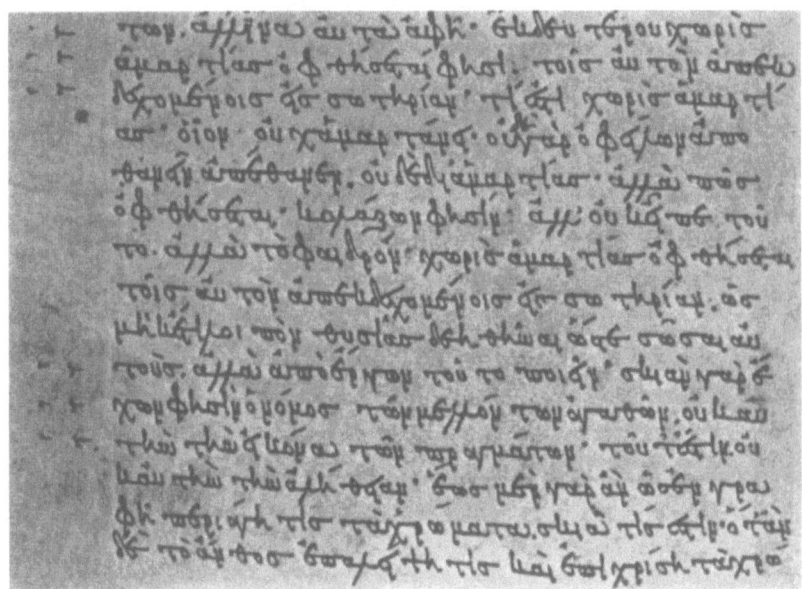

Abb. 5: Minuskel, 10. Jh. (Ö.N.B., Theol. gr. 108, f. 155ᵛ).

2. Die zweite Phase umfaßt die Zeit von den ersten Jahrzehnten des 9. Jh.s bis ins 15. und 16. Jh., als der zunehmende Einsatz des Buchdruckes das handschriftliche Kopieren von Büchern allmählich ersetzte. Das 9. und das frühe 10. Jh. sind wohl die wichtigste Epoche für die weitere Bewahrung der damals noch vorhandenen Texte antiker griechischer Literatur. Im Laufe von knapp 100 Jahren wurde der gesamte Bestand an literarischen Handschriften durch neue, in Minuskelschrift (Abb. 5) geschriebene Exemplare ersetzt. Man nennt diese Aktion 'Metacharakterismos'. Wie die Hauptakteure dieser großangelegten Rettungsaktion des literarischen Erbes – zu nennen sind besonders der Patriarch Photios und sein Schüler, der Metropolit Arethas – im einzelnen vorgingen, ist noch nicht ausreichend erforscht. Es wird aber immer deutlicher, daß man – anders als später – bei den ersten Drucken nicht irgendein gerade vorhandenes Majuskelexemplar abschrieb, sondern nach Möglichkeit von jedem Text mehrere Exemplare sammelte, deren Texte kollationierte und in dem neuen Minuskelkodex Textvarianten notierte. Das älteste bisher bekannte und noch erhaltene griechische Buch in Minuskelschrift ist der Codex Uspenskij, ein in St. Petersburg aufbewahrtes Evangeliar aus dem Jahr 835.

Die weitere Entwicklung der Minuskelschrift seit dem 10. bis ins

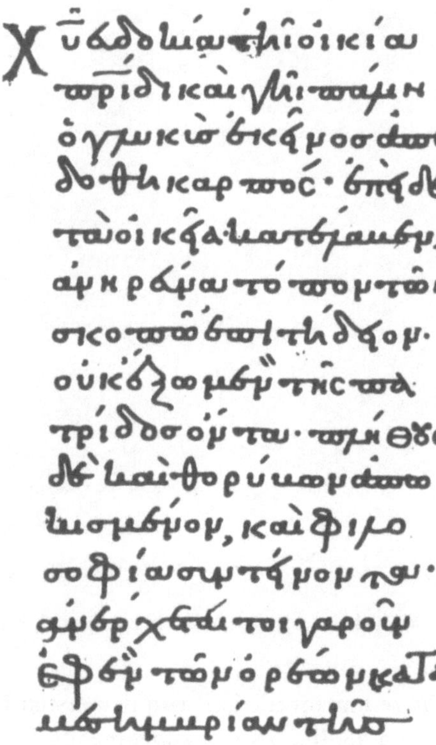

Abb. 6: Perlschrift.
Repertorium 2, 152 (Taf. 82). Euthymios. Par. gr. 1499, f. 307r. a. 1055–1056.

13. Jh. ist gekennzeichnet durch verschiedene Stilrichtungen, die man nach ihren besonders augenfälligen Eigenheiten als 'Perlschrift', 'eckige Hakenschrift', 'Keulenstil' und 'Fettaugenschrift' bezeichnet (Abb. 6, 7, 8). All diese Schriftformen können als Abweichungen von der strengen Form der frühen Minuskel interpretiert werden. Besonders in Handschriften des späten 12. und 13. Jh.s findet man eindeutige Verwilderungstendenzen, die Klarheit des Schriftbildes und Lesbarkeit beeinträchtigen. Es dringen nicht nur einzelne Majuskeln ein, Oberlängen erscheinen jetzt in überdimensionaler Größe, die Richtung und Höhe der Buchstaben wechseln dauernd, eine Grundlinie wird nicht eingehalten (Abb. 9). Im 14. Jh. versucht man zunehmend, diesen Tendenzen entgegenzuwirken und zu einer der frühen Minuskel ähnlichen Buchschrift zurückzukehren (z. B. der 'Metochites-Stil'). Dies gilt in besonderem Maße für die Humanisten des 15. Jh.s, die im Lateinischen auf die karolingische Minuskel zurückgriffen, im griechischen auf die Buchschrift

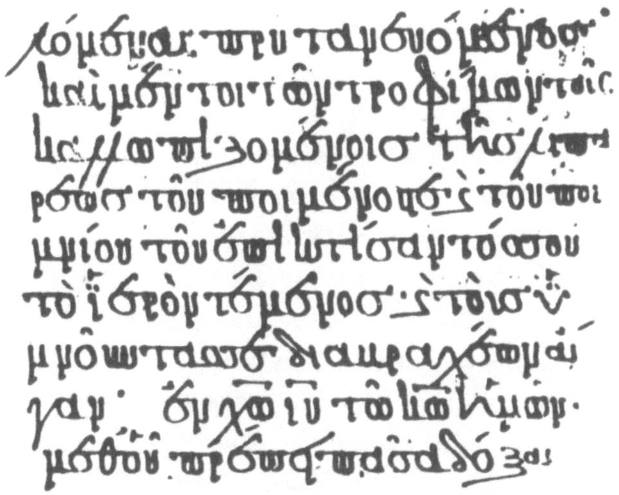

Abb. 7: Eckige Hakenschrift (= Anastasios).
Repertorium 2, 19 (Taf. 12). Anastasios. Par. gr. 1470, f. 214r. a. 890.

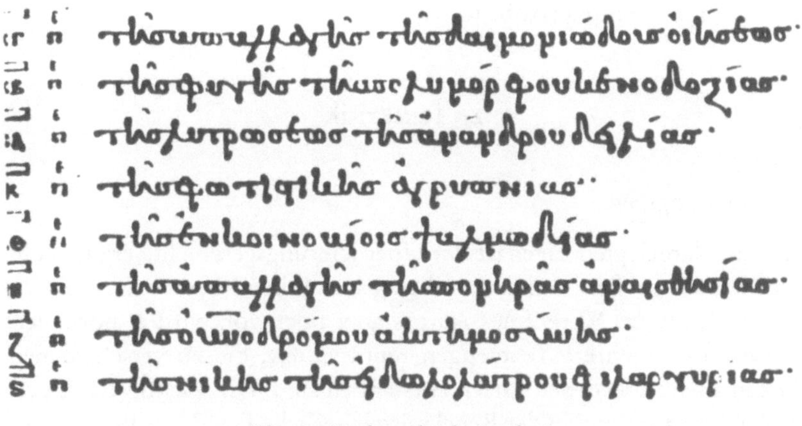

Abb. 8: Keulenstil (à la Arethas).
Repertorium 1, 221 (Taf. 221), Kyrillos. Ox. Bar. 134, f. 202r. a. 947/948.

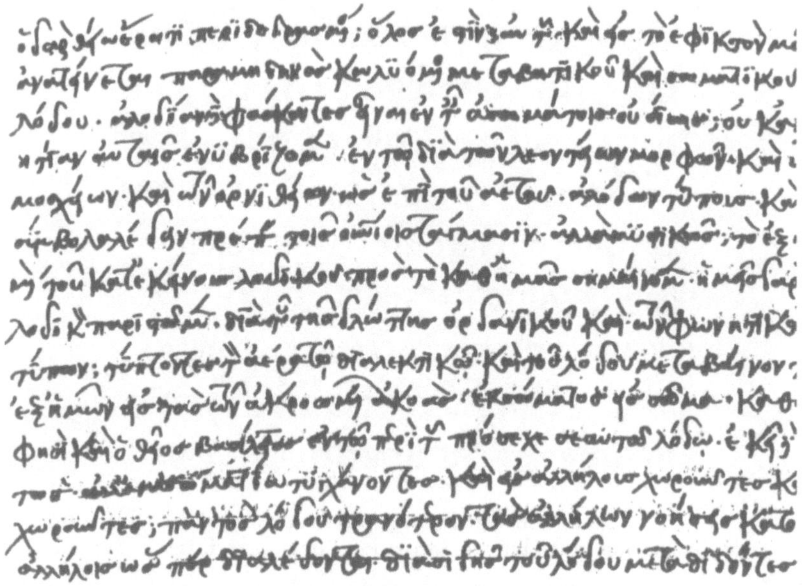

Abb. 9: Gebrauchsschrift (ohne Lokalisierung).
Repertorium 2, 333 (Taf. 188).
Longinos. Par. gr. 443, f. 9r. a. 1271/1272.

der Photios- und Arethas-Zeit. Nach dem Vorbild dieser Humanistenschriften wurden die Typen für die ersten Drucke griechischer Bücher hergestellt (vgl. S. 29). Die im vorbarocken und barocken Stil geschriebenen griechischen Handschriften des 16. Jh.s. sind meist *codices descripti* (vgl. S. 70) und so für die Textüberlieferung nur in Ausnahmefällen von Bedeutung (Abb. 10, 11, 12).

2. Textkritik

2.1. Ausgangslage

Aus der dargelegten Eigenart der Überlieferungsgeschichte ergibt sich: Der weitaus größere Teil der antiken griechischen Literatur ist nicht erhalten. Liegt das Werk eines Autors aber noch vor, wird es normalerweise durch mehrere Textzeugen repräsentiert, die zu verschiedenen Zeiten an verschiedenen Orten entstanden sind. Die wichtigsten Überlieferungsträger sind in der Regel mittelalterliche Handschriften aus der Zeit zwischen dem 10. und dem 15. Jh. Allen Textzeugen gemeinsam ist

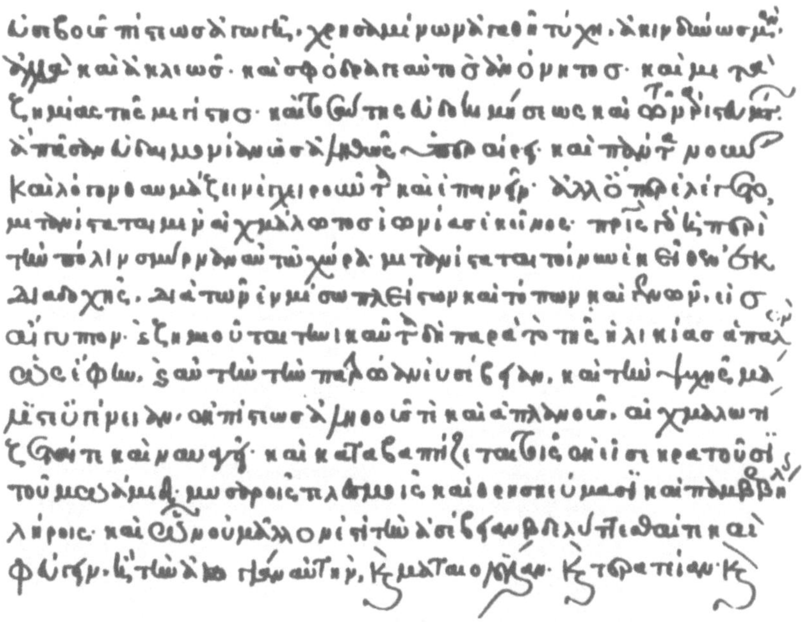

Abb. 10: Metochites. Vind. phil. gr. 95, f. 305r. 14. Jh. 2. V.

ihre mehr oder weniger starke Fehlerhaftigkeit. Die meisten 'Fehler', d. h. Veränderungen des ursprünglichen Textes, entstehen beim Abschreiben unabsichtlich durch Flüchtigkeit, Versehen, Irrtum des Kopisten; andere sind Folge der bewußten Entscheidung eines Schreibers, den ihm vorliegenden Text zu ändern, meist in der Absicht, das Vorgefundene vermeintlich zu 'korrigieren'. Auch mechanische Beschädigungen können Textveränderungen verursachen, in der Regel den Verlust von Teilen des Textes. Die Zahl der einen Text entstellenden Fehler nimmt tendenziell zu, je häufiger dieser durch Abschreiben tradiert worden ist.

2.2. Zielsetzung und Bedeutung der Textkritik

Die unter der Bezeichnung 'Textkritik' zusammengefaßten wissenschaftlichen Verfahrensweisen haben das Ziel, die überlieferungsbedingten Veränderungen eines Textes möglichst vollständig zu erkennen und – soweit möglich – rückgängig zu machen. Im nie erreichbaren Idealfall würde diese Arbeit also zu dem Ergebnis führen, daß ein Text in exakt dem Wortlaut, den ihm sein antiker Autor gegeben hat, wiederherge-

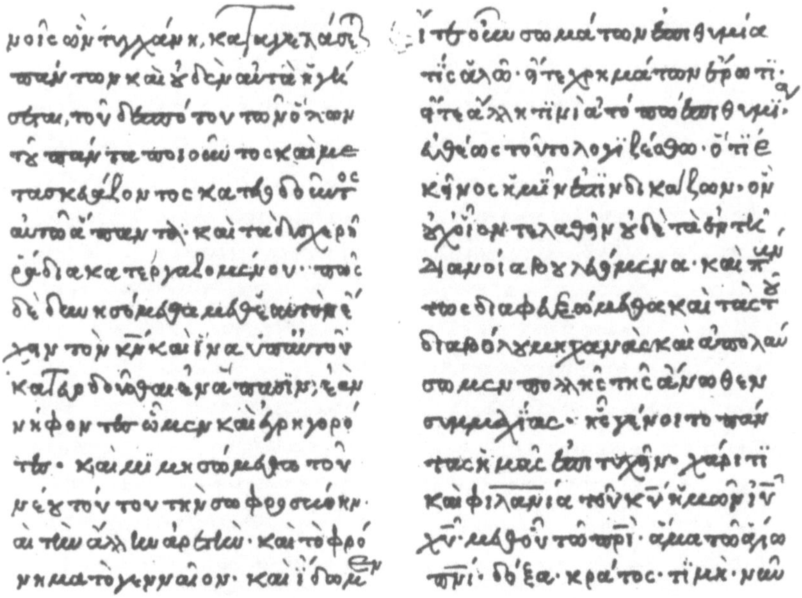

Abb. 11: Humanisten. Repertorium 2, 387 (Taf. 216).
Michael Maurianos. Par. gr. 664, f. 210r. a. 1430.

stellt wird. Die Textkritik schafft also durch Ausmerzen bzw. drastisches Vermindern der überlieferungsbedingten Fehler die Grundlage für jede weitere Auseinandersetzung mit einem antiken Text. Sie zwingt außerdem zu einer möglichst genauen Untersuchung verschiedener Konstituenten eines Textes, wie z. B. Metrum, Besonderheiten in Semantik, Morphologie, Syntax oder charakteristische Stileigentümlichkeiten, und ermöglicht so Erkenntnisse, zu denen man auf anderem Weg nicht gelangen könnte. Die Textkritik ist deshalb ein grundlegendes und unentbehrliches Teilgebiet der Klassischen Philologie, nicht aber der Inbegriff dieser Disziplin und auch nicht ihr Endzweck. Studierende werden meist nur mit den fertigen Produkten textkritischer Arbeit konfrontiert, den kritischen Ausgaben. Um diese sachgemäß und mit eigenständigem Urteil benutzen zu können, muß man über die wesentlichen Arbeitsschritte des Editors informiert sein. Grundkenntnisse über die Vorgehensweise der Textkritik benötigen deshalb auch jene Studierenden der Gräzistik, die (voraussichtlich) selbst niemals einen Text kritisch edieren werden.

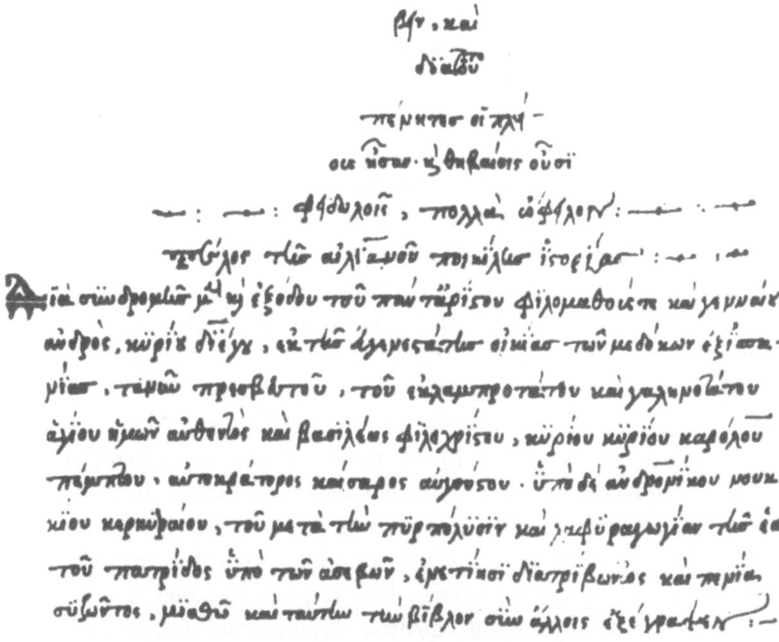

Abb. 12: Druckminuskel. Repertorium 1, 20 (Taf. 20).
Andronikos Nukkios. Escor. Ω I 11, f. 72v. a. 1543.

2.3. Methode der Textkritik

Innerhalb des Verfahrens der Textherstellung (*constitutio textus*) unterscheidet man drei Arbeitsschritte. Im ersten Schritt werden die vorhandenen Textzeugen möglichst vollständig gesammelt und einer sorgfältigen vergleichenden Lektüre unterzogen, um festzustellen, was überliefert ist (*recensio* [Durchmusterung]). Bei den Textzeugen unterscheidet man zwischen Haupt- und Nebenüberlieferung. Zur Hauptüberlieferung gehören alle diejenigen Überlieferungsträger, die den fraglichen Text vollständig oder teilweise direkt darbieten. Normalerweise handelt es sich dabei um einige, viele oder manchmal auch nur eine einzige mittelalterliche Handschrift, die meist nach ihrem jetzigen oder früheren Aufbewahrungsort (in der Regel eine der großen westeuropäischen Bibliotheken) mit lateinischen (latinisierten) Namen benannt sind. Zur Hauptüberlieferung können auch frühe gedruckte Ausgaben (Inkunabeln [Wiegendrucke]) in den Fällen zählen, wenn sie den Text von Handschriften wiedergeben, die heute verloren sind. Dazu kommen, besonders bei den vielgelesenen Schulautoren (Homer, Euripides, Demosthenes) eine sehr große Zahl von meist kleinen, selten längeren Papyrusfragmenten (S. 86). Manche Autoren und Werke sind auch nur auf Papyrus überliefert bzw. wiedergefunden (Komödien Menanders; *Staat der Athener* des Aristoteles). Als Nebenüberlieferung bezeichnet man alle diejenigen Quellen, die sich in irgendeiner Form auf den zu edierenden Text beziehen, ihn auszugsweise zitieren oder in irgendwie modifizierter Form wiedergeben. Dazu gehören Übersetzungen (z. B. ins Lateinische, Arabische oder Syrische), Zitate, antike Kommentare, Lexikonartikel, Paraphrasen und Parodien.

Nach Sammlung der Überlieferungsträger (im folgenden als 'Handschriften' [Hss.] bezeichnet) wird der von diesen gebotene Text genauestens geprüft und verglichen. Erstes Ergebnis dieses Verfahrens ist die Ausscheidung derjenigen Handschriften, die für die Textherstellung nicht in Frage kommen, da sie nicht selbständige Überlieferungsträger sind *(eliminatio codicum descriptorum)*. Das trifft auf alle diejenigen zu, bei denen sich erweisen läßt, daß sie von einer einzigen, vorhandenen Vorlage abgeschrieben wurde. Am Ende führt die Prüfung des Wortlautes im Idealfall zur vollkommenen Klärung des Abhängigkeitsverhältnisses aller vorhandenen Handschriften, das man nach Art eines Stammbaumes graphisch darstellt *(stemma codicum;* στέμμα heißt eigentlich 'Bekränzung'; weil die Römer ihre Ahnenbilder mit στέμματα zu schmücken pflegten, wurde das Wort metonymisch als Bezeichnung für 'Stammbaum' üblich). Zur Feststellung der gegenseitigen Abhängigkeit von Handschriften können manchmal auch äußere Faktoren hilfreich sein. So ist es beispielsweise natürlich unmöglich, daß eine aufgrund ihrer Schrift, ihres Materials oder anderer Hinweise eindeutig als jünger zu datierende Handschrift Vorlage einer sicher älteren gewesen sein könnte. Das entscheidende Kriterium sind aber immer die sog. 'Leitfehler' *(errores significativi)*, offensichtliche und auffällige Textschäden, die unmöglich von einem mittelalterlichen Schreiber, der sie in seiner Vorlage vorfand, korrigiert werden konnten. Als zuverlässigste Leitfehler gelten Auslassungen oder Umstellungen von einzelnen Wörtern, Zeilen, Abschnitten oder gar Büchern. Es gilt der Grundsatz: Jede Abschrift wird sämtliche so definierten Fehler ihrer Vorlage enthalten und darüber hinaus noch einige weitere, die dem Schreiber unterlaufen sind. Wie ein Stemma erstellt wird, soll im folgenden durch ein fiktives Beispiel (nach West, Textual Criticism 32 ff.) demonstriert werden:

Ein Text sei durch sechs Handschriften überliefert, die mit den Abkürzungen (Siglen) A, B, C, D, E, F bezeichnet werden. Die *recensio* führt zu folgenden Ergebnissen:

(1) Die sechs Handschriften enthalten einige allen gemeinsame Fehler, die die Handschriften zu einer Gruppe verbinden ('Bindefehler') und nur zwei Schlußfolgerungen zulassen: (a) entweder hängen alle von einer Vorlage ab, die ebenfalls diese Fehler hatte und die nicht erhalten ist; (b) oder eine der sechs ist die Vorlage, von der alle anderen abgeschrieben sind.

(2) Jede der sechs Handschriften enthält nur ihr eigene Fehler, die in keiner der anderen stehen und die so beschaffen sind, daß sie von einem Kopisten nicht hätten beseitigt werden können. Damit scheidet Möglichkeit (b) aus, da diejenige Handschrift unter den sechs, die Vorlage aller anderen wäre, solche Sonderfehler nicht haben dürfte. Die in jeder einzelnen enthaltenen Sonderfehler trennen die sechs Handschriften also voneinander ('Trennfehler') und beweisen, daß Schlußfolgerung (a) zutrifft:

Die nicht erhaltene, aber sicher zu erschließende Hs. [α] nennt man den 'Archetypus' (oft werden solche erschlossenen Vorlage-Handschriften mit griechischen Minuskeln bezeichnet).

(3) Die fünf Handschriften B, C, D, E, F haben einige Fehler gemeinsam ('Bindefehler'), von denen A frei ist. Da durch Feststellung (2) (Existenz von 'Trennfehlern') sichergestellt ist, daß keine der fünf Vorlage der vier übrigen sein kann, muß man folgern, daß B, C, D, E, F über eine gemeinsame Zwischenstufe vom Archetypus [α] abhängen, die ebenfalls die ihnen gemeinsamen Fehler hatte, während A nicht von dieser Zwischenstufe abhängt:

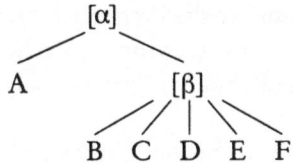

Die theoretische Möglichkeit, daß [β] von A abgeschrieben sein könnte, wird ebenfalls durch Feststellung (2) [A hat eigene, in B, C, D, E F nicht enthaltene Fehler] ausgeschlossen. Die erschlossene Zwischenstufe [β] bezeichnet man als 'Hyparchetypus'.

(4) Die Handschriften B und F haben einige Bindefehler, die in C, D, E nicht vorkommen. Sämtliche Fehler von B stehen auch in F und darüber hinaus noch einige weitere eigene. Daraus folgt, daß F eine Abschrift von B ist:

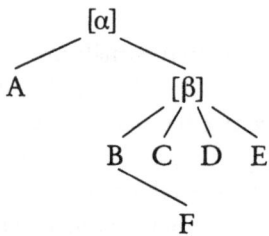

(5) Schließlich zeigt sich, daß D und E einige gemeinsame Fehler haben, von denen B, C (und auch F) frei sind. Die Existenz von Trennfehlern in D und E [vgl. (2)] garantiert, daß die eine nicht Vorlage der anderen sein kann. Also müssen sie von einem weiteren Hyparchetypus abhängen, der seinerseits auf [β] zurückgeht, nicht aber auch für B und C Vorlage gewesen ist:

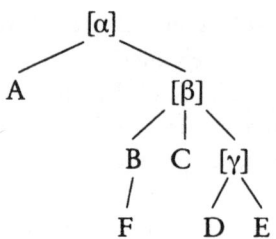

Das auf diese Weise erschlossene Stemma ermöglicht es, den Textzeugen das Gewicht einzuräumen, das ihnen gemäß ihrem Platz in dem Abhängigkeitsgeflecht gebührt, und so die Frage nach dem überlieferten Wortlaut zu beantworten. Ziel ist die Gewinnung des Wortlautes, der in dem ältesten erschließbaren Textzeugen, dem Archetypus [α] stand. Man geht folgendermaßen vor:

(1) F wird eliminiert (d. h.: bei der Textherstellung nicht weiter berücksichtigt), da seine Vorlage vorhanden ist. Nur zur Gewinnung des Textes von B an Stellen, wo diese Handschrift eventuell durch Beschädigung oder Verwischung unleserlich ist, kann F dienlich sein oder gegebenenfalls als Quelle von Konjekturen ihres Schreibers.

(2) Wo D und E übereinstimmen, liegt der Text von [γ] vor. Wo sie

nicht übereinstimmen, entscheidet die Übereinstimmung mit B und C oder nur mit B oder nur mit C darüber, welches der Wortlaut von [γ] gewesen ist.

(3) Aus der Übereinstimmung von B, C und [γ] läßt sich nunmehr der Wortlaut von [β] rekonstruieren. Wo sie nicht übereinstimmen, entscheidet nicht etwa die Mehrheit (z. B. B und [γ] gegen C), sondern die Übereinstimmung mit A darüber, welcher Wortlaut für [β] zu rekonstruieren ist.

(4) Im letzten Schritt wird aus der Übereinstimmung von A und [β] der Archetypus [α] rekonstruiert. Wo keine Übereinstimmung besteht, müssen beide Versionen als überliefert gelten, und die Entscheidung kann erst im nächsten Schritt fallen.

Aus dem beschriebenen Verfahren wird klar, daß für die Feststellung des Überlieferten Handschriften nicht gezählt, sondern 'gewogen' werden. So hat in unserem Beispiel jeweils B und C das gleiche Gewicht wie D und E zusammen und A das gleiche Gewicht wie alle vier (bzw. fünf) anderen zusammen.

Das beschriebene, im wesentlichen von Karl Lachmann (S. 37) und Paul Maas entwickelte Verfahren führt zu einem verläßlichen Resultat nur unter der Voraussetzung, daß bei jedem Abschreibevorgang von jedem Schreiber nur jeweils eine Vorlage benutzt worden ist. Unter den Bedingungen des westeuropäischen Mittelalters, wo die meisten Texte nur in jeweils einem und insgesamt wenigen Exemplaren an weit voneinander entfernten Orten (Klosterbibliotheken) vorhanden waren, dürfte dies häufig oder meistens der Fall gewesen sein. Aus der Antike wissen wir aber, daß man, wenn möglich, mehrere Abschriften eines Textes beschaffte, diese verglich ('kollationierte') und für die anzufertigende Kopie bei Abweichungen jeweils das 'Beste' (oder was man dafür hielt) übernahm oder Textvarianten notierte. Dasselbe Verfahren wurde, wie es scheint, gerade auch in der Zeit angewandt, in der die meisten Archetypen der erhaltenen griechischen Literatur der Antike entstanden sind (9./10. Jh., S. 24). Überhaupt ist die vergleichende Benutzung mehrerer Vorlagen unter den Gegebenheiten des mittelalterlichen Byzanz sehr viel wahrscheinlicher als in Westeuropa. Über viele Jahrhunderte nämlich waren große Mengen von Handschriften in den Bibliotheken der Hauptstadt versammelt und vergleichsweise leicht erreichbar. Wenn also eine Abschrift in der Weise entstanden ist, daß ein Schreiber zwei oder mehr Vorlagen hatte und bei Abweichungen nach eigenem Gutdünken sich entschied ('Kontamination'), dann sind die 'Leitfehler' kein beweiskräftiges Kriterium mehr für Abhängigkeit, weil ja die Korrektur eines solchen Fehlers in der Vorlage durch Einsicht in einen anderen Text prinzipiell ermöglicht wurde. Kontamination erschwert also die Erstellung eines Stemma und macht sie sogar unmöglich, wenn sie im Laufe der Überlieferungsgeschichte mehrfach aufgetreten ist. Die *recensio* kann dann mit ihrer Methode keine eindeutige Unterscheidung zwischen alter Überlieferung und sekundärer Textänderung treffen und endet offen ('offene Rezension' im Gegensatz zu 'geschlossener Rezension'). Der Editor muß im Prinzip sämtliche in den Textzeugen vorzufindenden Varianten im zweiten und dritten Schritt seiner Arbeit berücksichtigen.

Die beiden auf die *recensio* folgenden Stadien der *constitutio textus* heißen *examinatio* ('Überprüfung') und *emendatio* ('Fehlerbeseitigung'). Sie gehören insofern zusammen, als sie auf dasselbe Ziel ausgerichtet sind, nämlich die Wiederherstellung des ursprünglichen Wortlautes, und mit denselben Kriterien arbeiten. Sie unterscheiden sich dadurch voneinander, daß die *examinatio* der *emendatio* vorausgeht und letztere nur dort zur Anwendung kommt, wo erstere zu einem bestimmten Ergebnis geführt hat.

Der in der *recensio* festgestellte Überlieferungsbefund wird einer genauen Prüfung unterzogen, wobei man darauf achtet, ob das Überlieferte dem vom Autor intendierten Sinn, soweit sich dieser aus dem Kontext erschließen läßt, entspricht, und in Sprache, Stil und sonstigen Merkmalen (z. B. Dialekt, Hiatmeidung, Prosarhythmus bzw. Metrum) zu den für den Autor als typisch erkannten Ausdrucksgewohnheiten paßt. Wo die Überlieferung nur eine Version bietet, kann dieses Verfahren prinzipiell nur zu dem Ergebnis führen, daß man den Wortlaut als akzeptabel übernimmt oder als nicht akzeptabel verwirft. An all denjenigen Stellen, an denen zwei oder mehrere Versionen ('Varianten', 'Lesarten') überliefert sind, muß eine Entscheidung getroffen werden. Diese fällt leicht, wenn sich alle Versionen außer einer als offenkundig fehlerhaft erweisen. Gibt es aber zwei oder mehr Varianten, die die Anforderungen der *examinatio* erfüllen, kann die Entscheidung schwierig werden. Hilfreich ist hier oft die Überlegung *utrum in alterum abiturum erat?*, also: Von welcher der beiden Versionen ist eher zu erwarten und einleuchtender zu erklären, daß sie zu der anderen verändert wurde? In diesem Zusammenhang gilt das Prinzip vom Vorrang der *lectio difficilior*, da die Änderung einer in irgendeiner Hinsicht 'schwierigeren' (semantisch, syntaktisch, logisch usw.) Version zu einer 'leichteren' wahrscheinlicher ist als die umgekehrte. Weiterhin darf man sich bei der Entscheidung zwischen verschiedenen Lesarten nicht von der Mehrheit der

Textzeugen leiten lassen und nicht von vornherein ältere Handschriften jüngeren vorziehen (*recentiores non deteriores*). All diese Prinzipien können aber nur Hilfen geben und müssen nicht in jedem Fall zu einem überzeugenden Resultat führen.

Wenn die *examinatio* zu dem Ergebnis führt, daß das Überlieferte – sei es einheitlich, sei es in zwei oder mehr Lesarten – eindeutig nicht richtig sein kann, muß der Versuch der *emendatio* unternommen werden. Jeder derartige Korrekturversuch hat selbstverständlich denselben Anforderungen zu genügen, die man an den überlieferten Text stellt (Vereinbarkeit mit Kontext, Sprache, Stil, Denk- und Ausdrucksart des Autors). Darüber hinaus soll jede Emendation mit der Überlieferungslage möglichst gut harmonieren, d. h.: es soll nachvollziehbar erklärt werden können, wie es zur Entstehung des (der) überlieferten falschen Version(en) aus dem vermuteten richtigen Wortlaut gekommen ist. Am leichtesten geht dies, wenn sich der durch Vermutung *(divinatio)* hergestellte Text (Fachausdruck: 'Konjektur') aus dem überlieferten durch Annahme eines der gängigen Abschreibefehler zwanglos ergibt. Solche gängigen Abschreibefehler sind Haplographie ('Einfachschreibung': '**ge**benenfalls' statt '**gege**benenfalls'), Dittographie ('Doppelschreibung': 'gegeben**enen**falls'), durch den Schriftwandel oder einen Hörfehler bedingte Verschreibungen, Auslassungen aufgrund des Sprungs vom Gleichen zum Gleichen ('es liegt in **der** Sache' statt 'es liegt in **der** Natur **der** Sache') oder das Eindringen einer interlinear oder am Rand geschriebenen Erklärung ('Glosse') in den Text. Allerdings kann eine Konjektur auch dann ihre Berechtigung haben, wenn keine überzeugende Erklärung der Genese des Fehlers gelingt. Die Textstellen, die nach Meinung des Herausgebers 'korrupt' ('verderbt', d. h. in entstellter Form überliefert) sind und bislang durch keine überzeugende Konjektur 'geheilt' werden konnten, werden üblicherweise zwischen cruces gesetzt († . . . †). Abschließend sei erwähnt, daß konjekturale Textveränderungen nicht nur an offensichtlich korrupten Textstellen angebracht sein können, sondern auch an solchen, die nicht nur dem oberflächlichen Leser richtig überliefert zu sein scheinen. Manche Stellen, an denen jahrhundertelang niemand Anstoß genommen hatte, sind schon durch plötzlich ans Licht gekommene neue Textzeugen (z. B. Papyri) überzeugend verbessert worden. Allerdings werden auf dem Gebiet der Konjekturalkritik anscheinend oder auch nur scheinbar heiler Textstellen Scharfsinn, Augenmaß und Verantwortungsbewußtsein des Textkritikers auf die wohl härteste Probe gestellt.

2.4. Die 'kritische Ausgabe'

Das Ergebnis der beschriebenen methodischen Vorgehensweise des Herausgebers eines Textes ist die 'kritische Ausgabe'. Sie unterscheidet sich von anderen Editionsformen (z. B. Schulausgaben) prinzipiell dadurch, daß sie den Benutzer nicht einfach mit einem vorgegebenen Text konfrontiert, sondern die Überlieferungslage so umfassend wie möglich und so detailliert wie nötig dokumentiert und dem Leser die Möglichkeit gibt, die Entscheidungen des Herausgebers im allgemeinen (zum Beispiel Gewichtung von Textzeugen) wie im einzelnen (Wortlaut einer bestimmten Stelle) kritisch zu prüfen. In dieser 'Mündigkeit' des Benutzers, die durch die kritische Ausgabe garantiert wird, liegt der Grund dafür, daß in universitären Lehrveranstaltungen ausschließlich solche Editionen verwendet werden sollten.

Zu jeder kritischen Ausgabe gehört eine *praefatio* ('Vorrede') und ein kritischer Apparat, der den Text durchgängig begleitet. Hier wird üblicherweise – von wenigen Ausnahmen abgesehen – die lateinische Sprache benutzt. Die *praefatio* informiert über alle im Rahmen der *recensio* wesentlichen Fakten: Die wichtigen Textzeugen werden genannt, beschrieben und gruppiert. Der Editor gibt an, auf welche Weise er die Überlieferungsträger durchmustert hat (Einsicht in das Original, Mikrofilm, Mitteilungen aus zweiter Hand). Wenn möglich, wird ein Stemma erstellt und ein möglichst umfassendes Bild der Überlieferungsgeschichte des jeweiligen Textes entworfen. In manchen *praefationes* nimmt der Editor auch zu früheren Ausgaben desselben Textes Stellung, informiert gegebenenfalls über besondere Orthographie- oder Interpunktions-Gepflogenheiten seiner Ausgabe und gibt eine Bibliographie (ältere Editionen, Sekundärliteratur). Ein Verzeichnis von Abkürzungen (besonders Siglen der Textzeugen) und manchmal der verwendeten textkritischen Zeichen beschließt in der Regel die *praefatio*.

Kritische Apparate kommen in unterschiedlichen Formen und unterschiedlicher Ausführlichkeit vor. Obligatorisch ist der eigentliche textkritische Apparat, der am unteren Rand jeder Seite dem Text beigegeben ist. Sein Umfang wird von der Überlieferungslage und dem Ermessen des Herausgebers bestimmt, der einen Kompromiß zwischen lückenloser Dokumentation des Überlieferten und Benutzbarkeit seiner Ausgabe finden muß. Für die Stellen, wo dies dem Herausgeber nötig erscheint, wird informiert über: Herkunft des in den Text gesetzten Wortlautes, Wortlaut und Herkunft überlieferter Varianten in Haupt- und Nebenüberlieferung, Konjekturen, für den Wortlaut relevante Parallelstellen, für den Wortlaut relevante Besonderheiten des/der Textzeugen wie Unleserlichkeit, Beschädigungen (Lücken), Radierungen, Korrekturen über der Zeile (*supra lineam*) oder am Rand (*in margine*) und anderes mehr. Man unterscheidet in der Textkritik zwischen einem 'negativen' und einem 'positiven' kritischen Apparat. Die möglichst knappe Form des kritischen Apparates bezeichnet man als 'negativ', in dem die Herkunft der im Text stehenden Version nicht eigens angegeben wird, da sie sich im Zusammenhang von selbst versteht. Im 'positiven' Apparat dagegen führt der Herausgeber zunächst die Lesart an, die in seinem Text steht (mit Herkunftsangabe), bevor, jeweils durch Doppelpunkte abgetrennt, andere Lesarten und am Ende Konjekturen folgen. Für die im kritischen Apparat verwendeten lateinischen Abkürzungen gibt es kein einheitliches System. Ein Verzeichnis der gebräuchlichsten Abkürzungen findet sich am Ende des Bandes (S. 227f.). Der eigentliche textkritische Apparat kann durch weitere Apparate bereichert sein: Ein 'Testimonien-Apparat' kann textbegleitend über jeweils feststellbare Quellen und Vorbilder informieren, ein weiterer kann die bekannten Imitationen und Zitate zusammenstellen. Häufiger findet man solche Angaben aber nicht in den Editionen, sondern in den wissenschaftlichen Kommentaren.

Der Text selbst erscheint in der kritischen Ausgabe in demjenigen Wortlaut, den der Herausgeber aufgrund seiner beschriebenen Arbeit für den 'besten' hält, d. h. dem originalen Wortlaut so nahe kommend, wie dies auf der Basis der Überlieferung möglich ist. Bei der Interpunktion gibt es unterschiedliche Gepflogenheiten, meist verfahren die Herausgeber nach dem Vorbild der in ihrer jeweiligen Landessprache gültigen Interpunktionsregeln. An den Rändern steht in der Regel eine der Überlieferung entnommene Zählung nach Kapiteln, Paragraphen, bei manchen Autoren auch nach Seitenzahlen einer älteren Edition, die sich für die Angabe von Stellen eingebürgert hat. Zeilenzählung findet man immer bei poetischen Texten (meist auch bei prosaischen), Sprecherangaben ordnen dialogische Partien. Die Gliederung in Sinnabschnitte kann unabhängig von diesen Vorgaben vom Herausgeber nach seinem eigenen Ermessen vorgenommen werden.

2.5. Praktischer Teil: Benutzung einer kritischen Ausgabe

Als Beispiel für den Umgang mit Text und Apparat einer kritischen Ausgabe werden im folgenden die Verse 404–428 des sophokleischen *König Oidipus* behandelt. Das Stück ist durch etwa 200 mittelalterliche Handschriften überliefert, deren wichtigste sich in drei Familien einteilen lassen. Ältester Textzeuge ist eine berühmte Handschrift, die in der nach Lorenzo dei Medici benannten Florentiner Bibliothek aufbewahrt wird und die außer den Stücken des Sophokles auch die des Aischylos sowie das Argonautenepos des Apollonios Rhodios enthält; dieser Kodex wurde kurz nach der Mitte des 10. Jh.s. geschrieben und wird nach seinem Aufbewahrungsort meist *Laurentianus* (L), seltener *Mediceus* (M) genannt.

Zum Kontext der folgenden Passage: Thebens König Oidipus versucht alles ihm Mögliche zu tun, um den die gesamte Stadt befleckenden und in ihrer Existenz bedrohenden Mord an seinem Vorgänger Laios aufzuklären. Er weiß nicht, daß er selbst dessen Sohn und Mörder ist. Der Seher Teiresias wird herbeigerufen, damit er durch sein geheimes Wissen helfe. Aber Teiresias will die furchtbare Wahrheit nicht aussprechen. Oidipus wird zornig, und es kommt zu einem heftigen Streit zwischen König und Seher. Schließlich beschuldigt Oidipus den Seher in einer längeren Rede, selbst im Bunde mit Kreon, dem Bruder der Königin Iokaste, den früheren König Laios getötet zu haben. Nach dieser Rede beginnt der Textausschnitt. Metrum ist der gängige Sprechvers der attischen Tragödie, der iambische Trimeter (S. 91f.).

ΧΟΡΟΣ
ὑμῖν μὲν εἰκάζουσι καὶ τὰ τοῦδ' ἔπη
ὀργῆι λελέχθαι καὶ τὰ σ', Οἰδίπου, δοκεῖ. 405
δεῖ δ' οὐ τοιούτων, ἀλλ' ὅπως τὰ τοῦ θεοῦ
μαντεῖ' ἄριστα λύσομεν, τόδε σκοπεῖν.

ΤΕΙΡΕΣΙΑΣ
εἰ καὶ τυραννεῖς, ἐξισωτέον τὸ γοῦν
ἴσ' ἀντιλέξαι· τοῦδε γὰρ κἀγὼ κρατῶ.
οὐ γάρ τι σοὶ ζῶ δοῦλος, ἀλλὰ Λοξίαι· 410
ὥστ' οὐ Κρέοντος προστάτου γεγράψομαι.
λέγω δ', ἐπειδὴ καὶ τυφλόν μ' ὠνείδισας·
σὺ καὶ δέδορκας κοὐ βλέπεις ἵν' εἶ κακοῦ,
οὐδ' ἔνθα ναίεις, οὐδ' ὅτων οἰκεῖς μέτα –
ἆρ' οἶσθ' ἀφ' ὧν εἶ; καὶ λέληθας ἐχθρὸς ὢν 415
τοῖς σοῖσιν αὐτοῦ νέρθε κἀπὶ γῆς ἄνω,
καί σ' ἀμφιπλὴξ μητρός τε κἀπὸ τοῦ πατρὸς
ἐλᾶι ποτ' ἐκ γῆς τῆσδε δεινόπους ἀρά,
βλέποντα νῦν μὲν ὄρθ', ἔπειτα δὲ σκότον.
βοῆς δὲ τῆς σῆς ποῖος οὐκ ἔσται +λιμήν+, 420
ποῖος Κιθαιρὼν οὐχὶ σύμφωνος τάχα,
ὅταν καταίσθηι τὸν ὑμέναιον, ὃν δόμοις
ἄνορμον εἰσέπλευσας, εὐπλοίας τυχών;
ἄλλων δὲ πλῆθος οὐκ ἐπαισθάνηι κακῶν,

ἅ γ' ἐξαϊστώσει σε σὺν τοῖς σοῖς τέκνοις.   425
πρὸς ταῦτα καὶ Κρέοντα καὶ τοὐμὸν στόμα
προπηλάκιζε. σοῦ γὰρ οὐκ ἔστιν βροτῶν
κάκιον ὅστις ἐκτριβήσεταί ποτε.

404–407 post 428 traiecit Enger 405 Οἰδίπου] -ους Elmsley 413 δέδορκας κοὐ] δεδορκὼς οὐ post Reiske Brunck 414–15 οὐδ' ὅτων .... εἶ del. West 415 καὶ] χὼς P. Groeneboom: κοὐ Bothe 417 κἀπὸ τοῦ P. Oxy. 2180pc: καὶ τοῦ σοῦ codd. 420 ἔσται λιμήν] ἔσται 'λικών Blaydes 421 del. West 422 post hunc v. lacunam statuit Dawe 425 ἅ γ' ἐξαϊστώσει σε σὺν Bergk: ἅ σ' ἐξισώσει σοί τε καὶ codd.

404–407: „*Nach unserer Einschätzung scheinen sowohl dieses Mannes Worte im Zorn gesprochen zu sein als auch die deinen, Oidipus. An solchen <Auseinandersetzungen> besteht aber kein Bedarf, sondern: daß wir für den Orakelspruch des Gottes die beste Lösung finden, darauf muß man sehen.*"
Enger stellte diese Verse des Chors um hinter Vers 428, läßt sie also der ersten längeren zusammenhängenden Äußerung des Teiresias folgen; die Gründe für und gegen diese Umstellung können besser dort erläutert werden.

405: Die Überlieferung bietet einheitlich die Vokativform Οἰδίπου, Elmsley konjizierte Οἰδίπους: beide Vokativformen sind belegt, die mit dem Nominativ formgleiche häufiger. Der überlieferte Text kann jedoch beibehalten werden.

408–419: „*Wenn du auch Alleinherrscher bist, soweit wenigstens muß Gleichheit hergestellt sein, daß Gleiches erwidert werden kann: denn dies steht auch in meiner Macht. Mitnichten nämlich lebe ich als dein Diener, sondern als der des Loxias (= Apollon): so werde ich auch nicht auf der Liste von Kreons Schutzbefohlenen verzeichnet sein. So sage ich, da du ja die Blindheit mir zum Vorwurf machtest: Du kannst einerseits sehen und erblickst andererseits doch nicht, wie tief im Unheil du stehst, nicht wo du wohnst und nicht mit welchen Menschen zusammen du haust – weißt du denn, von wem du abstammst? Und merkst nicht, daß du Feind bist deinen eigenen Angehörigen drunten (d. h. in der Unterwelt) und auch denen auf der Erde oben, und doppelt zuschlagend wird dich einst schrecklich schreitender Fluch von der Mutter und vom Vater her aus diesem Land vertreiben, dich, der jetzt richtig sehen kann, dann aber nur Finsternis.*"

413: Vor der eckigen Klammer steht der einheitlich überlieferte Text, danach eine zuerst von Reiske, dann von Brunck vorgeschlagene Konjektur: „Du, obwohl du sehen kannst (καί steht für καίπερ), erblickst nicht ...". Der konzessive Sinn käme durch das Partizip klarer zum Ausdruck, ein weiteres Argument für die Textänderung sind ähnliche Formulierungen dieses topischen Gedankens (z. B. Aischylos, *Agammemnon* 1623: οὐχ ὁραις ὁρῶν τάδε;)

414–415: West streicht (del. = delevit) die zweite Hälfte von V. 414 und die erste von V. 415, hält die Worte von οὐδ' bis εἶ also für eine spätere Interpolation. Formal hält er die Unterbrechung der inhaltsschweren Aussagen durch eine Frage für anstößig, inhaltlich stört ihn die allzu große Offenheit, in der Teiresias hier darauf anspielen würde, daß Oidipus mit seiner eigenen Mutter verheiratet ist und seine Kinder zugleich seine Geschwister sind.

415: Anlaß für die vorgeschlagenen Textänderungen (χὼς = καὶ ὡς, κοὐ = καὶ οὐ) war wohl die Schwierigkeit, καί in diesem Zusammenhang in seiner gewöhnlichen satzverbindenden Bedeutung zu verstehen, da es die Frage ἆρ' οἶσθ' mit der Feststellung λέληθας verbinden würde. Der überlieferte Text läßt sich aber halten, indem man καί entweder im Sinne von καίτοι auffaßt (oft belegt) oder die rhetorische Frage in ihrem feststellenden Sinne versteht: „Du weißt nicht, von wem du abstammst, und du merkst auch nicht ...".

417: Der in den Hss. überlieferte Text zwingt dazu, μητρὸς und πατρὸς als genitivi subiectivi zu ἀρά aufzufassen („die von Mutter und Vater ausgesprochene Verfluchung"). Auffällig wäre auch die Hervorhebung des zweiten Gliedes durch das Possessivum, das beim ersten fehlt (als ob der Vater mehr Grund hätte, Oidipus zu verfluchen, als die Mutter). Die in einem Papyrus (P. Oxy.) überlieferte Lesart (ἀπό ist sowohl auf μητρὸς als auch auf πατρὸς zu beziehen; man bezeichnet eine derartige Stellung als ἀπὸ κοινοῦ [*apó koinoú*]) beseitigt diese (allerdings auch nicht sonderlich gravierenden) Einwände.

420–428: *„Welcher Hafen wird nicht Hafen deines Wehgeschreies sein, welcher Kithairon (Gebirge bei Theben, in dem Oedipus als neugeborenes Kind ausgesetzt wurde) wird davon nicht in Bälde widerhallen, wenn du Klarheit gewinnst über den Ehehafen, den hafenlosen, in den du ins Haus dich eingeschifft hast mit guter Fahrt begünstigt. Und des anderen Unheils Fülle gewahrst du nicht, das dich vernichten wird mitsamt deinen Kindern. Da dem so ist, überhäufe du nur Kreon und meinen Mund mit Schmähungen: Denn es ist keiner unter den Sterblichen, der einmal jämmerlicher als du zugrunde gehen wird."*

420: Der überlieferte Text ist aus mehreren Gründen sehr schwierig. Zunächst liegt eine parallelenlose Metaphorik in βοῆς ... λιμήν vor, sodann ist die Konstruktion unklar: Ist λιμήν zugleich Subjekt und Prädikatsnomen des ersten Satzes, oder ist ἔσται hier als Vollverb zu verstehen, oder gehört σύμφωνος als Prädikatsnomen sowohl zu λιμήν als auch zu Κιθαιρών? Von den verschiedenen Lösungsversuchen wird im kritischen Apparat zunächst eine Konjektur von Blaydes erwähnt, die allerdings eine in der ganzen Tragödie nirgends vorkommenden Aphärese nach -αι voraussetzt ('λικών statt Ἑλικών. Der Helikon ist neben dem Kithairon der zweite große Gebirgszug in Boiotien).

421: Ein weiterer Versuch, durch konjekturalen Eingriff die schwer verständliche Partie zu glätten: West hält V. 421 für eine Interpolation und streicht ihn deshalb.

422: Dawe vermutet, daß nach dieser Zeile *(post hunc versum)* ein Vers ausgefallen ist *(lacuna* = Lücke); der Text habe ursprünglich sinngemäß etwa so gelautet: „... wenn du erkannt hast die Ehe, die du eingegangen bist, ein Fluch für das Haus des Labdakos (Vater des Laios und Großvater des Oidipus), und den Hafen, der kein Hafen ist, in den du mit günstiger Fahrt eingelaufen bist." Durch diese Konjektur sollen die grammatischen (Funktion des Akkusativs ὑμέναιον und des Dativs δόμοις in Verbindung mit εἰσέπλευσας) und die sachlichen (Verbindung von ὑμέναιον und ἄνορμον) Schwierigkeiten beseitigt werden.

425: Die Hss. bieten an dieser Stelle ἅ σ' ἐξισώσει σοί τε καὶ τοῖς σοῖς τέκνοις, was etwa bedeuten müßte: „... die Fülle der anderen Übel, die dich gleichmachen werden dir selbst (d. h. dir deine wahre Identität offenbaren werden) und deinen Kindern (die ebenso Kinder der Iokaste sind wie des Oidipus selbst)." Viele Textkritiker haben diesen überaus komplizierten und enigmatisch formulierten Gedanken nicht akzeptiert und deshalb Änderungen vorgeschlagen, in diesem Apparat wird nur die Konjektur von Bergk erwähnt.

V. Hilfswissenschaften

Die Interpretation literarischer griechischer Texte wird durch nicht-literarische Quellen häufig untermauert, erweitert oder gar erst ermöglicht. Die griechische Philologie benötigt deshalb die Forschungsergebnisse von Nachbardisziplinen wie der Alten Geschichte, der Klassischen Archäologie, der Vergleichenden Sprachwissenschaft und anderer. Da sie auf ihrem ureigenen Tätigkeitsfeld von diesen Nachbardisziplinen unterstützt wird, spricht man aus Sicht der griechischen Philologie von 'Hilfswissenschaften'. Diese Benennung ergibt sich aber allein aus der Perspektive und trifft keine wertende Aussage. Auch die griechische Philologie kann den Platz einer Hilfswissenschaft einnehmen, etwa aus Sicht der Alten Geschichte. Zwei Teildisziplinen der einst umfassenden Altertumskunde haben eine besonders enge Affinität zur Gräzistik, da auch sie sich ausschließlich mit schriftlich fixierten Monumenten, also mit Texten befassen; sie sollen im folgenden kurz beschrieben werden.

1. Epigraphik

Die griechische Epigraphik (ἐπιγράφειν [*epigráphein*] 'daraufschreiben') befaßt sich mit allen in griechischen Buchstaben geschriebenen Texten, soweit sie nicht durch mittelalterliche Handschriften, Papyri (Gebiet der Philologie bzw. Papyrologie) oder Münzen (Gebiet der Numismatik) überliefert sind. Auch die bronzezeitlichen Linear B-Inschriften sowie die inschriftlich erhaltenen Texte in kyprischer Silbenschrift gehören als Spezialgebiete zur griechischen Epigraphik. Das Material, auf dem eine Inschrift angebracht ist, hat theoretisch für die Abgrenzung des Gebietes der Epigraphik keine Bedeutung. In der Praxis sind aber Stein, Metall und Keramik die Träger von fast allen erhaltenen Inschriften, da auf anderen Materialien (z. B. Holz) angebrachte sich naturgemäß nicht erhalten haben. Die Überlieferung hat demnach eine Vorauswahl getroffen, so daß das Erhaltene nur in beschränktem Maß als repräsentativ gelten kann. Wir haben in der Regel nur das, was einer Verewigung auf dauerhaftem Material für wert befunden wurde. Alles andere, das weniger zur dauerhaften Fixierung bestimmt war, ist bis auf wenige Ausnahmen verloren. Trotzdem sind die Inschriften eine unersetzliche Ergänzung der literarischen Überlieferung; für manche Teilaspekte der antiken Zivilisation, so für die Wirtschafts- und Sozialgeschichte, die Geschichte der griechischen Sprache und ihrer Dialekte, die Literaturgeschichte und Chronologie sind sie die wichtigsten, manchmal einzigen Quellen.

Die griechischen Inschriften, deren wissenschaftliche Bearbeitung Gegenstand der griechischen Epigraphik ist, entstammen einem mehr als 1200 Jahre umfassenden Zeitraum: Die ältesten (Nestor-Becher, Dipylon-Kanne) sind noch ins 8. Jh. v. Chr. zu datieren; die untere Zeitgrenze ist nicht verbindlich festgelegt, doch schließen die Sammlungen antiker griechischer Inschriften meist etwa mit der Zeit Iustinians (1. Hälfte 6. Jh. n. Chr.). Griechische Inschriften finden sich in denjenigen Gebieten, in denen die griechische Sprache zumindest während eines Teiles dieses Zeitraumes ein wichtiges Verständigungsmittel war, natürlich vor allem im östlichen Mittelmeergebiet, aber auch im Westen, am Schwarzen Meer und in Vorderasien bis an die Grenzen Indiens. Die größte Menge an Inschriften liefert das griechische Mutterland und hier wieder am meisten Athen mit bisher rund 18000. Die Inschriften aus den Jahrhunderten des Hellenismus und der Kaiserzeit übertreffen zahlenmäßig bei weitem diejenigen aus archaischer und klassischer Zeit.

Der Inhalt der Inschriften ist äußerst vielfältig. Die Masse des Erhaltenen läßt sich grob in folgende Gruppen gliedern:

– Inschriften, durch die ein bestimmter Mensch geehrt werden soll, seien es Grabepigramme oder -gedichte (zu dieser Gruppe gehört die größte Zahl der bekannten griechischen Inschriften) oder Ehreninschriften, die man oft an der Basis einer den Geehrten darstellenden Statue anbrachte.

– Inschriften auf Gegenständen oder Bauwerken, die z. B. über Hersteller bzw. Erbauer, Details der Herstellung bzw. Erbauung sowie Zweckbestimmung (etwa Weihung an eine Gottheit) informieren.

– Inschriften, die religiöse oder aus einem anderen Grund 'heilige' oder als äußerst wichtig empfundene Texte fixieren und oft auch deren möglichst breite Kenntnisnahme sichern sollen. Ein untypisches, aber großartiges Beispiel ist die um 130 n. Chr. von einem gewissen Diogenes in seiner Heimatstadt Oinoanda (Lykien, heute südwestliche Türkei) angebrachte umfangreiche Inschrift, in der die Grundzüge der epikureischen Philosophie für jedermann unübersehbar auf der Agora präsentiert wurden.

– Inschriften, die die Gültigkeit von Rechtstatbeständen feststellen

und garantieren, also Texte von Gesetzen (z. B. die 'Königin der Inschriften', die berühmte Inschrift mit dem Stadtrecht des kretischen Gortyn), zwischenstaatlichen Verträgen, privatrechtlichen Abmachungen usw.
– Inschriften von überwiegend verwaltungstechnischer Funktion, wie Kataloge, Inventarlisten, Abrechnungen usw.

Bei der Auswertung von Inschriften steht an erster Stelle deren Datierung. Oft wird diese im Text selbst gegeben durch Nennung eines eponymen Amtsträgers, des Amtsinhabers also, der dem Jahr seinen Namen gibt. In Athen ist dies z. B. der Archon eponymos, der höchste Staatsbeamte (ἐπὶ Καλλίου *[epí Kallíou]* 'unter Kallias'). Dies ist der Fall beim *Marmor Parium*, einer fragmentarisch erhaltenen, umfangreichen Chronik aus dem Jahr 264/63 v. Chr., die auf der Kykladeninsel Paros gefunden wurde. Bei undatierten Inschriften muß man versuchen, aus unsicheren Kriterien wie Form der Buchstaben, sprachlichen Eigenheiten oder Namensformen Schlüsse auf die zeitliche Einordnung zu ziehen, was selten genauere Eingrenzungen als auf ein Jahrhundert erlaubt. Viele Inschriften sind nur fragmentarisch erhalten; die Ergänzung des Fehlenden fällt leicht bei Formeln und stereotypen Wendungen, anderswo bleibt sie unsicher oder ist ganz unmöglich. Immer muß man berücksichtigen, daß Inschriften uns zwar eine Fülle von Informationen über die antike Lebenswirklichkeit übermitteln, aber tendenziell nur deren eine Seite zeigen: Negatives, Unrühmliches, Erfolgloses wurde nicht durch eine Inschrift verewigt.

Bereits antike Historiker erkannten ansatzweise den Quellenwert von Inschriften, und es gab auch Philologen, die ihre Tätigkeit dem Sammeln und Kopieren von Inschriften widmeten (z. B. Philochoros von Athen, Polemon von Ilion). Die moderne Epigraphik wurde in der Renaissance begründet (S. 28). Der entscheidende Schritt zur Ausbildung einer wissenschftlichen Disziplin fand jedoch im 19. Jh. statt. Zwischen 1828 und 1877 erschien das von August Böckh begründete, vierbändige *Corpus Inscriptionum Graecarum* (CIG), welches das damals bekannte Material in größtenteils geographischer Gliederung bietet. Ihm folgten, bedingt durch den stetigen Zustrom von Neufunden, bald weitere geographisch geordnete Corpora wie z. B. die *Inscriptiones Graecae* (IG), die *Tituli Asiae Minoris* (TAM), die *Inscriptiones Graecae Urbis Romae* (IGUR) und andere. Daneben gibt es Sammlungen von Inschriften zu einem bestimmten Thema und solche, die von vornherein nicht Vollständigkeit anstreben, sondern sich auf die besonders aussagekräftigen Stücke beschränken. Da jedes Jahr etwa 1000 neue griechische Inschriften gefunden werden, ist eine den aktuellen Stand vollständig dokumentierende Sammlung unmöglich. Über die jeweiligen Neufunde informieren das in der *Revue des Études Grècques* erscheinende *Bulletin épigraphique* sowie das *Supplementum Epigraphicum*. Die derzeit umfassendste Sammlung gibt es auf einer CD ROM des Packard Humanities Institute.

2. Papyrologie

Die jüngste altertumswissenschaftliche Teildisziplin steht der Epigraphik sehr nahe. Auf bestimmten Materialien, wie Tonscherben *(Ostraka)* oder Bleiplättchen überlieferte Texte werden sogar von beiden Fachgebieten bearbeitet. Eigentliches Tätigkeitsfeld der Papyrologie sind aber, wie der Name sagt, alle auf Papyri, also in Resten antiker Bücher oder auch auf Einzelblättern, erhaltene antike Texte. Papyrus vermag nur unter besonderen Bedingungen mehrere Jahrhunderte oder sogar Jahrtausende zu überdauern, besonders wichtig ist der Schutz vor Feuchtigkeit. Deshalb haben sich Papyri fast nur im dauerhaft trockenen Wüstenklima des mittleren und südlichen Ägypten erhalten. Fundstätten außerhalb Ägyptens (wie z. B. Derveni bei Saloniki, wo 1963 in einem Grab der bisher älteste literarische Papyrus in griechischer Sprache gefunden wurde, ein Text etwa aus der Mitte des 4. Jh.s v. Chr., oder Herculaneum am Fuße des Vesuv, wo eine umfangreiche philosophische Bibliothek [Philodem] ausgegraben wurde), bilden durch Sonderumstände bedingte Ausnahmen.

In Ägypten lebte seit etwa 300 v. Chr. neben der einheimischen Bevölkerung eine vornehmlich in den Städten konzentrierte griechische Bevölkerungsgruppe. Das Griechische war somit nicht nur die Verwaltungssprache des Ptolemaierreiches, sondern auch weit verbreitete Umgangssprache. Dies blieb so bis zur Eroberung des Landes durch die muslimischen Araber im 7. Jh. So kommt es, daß der weitaus größte Teil der Papyrusfunde Texte in griechischer Sprache zutage gefördert hat. Die Papyrologie hat deshalb für die Gräzistik als 'Hilfswissenschaft' noch weit größere Bedeutung als für die übrigen altertumswissenschaftlichen Disziplinen.

Die Papyri bieten Texte aller Art vom Notizzettel bis zur Klassikeredition. Es handelt sich um Stücke verschiedenen Umfangs, vom nur wenige Buchstaben bietenden Schnipsel bis zur ganze Bücher enthaltenden Rolle. Die Texte lassen sich immerhin grob in zwei Kategorien unterteilen: Rund 90 bis 95 % des gesamten bisher gefundenen Materials bilden die nichtliterarischen, auch 'dokumentarisch' genannten Papyri. Es handelt sich um Urkunden und sonstige Schriftstücke aus der Verwaltung oder der Rechtspflege, um private und offizielle Briefe, Abrechnungen, Notizen, von Schülern angefertigte Hausaufgaben, Verträge und vieles andere mehr. Ihr Quellenwert für unsere Kenntnis des realen Lebens in all seinen Facetten im ptolemaiischen, römischen, byzantinischen Ägypten ist unschätzbar. Eine zweite Gruppe bilden die literarischen Papyri, also mehr oder weniger umfangreiche Reste von antiken Exemplaren meist griechischer, zuweilen auch lateinischer Werke. Im Bereich des Griechischen sind durch Papyri ganze Autoren und Gattungen, die das Mittelalter nicht überdauert hatten, wieder bekannt geworden. Paradebeispiel ist Menander, von dem wir heute wieder mehrere Komödien nahezu vollständig haben, während noch das 19. Jh. nichts als wenige, aus dem Zusammenhang gerissene und bei Späteren zitierte Verse kannte. Auch eine so wichtige Schrift wie *Der Staat der Athener* des Aristoteles kennen wir nur durch einen 1891 publizierten Papyrus. Oft enthalten literarische Papyri aber auch Stücke von Texten, die anderweitig tradiert und also bekannt sind: Der in den Papyri mit Abstand am häufigsten vertretene Text ist beispielsweise die *Ilias*; es folgen Demosthenes und Euripides, woraus auf die Lesegewohnheiten, vor allem aber auf den schulischen Lektürekanon im kaiserzeitlichen Ägypten geschlossen werden kann. In diesen Fällen erhalten wir die Möglichkeit, zu einem besseren Verständnis und einer genaueren Beurteilung der mittelalterlichen Überlieferung zu gelangen durch Vergleich mit den um 1000 oder noch mehr Jahre dem Autor näherstehenden Papyri. Diese bieten durchaus nicht immer einen besseren Text.

Die Papyrologie ist, wie gesagt, eine vergleichsweise junge Teildisziplin: Die ersten, vereinzelten Papyri gelangten zwar schon Ende des 18. Jh.s nach Europa, die systematische Suche vor Ort hat aber erst Ende des vorigen Jahrhunderts begonnen. Die Ausbildung der spezifischen Arbeitsweise der Papyrologie fand ganz im 20. Jh. statt. Ihr vornehmstes Ziel ist die Edition der Papyri, also ihre Entzifferung, die wegen der äußerst nachlässig geschriebenen Kursive in Alltagstexten äußerst problematisch sein kann, ihre Rekonstruktion – die Papyri sind meist irgendwie beschädigt oder haben unleserliche Stellen – sowie ihre Einordnung in den richtigen Zusammenhang und ihre Kommentierung. Diese Arbeit wird kontinuierlich geleistet und manifestiert sich in stetig wachsenden Editionsreihen (wie z. B. den Papyri aus Oxyrhynchos). Immer noch wartet aber eine riesige, bereits in europäischen Forschungsstätten aufbewahrte Menge an Papyri auf ihre Publikation. Aufsehenerregendes auch für den Bereich der griechischen Literatur ist nicht ausgeschlossen; und auch neue Funde im Wüstensand Ägyptens können jederzeit glücken.

VI. Metrik

1. Definition, Grundbegriffe

In seiner *Lobrede der Helena* (9) definiert der Sophist Gorgias (ca. 480–380 v. Chr.) die gesamte Dichtung als metrisch gebundene Rede. Poesie und Prosa unterschieden sich demnach für einen griechischen Autor und für sein Publikum vor allem dadurch, daß in der Dichtung die Abfolge der einzelnen Silben nach bestimmten Regeln angeordnet ist. Die Lehre, die diese Gesetzmäßigkeiten erforscht, bezeichnet man als *Metrik* (von griechisch ἡ μετρικὴ τέχνη *[metriké téchne]*, eigentlich die 'Kunst des Messens'). Im Gegensatz zu den germanischen Sprachen, in denen der Rhythmus eines poetischen Textes durch die Abfolge von betonten und unbetonten Silben zustande kommt (dynamischer bzw. exspiratorischer Akzent), konstituiert sich ein griechischer poetischer Text durch den Wechsel von langen und kurzen Silben. Man nennt die Metrik der Griechen quantitierend, da sie auf die Quantitäten der Vokale Rücksicht nimmt. In der Metrik bezeichnet man eine lange Silbe als *longum* (—), eine kurze als *breve* (∪), Stellen im Vers, an denen eine lange oder kurze Silbe möglich ist, nennt man *anceps* (x, 'doppeldeutig'). Diphthonge sind immer lang, Vokale können kurz oder lang sein (ω und η sind immer lang zu messen, ο und ε immer kurz).

Die Untersuchung der Quantitäten der einzelnen Vokale und die Ableitung der daraus sich ergebenden Regeln sind Aufgabe der *Prosodie*. Als wichtigste prosodische Erscheinungen in poetischen Texten kann man folgendes festhalten (zur Rhythmisierung von Prosatexten vgl. S. 112f.):

1. Wenn auf einen an und für sich kurzen Vokal mehr als ein Konsonant folgt, gilt der kurze Vokal als prosodisch lang ('Positionslänge'). Dies bedeutet nicht, daß sich die Quantität des Vokals tatsächlich ändert; vielmehr benötigt man für die Aussprache der Doppelkonsonanten mehr Zeit, die eine Länge entstehen läßt. ζ, ξ und ψ sind Doppelkonsonanten (τσ, κσ, πσ). Die Konsonantengruppe *muta cum liquida* (β, π, δ, τ, γ, χ und λ, μ, ν, ϱ) kann, muß aber nicht Positionslänge bilden.

2. Im Verlauf der Entwicklung der griechischen Dichtung vermeiden die Autoren immer mehr den Zusammenstoß von zwei Vokalen am Wort-

ende und Wortanfang, der nach antikem Empfinden den Wohlklang *(Euphonie)* störte (sogenannter *Hiat*, von lat. *hiatus*, 'Kluft', die sich in der flüssigen Diktion durch den Vokalzusammenstoß auftut). Um Hiat zu vermeiden, kann ein auslautender langer Vokal bzw. Diphthong vor anlautendem Vokal kurz gemessen werden *(vocalis ante vocalem corripitur*, 'Hiatkürzung'), ein kurzer Vokal im Auslaut bzw. ein kurzer Anfangsvokal kann wegfallen *(Elision* bzw. *Aphairesis)* oder auslautende und anlautende Silbe können verschmolzen werden *(Krasis, Synizese)*. In den homerischen Epen lassen sich viele (anscheinende) Hiate aus dem Schwund des *F (Digamma)* erklären.

3. Zwar enden griechische Verse immer mit einem Longum; das letzte Longum kann jedoch durch eine Kürze ersetzt werden, die durch die folgende Pause, die das Versende markiert, die Qualität einer Länge erhält. Man spricht in diesem Fall von *brevis in longo*. Als metrisches Zeichen findet man ▽.

4. Für die interne Gliederung insbesondere von längeren Versen wie dem daktylischen Hexameter lassen sich Stellen angeben, an denen Wortende gemieden ('Brücken') oder erstrebt wird (man spricht von Zäsur, wenn der Einschnitt in ein Metrum fällt, also —∪ | ∪ oder — | ∪∪, und von Dihärese, wenn der Einschnitt nach einem Metrum erfolgt, also —∪∪ |). Zu beachten ist, daß 'Wortbilder', also eine Sinneinheit bildende Wortgruppen, besonders die Verbindung von Präposition mit einem Nomen, in der Regel nicht durch Zäsuren bzw. Dihäresen zerschnitten werden.

Die verschiedenen Kombinationsmöglichkeiten von kurzen (∪) und langen (—)Vokalen ergeben eine Vielzahl von wiederholbaren Einheiten (Metren). In manchen Versmaßen ergibt sich eine große Variationsmöglichkeit dadurch, daß die Länge durch eine Doppelkürze und umgekehrt eine Doppelkürze durch eine Länge ersetzt werden kann.

Folgendes sind einige der wichtigsten Metren:

Adoneus	—∪∪——
Anapäst	∪∪—∪∪—
Baccheus	∪——
Choriambus	—∪∪—
Creticus	—∪—
Dactylus	—∪∪
Dochmius	x——x— (32 Variationen sind möglich)
Glyconeus	OO—∪∪—a— (zu O s. S. 95)
Hagesichoreus	x—∪∪—∪——

Hemiepes	—∪∪—∪∪—
Hipponacteus	○○—∪∪—∪——
Hypodochmius	—∪—∪—
Iambus	x—∪—
Ionicus	∪∪——
Ithyphallicus	—∪—x——
Lekythion	—∪—x—∪—
Molossus	———
Paroemiacus	∪∪—∪∪—∪∪——
Palimbaccheus	——∪
Pherecrateus	○○—∪∪——
Prokeleusmatiker	∪∪∪∪
Reizianus	x—∪∪——
Spondeus	——
Telesilleus	x—∪∪—∪—
Trochäus	—∪—x
Wilamowitzianus	○○—x—∪∪—

Da bis in die Spätantike hinein Dichtung für den mündlichen Vortrag geschrieben war, müssen poetische Texte in gewissen Abständen Pausen aufweisen, die entweder dadurch zustande kommen, daß das letzte Element im Vers nicht vollständig (*Katalexe* ∧) oder das letzte Element im Vers durch eine eine Pause markierende Kürze gebildet wird *(brevis in longo)* oder daß Hiat erlaubt ist. Von der Vortragsart her kann man zwischen gesprochenen, rezitierten und gesungenen (lyrischen) Versen unterscheiden. Gesprochene und rezitierte Verse zeichnen sich dadurch aus, daß sie *stichisch* (von griech. στίχος [*stíchos*], 'Reihe') verwendet werden (d. h., derselbe Vers kann beliebig oft wiederholt werden). Lyrische Verse dagegen fügen sich zu größeren Kompositionseinheiten zusammen (in *Perioden* und als übergeordnete Struktureinheit in Strophen). Typisch für chorlyrische Kompositionen ist die triadische Struktur, bestehend aus Strophe und Gegenstrophe *(Antistrophos)*, die sich metrisch entsprechen ('korrespondieren'), und einer metrisch davon unterschiedenen Epode (wörtlich 'Daraufgesang'). Periodenende markiert man mit | |, Strophenende mit | | |.

2. Die wichtigsten Versmaße und ihre Verwendung

A. Stichisch verwendete Versmaße (Sprechverse):
 1. Der daktylische Hexameter, das älteste bekannte Versmaß der griechischen Dichtung, findet in Epos und Lehrgedicht, daneben in Orakeln und Rätseln, später auch in der Bukolik Verwendung. Er besteht aus fünf daktylischen Metren, im 6. Metrum ist Spondeus oder 'Trochäus' (*brevis in longo*) möglich. Im 5. Metrum wird die in den anderen Metren mögliche Ersetzung der Doppelkürze durch eine Länge vermieden, um am Ende des Verses den daktylischen Rhythmus nicht zu verwischen. Verse, die im 5. Metrum einen Spondeus aufweisen, nennt man *Spondeiazontes*. Der daktylische Hexameter kann durch folgende Zäsuren bzw. Dihäresen untergliedert werden:
  a) Trithemimeres (nach dem 3. Element):
  —∪∪—│∪∪—∪∪—∪∪—∪∪—⏕
  b) Penthemimeres (nach dem 5. Element):
  —∪∪—∪∪—│∪∪—∪∪—∪∪—⏕
  c) Hephthemimeres (nach dem 7. Element):
  —∪∪—∪∪—∪∪—│∪∪—∪∪—⏕
  d) Zäsur nach dem '3. Trochäus' (κατὰ τὸν τρίτον τροχαῖον [*katá ton tríton trochaíon*]):
  —∪∪—∪∪—∪│∪—∪∪—∪∪—⏕
  e) bukolische Dihärese:
  —∪∪—∪∪—∪∪—∪∪│—∪∪—⏕

In der Regel fallen die genannten Zäsuren und Dihäresen immer mit Sinneinschnitten im Vers zusammen. Wortende nach dem 4. 'Trochäus' (—∪∪—∪∪—∪∪—∪͡∪—∪∪—⏕) wird vermieden ('Hermannsche Brücke'), da sonst sich am Ende, zwei Metren später, dieselbe rhythmische Sequenz wiederholen und der Wohlklang des Verses gestört würde.
 2. Das elegische Distichon, bestehend aus einem daktylischen Hexameter und einem Pentameter (—∪∪—∪∪—│—∪∪—∪∪—), ist das Versmaß der Elegie und des Epigramms. Im ersten Teil des Pentameters, der eine Verdoppelung des Hexamters bis zur Penthemimeres darstellt, können wie im Hexameter die Doppelkürzen durch Längen ersetzt werden, während der zweite Teil nach der Mittelzäsur immer rein daktylisch gebaut wird.
 3. Iamben finden ursprünglich in der Gattung des Iambos, der Spottdichtung, der sie ihren Namen verdanken, Verwendung. Der iambische

Trimeter (x—∪—x—∪—x—∪—) ist der Sprechvers des attischen Dramas. Zäsur findet sich nach dem 2. *anceps* oder dem 2. *breve*. Dihäresen werden vermieden, außer wenn eine bestimmte, häufig komische oder parodische Absicht damit verbunden ist (z. B. Aristophanes, *Frösche* 184), da der Vers sonst in seine Einzelbestandteile zerfiele. Nach einer Länge im letzten *anceps* wird Wortende vermieden ('Porsons Brücke' bzw. 'Porsons Gesetz'). Bei den Jambographen und bei Aischylos und Sophokles ist die Struktur der Iamben regelmäßig. Euripides dagegen legt im Verlauf seiner dichterischen Tätigkeit eine immer größere Freiheit im Umgang mit dem iambischen Versmaß an den Tag: Er nimmt immer mehr Auflösungen von Längen in Doppelkürzen vor und nähert durch diese größere rhythmische Freiheit den Vers der gesprochenen Sprache an. Der Prozentsatz der Auflösungen im iambischen Trimeter hat sich bei der Datierung der euripideischen Tragödien als Parameter erwiesen, um vor dem Hintergrund der fest datierten Stücke und deren Aulösungsprozentsatz die undatierten Stücke in eine relative Chronologie zu bringen.

Die iambischen Trimeter der Komödie sind noch bedeutend freier gebaut als die Sprechverse des Euripides: Zäsur kann fehlen, Porsons Gesetz wird ca. alle fünf Verse verletzt, die Längen können durchweg durch Doppelkürzen ersetzt werden, und die metrische Sequenz x— bzw. ∪— kann außer am Ende eines Verses als 'Anapäst' (∪∪—) erscheinen. In einem derartigen, durch Auflösungen zustande gekommenen 'Anapäst' wird allerdings Wortende und die Teilung des *longum*, wodurch ein Prokeleusmatiker entstehen würde (∪∪∪∪), vermieden. Der Versschluß ist immer rein iambisch (∪—), um den Rhythmus am Ende des Verses klar erklingen zu lassen.

Vor allem in Passagen der Komödie, die vom Chor und von einem oder mehreren Schauspielern im Rezitativ vorgetragen werden, findet auch der katalektische iambische Tetrameter (mit Zäsur nach dem 2. *breve*, dem 4. *longum* oder dem 3. *anceps*) Verwendung (x—∪— x—∪—x—∪—x—).

4. Eine besondere Form des Iambus ist der Hinkiambus (auch *Choliambus* oder *Skazon* genannt). Da an der vorletzten Stelle des Verses anstatt der erwarteten Kürze eine Länge erscheint, gerät der Vers aus dem Tritt. Man spricht in diesem Fall von einer Anaklasis, einem 'Umklappen' des Rhythmus (—∪ statt ∪—). Aufgrund seines 'umkippenden' Rhythmus ist der Hinkiambus das zur Spottdichtung passende Metrum (z. B. bei Hipponax).

5. Der Trochäus (von τρέχειν *[tréchein]*, 'laufen', d. h. der 'Laufvers')

findet sich zumeist als katalektischer Tetrameter mit Mitteldihärese in der frühen Dichtung bei Archilochos und Solon und vor allem im attischen Drama (—∪—x—∪—x|—∪—x—∪—). Nach langem 1. oder 3. *anceps* wird Porsons Brücke strikt eingehalten. Im Drama, insbesondere in der Komödie, ist der Trochäus, seinem Namen entsprechend, eiligen oder aggressiven Auftritten von einzelnen Personen oder Gruppen wie z. B. dem Chor in den *Rittern* des Aristophanes (247 ff.) angemessen.

6. Bei Archilochos findet sich eine Versart, die von dem kaiserzeitlichen Metriker Hephaistion als Asynarteten bezeichnet wird, wenn heterogene Glieder unverbunden einen Vers bilden (z. B. die Abfolge iambischer Trimeter Hemiepes), Epoden nennt er die Kombinationen, in denen eine längere metrische Einheit auf eine kürzere folgt.

B. Lyrische Verse (Singverse):

Im Gegensatz zu den stichisch verwendeten Sprechversen sind Singverse entweder κατὰ μέτρον ([*katá métron*], 'nach einem Metrum') oder nicht κατὰ μέτρον gebaut. In κατὰ μέτρον gebauten Versen werden Verse eines Versgeschlechts beliebiger Länge zu Strophen zusammengefaßt, wobei die Binnenstruktur dieser Strophen keinen festen Regeln unterworfen ist. Als Metren werden lyrische Daktylen, Iamben, Choriamben, Kretiker, Ioniker, Anapäste und Dochmien verwendet. Metrische Hauptformen bei den nicht κατὰ μέτρον gebauten Versen sind die Daktyloepitriten und die äolischen Versmaße. Im folgenden können nur die gebräuchlichsten lyrischen Versmaße kurz vorgestellt werden.

Κατὰ μέτρον gebaute Verse:

1. Anapäste: Wie bei Iamben und Trochäen wird ein anapästisches Metrum aus zwei 'Füßen' gebildet (∪∪—∪∪—). Die Doppelkürzen können durch eine Länge und umgekehrt die Länge durch eine Doppelkürze ersetzt werden. Als Klauselvers, d. h. als Vers, der eine Periode abschließt, findet sich normalerweise der katalektische anapästische Dimeter, der Paroemiacus. Der durch diese rhythmische Sequenz entstehende feste Takt macht Anapäste zum geeigneten Marschrhythmus, der häufig den Auftritt des Chores in der Tragödie (Parodos) untermalt (z. B. Aischylos, *Perser* 1 ff.). Von diesen wohl rezitierten 'Marschanapästen' sind die gesungenen 'Klageanapäste' (oder 'melischen' Anapäste) zu unterscheiden, die größere metrische Freiheiten aufweisen und wie die anderen lyrischen Partien der Tragödie 'dorisch' vokalisiert sind (zu erkennen vor allem am langen α statt des attischen η). Im Gegensatz zu

in Marschanapästen gehaltenen Partien können in melischen Anapästen auch zwei (oder mehrere Paroemiaci) aufeinander folgen.

2. Lyrische Iamben werden bevorzugt von den Tragikern verwendet, die sich die Variationsbreite des Metrums zunutze machen. Durch Auflösungen der *longa* können leichtfüßige, aufgeregte Verse entstehen, durch Synkopen (Unterdrückung einzelner Elemente) dagegen schwere, gewichtige Verse, in denen die Längen dominieren. Die Sequenz x—∪— (iambisches Metrum) kann durch Synkope bzw. Katalexe zu ——∪ (Palimbaccheus), ∪—— (Baccheus), —∪— (Creticus), —— (Spondeus) oder ——— (Molossus) werden. Derartige iambische Verse werden aufgrund ihrer Affinität zu anderen Versmaßen gerne in 'gleitenden' Übergängen von einer Versart zur anderen eingesetzt. So kann z. B. der Creticus als Übergang zu trochäischen Versen (—∪— kann als akephales iambisches bzw. als katalektisches trochäisches Metrum verstanden werden) oder zu Daktyloepitriten (—∪— entspricht dem in Daktylopetriten gebräuchlichen epitritischen Element, S. 95) eingesetzt werden. Häufig finden sich in iambischen lyrischen Kompositionen auch Choriamben (—∪∪—), die als anaklastisches iambisches Metrum erklärt werden können (∪—∪— wird durch 'Umklappen' des ersten Elementes zu —∪∪—).

3. Im Zusammenhang mit lyrischen Iamben verwenden die Tragiker oft das eindeutig expressive Qualitäten aufweisende Versmaß des Dochmius ('der Schräge', x——x—), das theoretisch 32 mögliche Formen annehmen kann, von denen allerdings ein Drittel nicht belegt ist. Dochmien werden in der Tragödie in Gesangspartien eingesetzt, die von höchstem Pathos und von aufgewühlten Emotionen beherrscht sind. Von der gleichzeitigen Komödie – nachweisbar bei Aristophanes – wird denn auch das Metrum in parodischem Kontext eingesetzt, um die Gattung Tragödie zu evozieren.

4. Ebenfalls charakterisierende Wirkung scheinen im Drama Ioniker besessen zu haben (∪∪——). Das Versmaß war offensichtlich das rhythmische Signal für ein orientalisches Ambiente oder eine orientalische Herkunft und eng mit dem Dionysoskult verbunden. So singt z. B. der persische Kronrat, der den Chor in Aischylos' *Persern* bildet, nach einer Partie in Marschanapästen, die den Einmarsch rhythmisch betont (1–64), die nächste Partie in Ionikern (65–100). In Euripides' *Bakchen* sind das dominante Metrum Ioniker, die in doppelter Weise dem Charakter des Chores angemessen sind: Die Frauen, die den Chor bilden, stammen aus dem Osten und sind Anhängerinnen des Dionysos (Mänaden). Auch das Einzugslied, das der Chor der Diony-

sos-Mysten in den *Fröschen* des Aristophanes (323 ff.) vorträgt, ist in Ionikern gehalten.

5. Kretiker (—∪—) und Päone (—∪‿∪ oder ‿∪∪—; d. h. Kretiker, bei denen eine der beiden Längen aufgelöst ist) sind ein typisches Komödienversmaß. Sie finden sich häufig im Zusammenhang mit Trochäen in Chorliedern, die Schnelligkeit oder Agressivität ausdrücken sollen (z. B. Aristophanes, *Acharner* 208–233, *Ritter* 303–313).

Nicht κατὰ μέτρον gebaute Verse:

1. Unter den nicht κατὰ μέτρον gebauten Versen sind die Daktyloepitriten das für die Chorlyrik typische Versmaß (Simonides, Pindar, Bakchylides, attische Tragödie). Die Bezeichnung für das Metrum stammt aus dem 19. Jh. und geht auf den Philologen Rudolph Westphal zurück. Die Bauweise der Daktyloepitriten läßt sich nach Paul Maas aus der Kombination folgender Grundelemente erklären: Das daktylische Element —∪∪—∪∪— (Hemiepes, nach Maas als D bezeichnet) verbindet sich mit dem Element —∪— (e) bzw. E (= e x e: —∪—x—∪—), —∪∪— (d¹) oder ∪∪— (d²). Die möglichen Formen und Kombinationsmöglichkeiten sind im 2. Band der Pindar-Ausgabe (hrsg. von H. Maehler, Stuttgart 1989, 178–183) zusammengestellt.

2. *Äolische Versmaße* bilden das metrische Gerüst der frühgriechischen Lyrik, der Gedichte der Sappho und des Alkaios (um 600 v. Chr.) von der zum äolischen Sprachraum gehörenden Insel Lesbos. Die äolischen Metren lassen sich als Abwandlungen und Veränderungen des Grundmaßes, des Glyconeus (OO—∪∪—∪—), erklären. Die eröffnende doppelte Ancepsposition bezeichnet man nach G. Hermann als äolische Basis, als metrisches Zeichen verwendet man in der Regel OO, nicht x x, da nur ausnahmsweise die Auflösung der beiden Elemente zur Doppelkürze möglich ist. Ansonsten sind äolische Maße 'silbenfest', Auflösungen finden also nicht statt.

Die katalektische Form des *Glyconeus* bezeichnet man als *Pherecrateus* (OO—∪∪——), die am Ende um ein Element verlängerte als *Hipponacteus* (OO—∪∪—∪——). Daneben gibt es akephale Formen: den Telesilleus (x—∪∪—∪—), die akephale Form des Glyconeus, das Reizianum (x—∪∪——), die akephale Form des Pherecrateus, und den Hagesichoreus (x—∪∪—∪——), die akephale Form des Hipponacteus.

Äolische Verse können am Anfang, in der Mitte oder am Ende erweitert werden. Bei externer Erweiterung werden vor die äolischen Maße entweder Iamben oder ein Creticus gestellt. Bei interner Erweiterung (oder Binnenerweiterung) kann entweder das 'daktylische' (—∪∪) oder das 'choriambische' (—∪∪—) Element wiederholt werden. Die von den äolischen Dichtern verwendeten Formen finden sich in der Sappho- und Alkaios-Ausgabe von Eva-Maria Voigt (Sappho et Alcaeus, Amsterdam 1971, 15–26).

Die wichtigsten äolischen Strophenformen, die sich bei Sappho, Alkaios und in der römischen Lyrik bei Catull und Horaz finden, sind die alkäische und die sapphische Strophe. Die sapphische Strophe besteht aus zwei Versen der Form Creticus (= akephales iambisches Metrum: —∪—) Hagesichoreus, auf die die Sequenz Creticus, Telesilleus, Reizianum folgt. Die alkäische Strophe wird durch zwei Verse der Form Iambus, Telesilleus eröffnet; als 3. Kolon folgt die metrische Sequenz 2 iambische Metren + Hagesichoreus mit daktylischer Binnenerweiterung. In den Ausgaben und in der lateinischen Lyrik erscheinen beide Strophenformen oft als Vierzeiler. Dies wird durch häufiges Wortende im 3. Kolon nahegelegt (siehe metrisches Schema); Synaphie ist jedoch bei den griechischen Lyrikern öfter belegt, so daß die triadische Struktur für die frühen griechischen Lyriker die korrekte Wiedergabe der Strophenformen ist. Im attischen Drama findet sich eine Variante des Glyconeus der Form OO—x—∪∪— mit vielen Variationsmöglichkeiten, die nach ihrem Entdecker, U. von Wilamowitz-Moellendorff, von P. Maas als Wilamowitzianus genannt wurde.

Sapphische Strophe:

—∪—x—∪∪—∪——||
—∪—x—∪∪—∪——||
—∪—x—∪∪—∪—x—∪∪——|||

Alkäische Strophe:

x—∪—x—∪∪—∪—||
x—∪—x—∪∪—∪—||
x—∪—x—∪—x—∪∪—∪∪—∪——|||

(Vgl. Snell, *Griechische Metrik* S. 44f.)

VII. Rhetorik

1. Allgemeines

Die Rhetorik (ῥητορικὴ τέχνη [*rhetoriké téchne*]) gehörte noch im Mittelalter – seit der römischen Kaiserzeit fest etabliert – zum Wissenschaftskanon. Neben Grammatik, Dialektik, Arithmetik, Geometrie, Astronomie und Musik war sie eine der sieben freien Künste (*septem artes liberales*). Die ältesten Zeugnisse für die Redekunst liefert schon Homer z. B. im 9. Buch der *Ilias*, der 'Gesandtschaft zu Achill', wo der höchst kunstfertige und wortreiche Versuch unternommen wird, den Helden von seinem Groll abzubringen und ihn zur Wiederaufnahme des Kampfes zu bewegen. In einer bis zu den Römern reichenden Tradition galt Homer folglich als der 'Vater der Beredsamkeit' (Cicero, *Brutus* 40). Auch bei Hesiod kommt der Rhetorik bereits eine große Bedeutung zu. Sie war ihm eine Gabe der Götter an die Herrschenden als Mittel zur Ausübung ihrer Macht, nicht zuletzt hinsichtlich der zu seiner Zeit in den Händen der Aristokratie liegenden Rechtsprechung.

Nach den demokratischen Reformen des Kleisthenes (um 510 v. Chr., S. 142) wurde das 'Redenkönnen' in Athen immer wichtiger, da von nun an die Rechtsprechung in Gremien stattfand. Zwei gegnerische Parteien mußten vor einem Richterkollegium mit Rede und Gegenrede gegeneinander antreten. Nicht immer hielten sie sich dabei an die Wahrheit. Der Nachweis der Wahrscheinlichkeit, des εἰκός (*eikós*, lat. *probabile, verisimile*), reichte vollkommen aus, vorausgesetzt, daß man seine Argumente überzeugend vorbrachte. Der Übergang von der autoritären Herrschaftsform zur Demokratie führte somit zur Entwicklung einer systematischen Überredungskunst. Die frühesten erhaltenen Darstellungen des rhetorischen Systems sind zum einen die pseud-aristotelische *Rhetorik an Alexander*, die vielfach Anaximenes von Lampsakos (2. Hälfte 4. Jh.s v. Chr.) zugesprochen wurde, und zum anderen die drei Bücher umfassende *Rhetorik* des Aristoteles (ca. 330 v. Chr.). Die aristotelische Definition der Rhetorik spiegelt die antike Praxis wider: Sie sei die „Fähigkeit, das, was jeweils als glaubhaft angenommen wird, zu erspähen" (*Rhetorik* 1, 2). Etwa 120 Jahre zuvor, um die Mitte des 5. Jh.s, muß es schon eine Reihe theoretischer Ansätze auf Sizilien und in Unteritalien gegeben haben. Empedokles, Korax und Teisias werden in diesem Zusammenhang erwähnt. Von ihnen sind keine rhetorischen Schriften erhalten. Aristoteles, der schon in der platonischen Akademie Rhetorikvorlesungen hielt, und Theophrast (er verfaßte eine Schrift *Über den Stil*), sein Schüler und Nachfolger im Peripatos, haben die hellenistische und kaiserzeitliche Redekunst stark beeinflußt. Die gründlichste und stoffreichste griechische Rhetorik hat Hermagoras von Temnos (nach 150 v. Chr.) geschrieben. Sie ist zwar nicht erhalten, indirekt aber noch kenntlich in der *Rhetorica ad Herennium*, einem anonymen römischen Werk der 80er Jahre des 1. Jh.s v. Chr. Neben ihr waren die wichtigsten Lehrbücher der antiken Rhetoriktradition Ciceros rhetorische Schriften und die *Institutio oratoria* des Quintilian (ca. 35 – nach 96 n. Chr.).

2. Die Arten der Rede und ihre Hauptvertreter

Wenngleich innerhalb der griechischen Polis mehrere Redeformen zur Anwendung kamen – die Feldherrenrede, die Rede für die Gefallenen, die politische Rede, die Würdigung besonderer Leistungen, der öffentliche Rechenschaftsbericht – und in der Theorie (Aristoteles, *Rhetorik* 1,3) zumindest von drei Unterarten gesprochen wurde, von der Gerichtsrede (γένος δικανικόν [*génos dikanikón*]), der politischen Rede (γένος συμβουλευτικόν [*génos symbouleutikón*]) und der Lobrede (γένος ἐπιδεικτικόν [*génos epideiktikón*]), so basiert doch das eigentliche System der Rhetorik auf der Gerichtsrede, deren standardisierter Aufbau als Modell einer antiken Rede vorgestellt werden soll:

Die Teile der Rede

1. προοίμιον (*prooímion*)	*exordium*	Einleitung
2. διήγησις (*dihégesis*)	*narratio*	Erzählung
3. πρόθεσις (*próthesis*)	*partitio (divisio)*	Gliederung
4. πίστις (*pístis*)	*argumentatio*	Argumentation
– πίστωσις (κατασκευή) (*pístosis* [*kataskeué*])	*probatio*	dafür
– ἔλεγχος (ἀνασκευή) (*élenchos* [*anaskeué*])	*refutatio*	dagegen
5. ἐπίλογος (*epílogos*)	*peroratio (conclusio)*	Schlußwort

Nach einleitenden Worten, die auf das Wohlwollen der Richter zielen, folgt die Schilderung des Falls, hieran schließt die Argumentation an, in der zuerst der eigene Standpunkt bekräftigt, sodann der des Gegners geschwächt wird. Dieser Pro- und Contra-Argumentation geht in der Regel eine die wichtigsten Gesichtspunkte resümierende Gliederung des Stoffs voraus. Das Ende der Rede stellt einerseits eine Zusammenfassung dar, ist andererseits aber die letzte Möglichkeit, Einfluß auf die Entscheidung der Richter zu nehmen. Daher enden die meisten Reden gefühlsbetont, gelegentlich mit Hinweis auf die eigenen (anwesenden!) Kinder, sollte deren Wohl und Wehe gleichfalls von dem richterlichen Urteil abhängen.

Da ein Gericht im antiken Athen nicht aus Berufsrichtern bestand, sondern ganz aus Laien zusammengesetzt war – *ad hoc* durch ein kompliziertes Losverfahren für den jeweiligen Prozeßtag bestimmt –, kam besonders viel auf die Überzeugungskraft des einmaligen Redevortrags an. Laien traten als Kläger auf, wenn es sich um eine Privatklage handelte. Für jemand anderen, in seinem Namen oder in seiner Sache zu sprechen, war nicht geduldet, es sei denn, daß es sich um einen nahen Blutsverwandten handelte und dieser seine Sache nicht selbst vertreten konnte oder durfte (so etwa eine Frau; Frauen waren nicht einmal als Zeugen zugelassen). Natürlich konnte ein Ermordeter nicht vor Gericht auftreten und Klage erheben. Aber dies durfte andererseits auch nicht irgendein Fremder, so wie dies heute ein Staatsanwalt in der Regel für das ihm fremde Opfer leistet. Im antiken Athen war es stets Sache des Sohnes, Bruders, Vaters oder Onkels, vor Gericht zu gehen, um jemanden wegen eines Kapitalverbrechens an einem Familienmitglied anzuklagen. War man angeklagt, so hatte man ebenfalls selbst vor Gericht zu erscheinen und seine Gegenargumente vorzutragen. Richter über die jeweiligen Fälle waren, wie gesagt, ausgeloste Bürger. Zwar wurden alle Verfahren von der staatlichen Bürokratie geleitet, wo im Vorfeld Anhörungen stattfanden und geprüft wurde, ob es sich um prozeßwürdige Angelegenheiten handelte – die Prozeßwut der Athener war sprichwörtlich; da bedurfte es schon eines 'Filters' –, aber die Entscheidung am Prozeßtag – und es wurde für jede Sache nur ein einziger Tag angesetzt bzw. ein kurz bemessener Abschnitt eines einzelnen Tages – lag ganz in den Händen eines aus juristischen Laien zusammengesetzten Gremiums.

Es versteht sich von selbst, daß eine in diesem Zusammenhang dargebrachte Anklage oder Verteidigung gut vorbereitet sein mußte. Das Ablesen eines vorgefertigten Skripts hätte jedoch niemand akzeptiert.

Somit war neben der klar gegliederten, vollständigen Argumentation ein freier Redevortrag notwendig. Des weiteren gehörten zu den Gepflogenheiten der attischen Gerichtsrede die sprecherbezogene Ausdrucksweise und der Anschein von Kunstlosigkeit. Die meisten Reden gab man nämlich, um den Erfolg zu sichern, berufsmäßigen Schreibern, 'Logographen' (λογογράφοι, 'Redenschreiber'), in Auftrag. Jeder wußte dies, aber gerade deswegen sollte es nicht auffallen. Von der Mühe des Auswendiglernens und der bewußten Schmucklosigkeit der Laienrede zeugt eine kleine Anekdote, die Plutarch über Lysias, den wohl bedeutendsten Logographen Athens, erzählt *(De garrulitate* 5): „Lysias hatte für einen Mann, der vor Gericht mußte, eine Rede verfaßt. Der aber kehrte frustriert wieder zu Lysias zurück, als er die Rede viele Male gelesen hatte, und sagte, beim ersten Durchgang habe er sie wunderbar gefunden, beim zweiten und dritten Wiederaufnehmen sei sie ihm aber ganz stumpf und schwach erschienen. Da lachte Lysias und sprach: 'Was soll's? Willst du sie nicht ein einziges Mal nur vor den Richtern halten?'"

Lysias (S. 202f.) wurde in der Antike gerühmt wegen seines schlichten Stils und wegen der 'Ethopoiie'. Letztere ist nicht als Nachahmung eines Charakters zu verstehen, sondern als Anpassung des Redestils an den jeweiligen Sprecher, um ihn glaubhaft und sympathisch erscheinen zu lassen. Gorgias von Leontinoi (heute Lentini, Sizilien) hat als Verfasser von epideiktischen Reden eine im Verhältnis zu Lysias geradezu diametral entgegengesetzte Rhetorik ausgebildet, die voll von sprachlichen Besonderheiten und nahezu poetisch ist. Im Jahr 427 nahm er an einer Gesandtschaft seiner Heimatstadt nach Athen teil, um Hilfe im Krieg gegen Syrakus zu erbitten. Mit seiner Ansprache an die athenische Volksversammlung konnte er das angestrebte Bündnis erwirken. Für die von ihm dabei eingesetzten rhetorischen Mittel (vor allem Antithese, Homoioteleuton, Parallelismus) wurde er von den Athenern bewundert und blieb in ihrer Stadt. Platon *(Hippias maior* 282 b7–c1) berichtet, Gorgias habe von diesem Zeitpunkt an öffentliche Prunkreden gehalten und dabei große Summen kassiert. Zwei vollständig erhaltene Reden sind Probestücke aus dem Schulbetrieb *(Enkomion der Helena, Verteidigung des Palamedes).* Zum Kanon der attischen Redner zählte man ihn aber später nicht. Antiphon, Andokides, Lysias, Isokrates, Isaios, Aischines, Demosthenes, Hypereides, Lykurgos und Deinarchos waren die zehn kanonischen Redner.

Mag die Redekunst des Gorgias aufgrund ihrer Übertriebenheit auf Ablehnung (nicht nur durch Platon) gestoßen und in Reinform kaum fortgeführt worden sein, so hat sie doch Schule gemacht. Als wichtigster Gorgias-Schüler ist Isokrates aus Athen (S. 204) zu nennen. Er war Logograph wie Lysias und Rhetoriklehrer. Um 390 v. Chr. gründete er eine Rhetorikschule, die er 50 Jahre lang leitete. Auch einige seiner Schüler erlangten später Berühmtheit wie Isaios oder Theopomp sowie Ephoros, Hypereides, Lykurg und Theodektes. Der Stil des Isokrates war – allerdings in verfeinerter Form – an Gorgias angelehnt. Reinheit und Genauigkeit der Wortwahl und ein harmonischer, ausgewogener Satzbau mit Antithesen und Parallelismen sind die Hauptmerkmale. Während Isokrates sich hauptsächlich der epideiktischen Rede widmete, ist Demosthenes (S. 206) der klassische Vertreter der politischen Rede.

3. Von der Stoffsammlung zum Redevortrag

Poesie und Prosa sind gleichermaßen auf Hörwirkung stilisiert. Dies trifft auf Reden in besonderem Maße zu, die ja nicht lediglich gefallen, sondern vor allem auch etwas bewirken wollten. Der eigentliche Vortrag der Rede bildete den Abschluß einer längeren Vorbereitung. In der antiken rhetorischen Fachliteratur werden die einzelnen Schritte von der Stoffsammlung (εὕρεσις [*heúresis*], lat. *inventio*) über die Gestaltung (τάξις [*táxis*], lat. *dispositio*) und Formulierung (λέξις [*léxis*], lat. *elocutio*) sowie das Einstudieren (μνήμη [*mnéme*], lat. *memoria*) des Vortrags (ὑπόκρισις [*hypókrisis*], lat. *actio* bzw. *pronuntiatio*) genauestens dargelegt. Es sind dies die sogenannten 'Aufgaben des Redners' (ἔργα τοῦ ῥήτορος [*érga tou rhétoros*], lat. *officia oratoris*).

Bei der *inventio* werden alle Fakten des Falls und alle der Rede dienlichen Motive – dazu gehören auch historische und mythologische Vergleiche – erfaßt. Dieser Materialsammlung folgt die Ordnung des Stoffs und die Wahl der Stilmittel, d. h. eine grobe und eine detaillierte Ausarbeitung der Rede selbst. Dabei muß grundsätzlich beachtet werden, wie der Fall als solcher einzuordnen ist. Hierzu entwickelten die Theoretiker eigens eine 'Stasis-Lehre' (στάσεις [*stáseis*,] lat. *status* oder *constitutiones*), nach der man juristisch vier Fragestellungen unterschied:

1. Frage nach der 'vermutlichen' Tat oder Täterschaft (στοχασμός [*stochasmós*], lat. *status coniecturalis*);
2. Definition der Tat hinsichtlich zu erfüllender Merkmale (ὅρος [*hóros*], lat. *status definitivus*);

3. Beurteilung der Tat, z. B. hinsichtlich mildernder Umstände (ποιότης [poiótes], lat. *status generalis*);
4. Zuständigkeit des Gerichtshofs (μετάληψις [metálepsis], lat. *status translativus*).

Sodann gilt es, den verschiedenen Stilqualitäten (ἀρεταὶ τῆς λέξεως [*aretaí tes léxeos*], lat. *virtutes dicendi*) gerecht zu werden: Sprachrichtigkeit, Deutlichkeit, Angemessenheit, Redeschmuck und Kürze des Ausdrucks.

Neben dem richtigen Einsatz des Wortes waren auch die passenden Gesten zu beachten. Letztere finden sich bei dem kaiserzeitlichen Rhetorikprofessor Quintilian anschaulich beschrieben (*Institutio oratoria* 11, 3, 92–120). Quintilians Werk und den rhetorischen Schriften des sogenannten Auctor ad Herennium und des Cicero entnehmen wir wertvolle Hinweise auf die Einsatzmöglichkeiten der Stimme, ihres Klangs und Ausdrucks: daß z. B. auf die Stimmhöhe viel ankam – so soll ein verborgener Flötenspieler mit Hilfe einer tonangebenden Pfeife den Tonfall des C. Gracchus reguliert haben (Quintilian, *Institutio oratoria* 1, 10, 27) – und daß man in der Antike für die leidenschaftlichen Rede die Mitte zwischen gewöhnlicher Sprechweise und Gesang (!) anstrebte (Auctor ad Herennium 3, 11, 19 ff.; Cicero, *Orator* 55 ff.; Quintilian, *Institutio oratoria* 1, 10, 22–33). Welche Bedeutung der Artikulation und der gestisch-mimischen Seite des Redevortrags beigemessen wurde, verdeutlichen die antiken Anekdoten über Demosthenes, wie etwa die bei Pseudo-Plutarch überlieferte (*Vitae decem oratorum* 845B): „Auf die Frage, was bei der Redekunst an erster Stelle stehe, gab er zur Antwort: 'die Hypokrisis' – und was an zweiter? – 'die Hypokrisis' – und was an dritter? – 'die Hypokrisis'."

Die schauspielerischen Aspekte von Tonfall, Geste und Mimik lassen sich den Reden selbst nicht entnehmen. Was aber die von den antiken Rhetorikern angeführten Stilmittel betrifft, so können Anwendungsbeispiele nicht nur den Reden, sondern auch anderen Prosatexten und nicht zuletzt der Dichtung reichlich entnommen werden.

4. Stilistik

4.1. Figurenlehre (Tropen und Figuren)

Jede Abweichung von der normalen Alltagssprache in Syntax und Wortgebrauch gerät zu einem rhetorischen Stilmittel. Sprachliche Besonderheiten sind akustische Signale und nehmen Einfluß auf die Sinnerfassung durch den Hörer. Die schmucklose Rede vergleicht Quintilian mit einem Körper in Ruhe; sobald dieser sich aus der (ausdruckslosen) Ruheposition herausbegibt, sind ihm bestimmte Affekte anzusehen. Denn eine abweichende Körperhaltung ist zugleich eine emotionale Lebensäußerung. Ähnlich verhält es sich mit der Sprache: Quintilian unterscheidet innerhalb der rhetorischen Figurenlehre Abwandlungen ('Wendungen') eines gewöhnlichen Ausdrucks: Tropen (τρόποι [*trópoi*]) und auffällige Wort- und Satzkonstellationen: die Figuren im engeren Sinne – in der Antike unterteilt in Wort- und Gedankenfiguren (σχήματα λέξεως, σχήματα διανοίας [*schémata léxeos, schémata dianoías*]). Es folgt eine Auswahl der wichtigsten in den Rhetorikhandbüchern aufgeführten Tropen und Figuren. Letztere wurden nicht weiter unterteilt (etwa in Klang-, Beiordnungs-, Satz- und Sinnfiguren). Hier sei auf die einschlägigen Handbücher verwiesen, die in den Fragen der diesbezüglichen Systematik freilich nicht selten auseinandergehen. Die Beispiele sind überwiegend der *Kranzrede* (*De corona*) des Demosthenes entnommen.

4.1.1. *Tropen*

Allegorie (ἀλληγορία; 'Andersreden'): Versinnbildlichung eines komplexen Sachverhalts, meist durch Aneinanderreihung von Metaphern.

οὗτοι πάντες εἰσίν... ἄνθρωποι μιαροὶ καὶ κόλακες καὶ ἀλάστορες, ἠκρωτηριασμένοι τὰς αὑτῶν ἕκαστοι πατρίδας, τὴν ἐλευθερίαν προπεπωκότες πρότερον μὲν Φιλίππῳ, νῦν δ' Ἀλεξάνδρῳ, τῇ γαστρὶ μετροῦντες καὶ τοῖς αἰσχίστοις τὴν εὐδαιμονίαν, τὴν δ' ἐλευθερίαν καὶ τὸ μηδέν' ἔχειν δεσπότην αὑτῶν, ἃ τοῖς προτέροις Ἕλλησιν ὅροι τῶν ἀγαθῶν ἦσαν καὶ κανόνες, ἀνατετροφότες.

„Sie alle sind... verruchte Menschen, Schmeichler und Fluchgeister, die *ihrem Vaterland die Glieder abgehackt*, die zuerst Philipp, jetzt Alexander *die Freiheit zugetrunken* haben, die ihre Glückseligkeit an ihrem Bauch und dem schändlichsten Treiben ermessen, *die Freiheit* aber und *das Ohne-Herrscher-Sein*, was für die früheren Griechen *Markstein* und *Richtschnur* war, *umgestürzt* haben." (Demosthenes, *De corona* 296)

Antonomasie (ἀντονομασία; 'Namensersatz'): Wiedergabe eines Eigennamens durch ein Appellativum oder durch eine Umschreibung, z. B. Ἐννοσίγαιος („Erderschütterer") für Poseidon; Λητοῦς καὶ Διὸς υἱός („der Leto und des Zeus Sohn") für Apollon.

Euphemismus (εὐφημισμός; 'Beschönigung'): Ersetzung eines negativen Begriffs durch einen positiveren. Das 'Schwarze Meer' nannten die Griechen Πόντος εὔξεινος („Gastliches Meer"), ursprünglich aber Πόντος ἄξεινος („Ungastliches Meer"). Den Rachegöttinnen gaben sie den Namen Εὐμενίδες (die „Wohlmeinenden") statt Ἐρινύες (die „Zürnenden").

Hyperbel (ὑπερβολή; 'Übertreibung'): ἠχὴ δ' ἀμφοτέρων ἵκετ' αἰθέρα καὶ Διὸς αὐγάς „Und die Rufe von beiden stiegen auf bis zum Äther und zu den Strahlen des Zeus." (Homer, *Ilias* 13, 837)

Ironie (εἰρωνεία; 'Verstellung'): Krasses Auseinanderklaffen von Sprechermeinung und Gesagtem, oft im Sinne des Gegenteils.

τοιγάρ με πολλαῖς **μακαρίαν** Ἑλληνίδων
ἔθηκας ἀντὶ τῶνδε.

(Medea zu Jason, der sie verstoßen hat:)
„Fürwahr, vielen Griechinnen hast du mich zum *Inbegriff des Glücks* gemacht als Lohn für meine Taten." (Euripides, *Medea* 509f.)

Litotes (λιτότης; 'Schlichtheit'): Doppelte Verneinung bewirkt eine starke Bejahung. οὐ γὰρ ἦν ἀφανῆ. „Denn es war nicht unsichtbar" (= es war offenkundig). (Demosthenes, *De corona* 19)

Metapher (μεταφορά; verkürzter 'Vergleich'): Entlehnung eines Bildzitats (z. B. 'ein Löwe') aus einem anderen Bereich und Einpassung *ohne* Kennzeichnung des Vergleichs ('wie ein Löwe'). οὐκ ἂν περιιδεῖν τὴν Ἑλλάδα **ἑτερόφθαλμον** γενομένην (Leptines soll, als er um Hilfe für Sparta bat, gesagt haben, er werde es ...) „nicht mit ansehen, daß Griechenland *des einen Auges beraubt* würde." (Aristoteles, *Rhetorik* 3, 10)

Metonymie (μετωνυμία; 'Benennung' nach einem gedanklich zugehörigen Begriff): σπλάγχνα δ' ἄρ' ἀμπείραντες ὑπείρεχον **Ἡφαίστοιο**. „Sie spießten die Innereien auf und hielten sie über den *Hephaistos* (= Feuer)." (Homer, *Ilias* 2, 426)

Periphrase (περίφρασις; 'Umschreibung'): Umschreibung eines Begriffs durch einzelne Wörter oder durch einen ganzen Satz. οἱ μὲν ὕπνον ᾑροῦντο ... „Die einen *wählten für sich den Schlaf* ... (= schliefen)." (Thukydides 3, 49)

Personifikation (= προσωποποιία: von πρόσωπον [Gesicht] und ποιεῖν [machen]): Einführung von Gegenständen oder Begriffen, als wären es redende oder handelnde Personen. εἰ μέλλουσιν ἡμῖν ἐνθένδε ... ἀποδιδράσκειν ... ἐλθόντες οἱ νόμοι καὶ τὸ κοινὸν τῆς πόλεως ἐπιστάντες ἔροιντο· „Εἰπέ μοι, ὦ Σώκρατες, τί ἐν νῷ ἔχεις ποιεῖν; ..." τί ἐροῦμεν, ὦ Κρίτων, πρὸς ταῦτα; „Wenn nun, während wir uns daranmachten, von hier wegzulaufen ..., die Gesetze und das Gemeinwesen der Stadt sich einstellten und fragten: 'Sag mir, Sokrates, was hast du vor? ...', was werden wir, Kriton, hierauf antworten?" (Platon, *Kriton* 50A6–9)

Synekdoche (συνεκδοχή): Sonderfall der Metonymie: Verschieben der Benennung eines Begriffsinhalts innerhalb desselben Bereichs.

pars pro toto ('ein Teil für das Ganze'): μευ χέρες („meine Hände") = ich (Kallimachos, *Epigramme* 32, 1)

genus pro specie ('der Allgemeinbegriff für ein Besonderes'): θνητοί ('Sterbliche') = Menschen

4.1.2. Figuren

Alliteration (*alliteratio* [der Terminus wurde erst von dem Humanisten Pontanus eingeführt]): Wiederholung desselben Anlauts. καὶ τὸ **δίκην δοῦναι διαδὺς** ἐξεπέπεμπτ' ἄν ... „Und er wäre – statt der *S*trafe zu *s*tellen davon *s*ich *s*tehlend – (aus der Stadt) hinausgeleitet worden ..." (Demosthenes, *De corona* 133)

Anakoluth (ἀνακόλουθον: von ἀκολουθεῖν ['folgen'] mit α-privativum ['nicht folgen']): Bruch in der grammatischen Konstruktion eines Satzes; der Satz wird nicht folgerichtig zu Ende geführt. κἀκεῖν' εὖ οἶδ' ὅτι τὴν ἐμὴν δεινότητα – ἔστω γάρ. καίτοι ἔγωγ' ὁρῶ ... „Und jene meine Wortgewalt, weiß ich, daß ... (hier unterdrückt der Redner die Einbeziehung der Richter: „daß ihr sie noch erfahren werdet") – es mag sie geben. Doch sehe ich ..." (Demosthenes, *De corona* 277)

Anadiplose (ἀναδίπλωσις; 'Verdoppelung') Wiederholung des Schlußwortes eines (Teil-)Satzes oder Verses zu Beginn des nächsten. **ἀνόμοιόν** ἐστι, τὸ δὲ **ἀνόμοιον** ἀνομοίων ἐπιθυμεῖ ... „Es ist *ungleich*, *Ungleiches* verlangt aber nach Ungleichem ..." (Platon, *Symposion* 186B)

Anapher (ἀναφορά): 'Wiederholung' desselben Wortes am Beginn mehrerer Sätze oder Teilsätze.

τί οὖν, ὦ ταλαίπωρε, συκοφαντεῖς;
τί λόγους πλάττεις;

τί σαυτὸν οὐκ ἐλλεβορίζεις;
„*Warum* also, du elender Mensch, treibst du Falschanklage? *Warum* verdrehst du die Worte? *Warum* nimmst du nichts dagegen ein (wörtl. 'Nieswurz' als Mittel gegen Dummheit)?" (Demosthenes, *De corona* 121)

Antithese (ἀντίθεσις): Kontrastive 'Gegenüberstellung' sich widersprechender Aussagen oder einander entgegengesetzter Begriffe.

τὸ λαβεῖν οὖν τὰ διδόμεν' ὁμολογῶν **ἔννομον** εἶναι, τὸ χάριν τούτων ἀποδοῦναι **παρανόμων** γράφῃ. „In Anerkennung der Tatsache, daß das Annehmen von Gaben *rechtmäßig* ist, klagst du, das Abstatten von Dank dafür sei *unrechtmäßig*." (Demosthenes, *De corona* 119)

apo koinou (ἀπὸ κοινοῦ; 'vom Gemeinsamen'): Ein Adverb, Attribut, Objekt oder eine Präposition wird nur einmal gesetzt, zugleich aber noch von einem anderen Satz(teil) beansprucht.

στυγεῖ δὲ **παῖδας** οὐδ' ὁρῶσ' εὐφραίνεται. „Sie haßt die Kinder und freut sich nicht (sie) zu sehen." (Euripides, *Medea* 36)

Aposiopese (ἀποσιώπησις): Plötzliches 'Abbrechen der Rede'. ἀλλ' ἐμοὶ μὲν – οὐ βούλομαι δυσχερὲς εἰπεῖν οὐδὲν ἀρχόμενος τοῦ λόγου. „Mir aber – doch ich will nichts Unschickliches sagen am Beginn der Rede." (Demosthenes, *De corona* 3)

Apostrophe (ἀποστροφή): Abwendung von den Richtern zu (fingierten) Zuhörern, dem Gegner, zu Göttern oder personifizierten Gegenständen.

κακοήθης δ' ὤν, Αἰσχίνη, τοῦτο παντελῶς εὔηθες ᾠήθης ... „Obwohl du durchtrieben bist, Aischines, hast du dies ganz einfältig geglaubt." (Demosthenes, *De corona* 11)

Assonanz (Vokalischer Gleichklang, häufig unübersetzbar): καὶ ἔτι τὰς ἑκασταχοῦ βραδυτῆτας, ὄκνους, ἀγνοίας, φιλονικίας, ἃ πολιτικὰ ταῖς πόλεσιν πρόσεστιν ἁπάσαις κἀναγκαῖ' ἁμαρτήματα ... „Und dazu die Langsamkeit überall, die Zögerlichkeit, die Unwissenheit, die Zänkereien und, was es an politischen und unvermeidlichen Verfehlungen in allen Städten gibt ..." (Demosthenes, *De corona* 246)

Asyndeton (ἀσύνδετον): 'Unverbundene' Aufzählung oder Satzanschluß ohne überleitende Partikel. πράττεταί τι τῶν ὑμῖν δοκούντων συμφέρειν· ἄφωνος Αἰσχίνης. ἀντέκρουσέ τι καὶ γέγον' οἷον οὐκ ἔδει· πάρεστιν Αἰσχίνης. „Es wird etwas getan, was euch nützlich erscheint. Stumm ist Aischines. Läuft etwas schief und ist so geworden, wie es nicht hätte sein sollen. Zur Stelle ist Aischines." (Demosthenes, *De corona* 198)

Chiasmus (χιασμός): 'X-Stellung', also Überkreuz-Stellung einander entsprechender Satzteile.

μετροῦντες ... τὴν εὐδαιμονίαν,

τὴν δ' ἐλευθερίαν ... ἀνατετροφότες.
„ermessend die Glückseligkeit,

die Freiheit aber umgestürzt habend" (Demosthenes, *De corona* 296)

Ellipse (ἔκλειψις; 'Auslassung'): Wegfall einzelner Wörter (am häufigsten der Kopula εἶναι). ἄφωνος Αἰσχίνης. „Stumm (ist) Aischines." (Demosthenes, *De corona* 198)

Enallage (ἐναλλαγή; 'Vertauschung'): Das sinngemäß zu einem bestimmten Substantiv gehörende Adjektiv wird grammatisch einem anderen Bezugswort zugeordnet (deutsch: das braune Lachen ihrer Augen).

κυνὸς Λακαίνης ὥς τις **εὔρινος** βάσις „Wie der *witternde* Gang einer Lakonischen Hündin (= einer *witternden* Lakonischen Hündin)." (Sophokles, *Aias* 8)

Figura etymologica (von ἔτυμον, 'wahre' Wurzel): Die Verwendung ein und derselben Wortwurzel für Verb und bezogenes Substantiv. πάθημα ἔπαθεν. „Hat Leid erlitten." (Gorgias, *Helena* 9)

Hendiadyoin (ἓν διὰ δυοῖν; 'eins durch zwei'): Zwei selbständige Ausdrücke stehen für einen einzigen (zusammengesetzten) Begriff. Bei der Übersetzung wird sinnvollerweise einer der beiden Ausdrücke in ein untergeordnetes Attribut oder Adverb verwandelt. Vielfach wird auch die Häufung von Synonymen als Hendiadyoin interpretiert.

αἵ τε πόλεις ... χαλεπαὶ λαβεῖν αἱ τῶν Φωκέων, μὴ οὐ **χρόνῳ καὶ πολιορκίᾳ**. „die Städte der Phoker sind schwer einzunehmen, nur *durch Zeit und Belagerung* (= langwierige Belagerung)" (Demosthenes, *De falsa legatione* 123)

πειθοῖ τινι κακῇ τὴν ψυχὴν **ἐφαρμάκευσαν καὶ ἐξεγοήτευσαν**. „Mit schlimmer Überzeugungskraft haben sie die Seele *betört und verzaubert* (= vollends verzaubert)." (Gorgias, *Helena* 14)

Homoioteleuton (ὁμοιοτέλευτον; 'gleichendig'): Gleicher konsonantischer oder vokalischer Ausklang. φημὶ οὖν ἐγὼ πάντων θεῶν εὐδαιμόνων ὄντων Ἔρωτα ... εὐδαιμονέστατον εἶναι αὐτῶν. „Ich

sage, daß von allen glückseligen Göttern Eros ... der glückseligste ist."
(Platon, *Symposion* 195A3)

Hypallage (ὑπαλλαγή): siehe Enallage

Hyperbaton (ὑπερβατόν; 'Sperrstellung'): Trennung von grammatisch zusammengehörenden Ausdrücken. „Die Leistung des Hyperbaton besteht darin, auch dem einfachen Satz die kyklische Spannung zwischen auflösungsbedürftigen und auflösenden Bezugsgliedern zu verleihen und ihn so als einer Periode gleichwertig erscheinen zu lassen."
(H. Lausberg, Handbuch der literarischen Rhetorik S. 357)

Μῆνιν ἄειδε θεὰ Πηληϊάδεω Ἀχιλῆος / **οὐλομένην** ...
„Den Zorn besinge, Göttin, des Peleussohnes Achill, *den verderblichen* ..." (Homer, *Ilias* 1, 1 f.)

Hysteron Proteron (ὕστερον πρότερον; 'das Spätere früher'): Umkehrung der logischen Reihenfolge, der wichtigere Gedanke wird zuerst genannt.

εἴθ' ὤφελ' Ἀργοῦς μὴ διαπτάσθαι σκάφος
Κόλχων ἐς αἶαν κυανέας Συμπληγάδας,
μηδ' ἐν νάπαισι Πηλίου πεσεῖν ποτε
τμηθεῖσα πεύκη ...

„Wäre doch das Argonautenschiff nie zum Kolcherland
geflogen durch die finsteren Symplegaden hindurch.
Und wäre doch in den Wäldern des Peliongebirges niemals
die Fichte (für den Bau des Schiffs) geschlagen worden ..."
(Euripides, *Medea* 1–4)

Klimax (κλῖμαξ; 'Steigerung'): Aufzählung sich überbietender Begriffe.

οὐκ εἶπον μὲν ταῦτα, οὐκ ἔγραψα δέ, οὐδ' ἔγραψα μέν, οὐκ ἐπρέσβευσα δέ, οὐδ' ἐπρέσβευσα μέν, οὐκ ἔπεισα δὲ Θηβαίους, ἀλλ' ἀπὸ τῆς ἀρχῆς ἄχρι τῆς τελευτῆς διεξῆλθον. „Es war nicht so, daß ich dies nur gesagt, nicht aber beantragt hätte, und es war auch nicht so, daß ich nur den Antrag gestellt, nicht aber die Gesandtschaft übernommen hätte, und es war erst recht nicht so, daß ich nur die Gesandtschaft übernommen, nicht aber die Thebaner überzeugt hätte; vielmehr habe ich von Anfang bis Ende alles durchgeführt." (Demosthenes, *De corona* 179)

Onomatopoiie (ὀνοματοποιία; 'Lautmalerei'):
ὡς δ' ὅτ' ἀνὴρ χαλκεὺς πέλεκυν μέγαν ἠὲ σκέπαρνον
εἰν ὕδατι ψυχρῷ βάπτῃ μεγάλα **ἰάχοντα**
...
ὥς τοῦ **σίζ'** ὀφθαλμὸς ἐλαϊνέῳ περὶ μοχλῷ.
σμερδαλέον δὲ μέγ' **ὤμωξεν**, περὶ δ' **ἴαχε** πέτρη,
(Die Blendung des Polyphem ist lautmalerisch beschrieben. Das *Zi-*

schen des glühenden Pfahls im Auge des Zyklopen und sein *Gebrüll* werden sinnfällig dargeboten:)
„Wie wenn ein Schmied eine große Axt oder ein Beil in kaltes Wasser taucht und es mächtig *erdröhnt* ..., so *zischte* sein Auge rund um den Olivenpfahl, er aber *schrie* fürchterlich auf und ringsum *erdröhnte* der Fels." (Homer, *Odyssee* 9,391–395)

Oxymoron (ὀξύμωρον: von ὀξύς ['scharfsinnig'] und μωρός ['dumm']): Paarung schriller Gegensätze. Sich widersprechende Begriffe werden zu einer spannungsvollen Einheit zusammengefügt.

ψυχὰν ἄψυχον "seelenlose Seele" (Aristophanes, *Frösche* 1334)
ἑκόντας ἐξαπατωμένους „bereitwillig getäuscht worden" (Demosthenes, *De corona* 20)

Parallelismus (von παράλληλος): 'Parallel'-Stellung sich entsprechender Satzteile.

φοιτῇς δ' αὖθ' οὕτως ὄκκα γλυκὺς ὕπνος ἔχῃ με,
οἴχῃ δ' εὐθὺς ἰοῖσ' ὄκκα γλυκὺς ὕπνος ἀνῇ με,
„Du kommst wieder, sobald der süße Schlaf mich umfängt,
du schwindest sofort, sobald der süße Schlaf mich entläßt." (Theokrit 11,22f.)

ἐνεθυμούμην πῶς ἂν δηλώσαιμι ...
καὶ τὸν τρόπον, ὃν ἔχω,
καὶ τὸν βίον, ὃν ζῶ,
καὶ τὴν παιδείαν, περὶ ἣν διατρίβω.
„Ich überlegte, wie ich deutlich machen könnte ...
sowohl den Charakter, den ich habe,
als auch das Leben, das ich führe,
als auch die Bildung, die ich betreibe." (Isokrates, *Antidosis* 6)

Paronomasie (παρονομασία; 'Wortspiel'): Ähnlich klingende, in ihrer Bedeutung aber weit auseinandergehende Worte werden zusammengefügt (häufig unübersetzbar).

κακοήθης δ' ὤν ... τοῦτο παντελῶς **εὔηθες ᾠήθης** ... „Obwohl du durchtrieben bist, glaubtest du dies ganz einfältig." (Demosthenes, *De corona* 11)

Polyptoton (πολύπτωτον; 'vielfach gebeugt'): Mehrfache Deklination von ein und demselben Nomen innerhalb eines syntaktischen Zusammenhangs.

πόνος πόνῳ πόνον φέρει. "Leid (Nominativ) bringt Leid (Akkusativ) zu Leid (Dativ)." (Sophokles, *Aias* 866)

Polysyndeton (πολυσύνδετον; 'vielfach verbunden'): Wiederholung derselben Konjunktion in einer Aufzählung.

παντὶ γάρ, ᾧ ἂν ἐντυγχάνει τις, **ἢ** ὡς ἀδελφῷ **ἢ** ὡς ἀδελφῇ **ἢ** ὡς πατρὶ **ἢ** ὡς μητρὶ **ἢ** ὑεῖ **ἢ** θυγατρὶ **ἢ** τούτων ἐκγόνοις **ἢ** προγόνοις νομιεῖ ἐντυγχάνειν. „Bei jedem, auf den einer gerade trifft, wird er denken, daß er Bruder *oder* Schwester *oder* Vater *oder* Mutter *oder* Sohn *oder* Tochter *oder* einem Nachkommen *oder* Vorfahren von diesen treffe." (Platon, *Politeia* 5, 463C)

Praeteritio (= παράλειψις; 'Übergehung'): Ankündigung, einen bestimmten Aspekt zu übergehen, um ihn dabei doch zu erwähnen.

... τὰ μὲν κατὰ πολέμους ἔργα, οἷς ἕκαστα ἐκτήθη, ἢ εἴ τι αὐτοὶ ἢ οἱ πατέρες ἡμῶν βάρβαρον ἢ Ἕλληνα πολέμιον ἐπιόντα προθύμως ἠμυνάμεθα, μακρηγορεῖν ἐν εἰδόσιν οὐ βουλόμενος ἐάσω. „Die Kriegstaten, durch die jeweils Besitztümer erworben wurden, oder ob wir selbst oder unsere Vorfahren einen ausländischen oder griechischen Feind mit Entschlossenheit abgewehrt haben, werde ich – denn ich will nicht in aller Ausführlichkeit darlegen, was euch bekannt ist – somit übergehen." (Thukydides 2, 36)

Prolepse (πρόληψις [kein antiker Terminus]; 'Vorwegnahme'): Ein prädikatives Adjektiv nimmt die Folge oder Absicht einer im Prädikat ausgedrückten Handlung vorweg.

μετεώρους ἐξεκόμισαν τὰς ἁμάξας.

(Als die Truppen des Kyros in morastiges und für ihre Wagen unbefahrbares Gelände geraten waren, da sprangen selbst die Vornehmsten in den Schlamm und ...) „hoben die Wagen *hoch, daß sie schwebten*". (Xenophon, *Anabasis* 1, 5, 8)

Traductio (ἀντανάκλασις): 'Hinüberspringen' einer Vokabel in eine andere Bedeutung und zumeist auch in einen anderen Kasus.

τὸν αὐτὸν δὲ **λόγον** ἔχει ἥ τε τοῦ **λόγου** δύναμις πρὸς τὴν τῆς ψυχῆς **τάξιν** ἥ τε τῶν φαρμάκων **τάξις** πρὸς τὴν τῶν σωμάτων φύσιν. „Dasselbe *Verhältnis* hat die Kraft der *Rede* im Bezug auf die *Ordnung* der Seele wie die *Zusammensetzung* von Drogen auf die Natur der Körper." (Gorgias, *Helena* 14)

Zeugma (ζεῦγμα; 'Joch'): Verbindung mehrerer Substantive mit einem Verb, obwohl dieses nur zu einem von ihnen paßt.

... **ἔδουσί** τε πίονα μῆλα
οἶνόν τ' ἔξαιτον μελιηδέα ...
„... sie *aßen* fettes Hammelfleisch
und erlesenen süßen Wein ..." (Homer, *Ilias* 12, 319 f.)

In der Regel wurden die Stilmittel in der Prosa nur sehr dezent eingesetzt. Anders verfuhr Gorgias, der durchaus willens war, seine Reden dicht an die Poesie heranzuführen. Dies ist an der folgenden Partie aus dem *Enkomion der Helena* des Gorgias gut zu ersehen. Zugleich gibt Gorgias darin einige Momente seines rhetorischen Programms preis.

Gorgias, *Helena* 8–14

(8) . . . λόγος δυνάστης μέγας ἐστίν, ὃς σμικροτάτῳ σώματι καὶ ἀφανεστάτῳ θειότατα ἔργα ἀποτελεῖ· δύναται γὰρ καὶ φόβον παῦσαι καὶ λύπην ἀφελεῖν καὶ χαρὰν ἐνεργάσασθαι καὶ ἔλεον ἐπαυξῆσαι. ταῦτα δὲ ὡς οὕτως ἔχει δείξω· (9) δεῖ δὲ καὶ δόξῃ δεῖξαι τοῖς ἀκούουσι· τὴν ποίησιν ἅπασαν καὶ νομίζω καὶ ὀνομάζω λόγον ἔχοντα μέτρον· ἧς τοὺς ἀκούοντας εἰσῆλθε καὶ φρίκη περίφοβος καὶ ἔλεος πολύδακρυς καὶ πόθος φιλοπενθής, ἐπ' ἀλλοτρίων τε πραγμάτων καὶ σωμάτων εὐτυχίαις καὶ δυσπραγίαις ἴδιόν τι πάθημα διὰ τῶν λόγων ἔπαθεν ἡ ψυχή. . . . (14) τὸν αὐτὸν δὲ λόγον ἔχει ἥ τε τοῦ λόγου δύναμις πρὸς τὴν τῆς ψυχῆς τάξιν ἥ τε τῶν φαρμάκων τάξις πρὸς τὴν τῶν σωμάτων φύσιν. ὥσπερ γὰρ τῶν φαρμάκων ἄλλους ἄλλα χυμοὺς ἐκ τοῦ σώματος ἐξάγει, καὶ τὰ μὲν νόσου τὰ δὲ βίου παύει, οὕτω καὶ τῶν λόγων οἱ μὲν ἐλύπησαν, οἱ δὲ ἔτερψαν, οἱ δὲ ἐφόβησαν, οἱ δὲ εἰς θάρσος κατέστησαν τοὺς ἀκούοντας, οἱ δὲ πειθοῖ τινι κακῇ τὴν ψυχὴν ἐφαρμάκευσαν καὶ ἐξεγοήτευσαν.

„(8) . . . Die Rede ist ein mächtiger Herrscher, der mit kleinstem und unscheinbarstem Körper göttlichste Werke vollendet: Denn sie kann Furcht bändigen und Schmerzen nehmen und Freude bereiten und Mitleid verstärken. Daß es sich so verhält, will ich zeigen. (9) Man *m*uß es aber auch durch ein *M*odell (über eine *doxa*, 'gängige Ansicht') ver*m*itteln den Zuhörern: die Dichtung insgesamt halte ich für eine und nenne sie eine Rede, die ein Metrum hat; die ihr lauschen, überkommt furchtbares Schaudern und tränenreiches Mitleid und trauervolle Sehnsucht; über anderer Sachen und Leben Glück und Unglück erleidet eigenes Leid durch die Reden die Seele . . . (14) Dasselbe Verhältnis *(logos)* hat die Kraft der Rede *(logos)* in Bezug auf die Ordnung *(taxis)* der Seele wie die Zusammensetzung *(taxis)* von Drogen auf die Natur der Körper. Wie nämlich die einen Drogen diese, die anderen jene Säfte aus dem Körper ziehen, die einen die Krankheit, die anderen das Leben beenden, so bringen auch die einen der Reden Leid, andere Schrecken, wieder andere flößen den Hörern Mut ein, wieder andere mit schlimmer Überzeugung die Seele betört und verzaubert."

Verwendete Stilmittel:
Alliteration: **δεῖ δὲ** καὶ **δόξῃ δεῖξαι**
Antithese: σμικροτάτῳ σώματι καὶ ἀφανεστάτῳ θειότατα ἔργα ἀποτελεῖ τὰ μὲν νόσου τὰ δὲ βίου παύει
Figura etymologica: πάθημα ... ἔπαθεν
Synonymenhäufung: καὶ νομίζω καὶ ὀνομάζω
  ἐφαρμάκευσαν καὶ ἐξεγοήτευσαν
Homoioteleuton (Polyptopton): ἐπ ἀλλοτρί**ων** τε πραγμά**των** καὶ σωμά**των** εὐτυχ**ίαις** καὶ δυσπραγ**ίαις**
Klimax (inhaltlich, verstärkt durch wachsende Glieder), Homoioteleuton, Polysyndeton, Anapher:

  οὕτω καὶ τῶν λόγων
  οἱ μὲν ἐλύπησαν,
  οἱ δὲ ἔτερψαν,
  οἱ δὲ ἐφόβησαν,
  οἱ δὲ εἰς θάρσος κατέστησαν τοὺς ἀκούοντας,
  οἱ δὲ πειθοῖ τινι κακῇ τὴν ψυχὴν ἐφαρμάκευσαν καὶ ἐξεγοήτευσαν

Parallelismus, Polysyndeton, Isokolon (= gleiche Anzahl der Glieder pro Abschnitt):

  καὶ φόβον παῦσαι
  καὶ λύπην ἀφελεῖν
  καὶ χαρὰν ἐνεργάσασθαι
  καὶ ἔλεον ἐπαυξῆσαι

  καὶ φρίκη περίφοβος
  καὶ ἔλεος πολύδακρυς
  καὶ πόθος φιλοπενθής

  ἥ τε τοῦ λόγου δύναμις πρὸς τὴν τῆς ψυχῆς τάξιν
  ἥ τε τῶν φαρμάκων τάξις πρὸς τὴν τῶν σωμάτων φύσιν

Traductio: τὸν αὐτὸν δὲ **λόγον** ἔχει ἥ τε τοῦ **λόγου** δύναμις πρὸς τὴν τῆς ψυχῆς **τάξιν** ἥ τε τῶν φαρμάκων **τάξις** πρὸς τὴν τῶν σωμάτων φύσιν.

4.2. Zum Rhythmus der Rede

Eine Periode (περίοδος [*períodos*], lat. *circuitus*, 'Umgang im Kreis') definierte Aristoteles (*Rhetorik* 3, 9) als einen „Gedanken, der Anfang und Ende hat und eine überschaubare Einheit darstellt". Der Hörer wird durch einen periodisch gestalteten Gedanken, d. h. in einem größeren Gefüge von Hauptsatz und Nebensätzen, eine gewisse Zeit in Spannung gehalten und dann wieder aus der Anspannung entlassen. Unter Klauseln (von lat. *claudere*, 'schließen') wiederum sind die Abschlüsse von Sätzen oder von Gliedern eines Satzes, die man Kola (von κῶλον, 'Glied') nennt, zu verstehen. Da in einem natürlichen Redefluß unendlich viele Variationen des Rhythmus auftreten können, sind rhythmische Klauseln besonders wichtig für die deutliche Kennzeichnung von Abschnitten. Gemieden wurden für die Rede jedoch daktylische Schlüsse, weil sie zu sehr an den epischen Hexameter erinnerten (Aristoteles, *Poetik* 4). Überhaupt sollte man einen maßvollen Mittelweg suchen und „weder metrisch noch unrhythmisch" sprechen (Aristoteles, *Rhetorik* 3, 8). Wie in der poetischen Metrik (S. 89) sind aber im Klauselzusammenhang der Prosa Elisionen möglich und statt der 'systematischen' Längen auch Doppelkürzen einsetzbar; die letzte Silbe einer Klausel kann lang oder kurz sein. Die häufigsten Klauseln sind folgende:

— ∪ — — x   katalektischer (d. h. um eine Silbe verkürzter) Dicreticus oder Creticus (— ∪ —) + Trochäus (— ∪): **2crʌ**
— ∪ — — ∪ —   akatalektischer (= vollständiger Dicreticus): **2cr**
— ∪ — x   Ditrochaeus: **2tro**
— — — x   Dispondeus: **2sp**
— — — ∪ x   Spondeus + Creticus: **sp cr**
— ∪ — ∪ x   Trochaeus + Creticus (= Hypodochmius): **tro cr**

Das nachstehende Beispiel stammt aus dem Anfang der *Kranzrede* des Demosthenes. Die kolometrische Aufteilung wurde schon in der Antike vorgenommen (Pseudo-Kastor = Lachares, 5. Jh. n. Chr.; vgl. Blass, Attische Beredsamkeit Bd. 3, 1, S. 590f.; übersetzt von W. Waldvogel).

Demosthenes, *De corona* 1:

Πρῶτον μέν, ὦ ἄνδρες Ἀθηναῖοι, τοῖς θεοῖς εὔχομαι **πᾶσι καὶ πάσαις**,
(— ∪ — —) 2 crʌ
ὅσην εὔνοιαν ἔχων ἐγὼ διατελῶ τῇ τε πόλει καὶ **πᾶσιν ὑμῖν**, (— ∪ — —) 2 tro
τοσαύτην ὑπάρξαι μοι παρ' ὑμῶν εἰς τουτονὶ **τὸν ἀγῶνα**, (— ∪ ∪ — ∪) 2 sp
ἔπειθ' ὅπερ ἐστὶ μάλισθ' ὑπὲρ ὑμῶν καὶ τῆς ὑμετέρας **εὐσεβείας τε καὶ δόξης**,
(— ∪ — —) 2 crʌ
τοῦτο παραστῆσαι **τοὺς θεοὺς ὑμῖν**, (— ∪ — —) 2 crʌ

μὴ τὸν ἀντίδικον σύμβουλον ποιήσασθαι περὶ τοῦ πῶς ἀκούειν ὑμᾶς ἐμοῦ δεῖ,
(—∪——) 2 tro
– σχέτλιον γὰρ ἂν εἴη τοῦτό γε – (———∪∪) sp cr
ἀλλὰ τοὺς νόμους καὶ τὸν ὅρκον, (—∪—∪) 2 tro
ἐν ᾧ πρὸς ἅπασι τοῖς ἄλλοις δικαίοις καὶ τοῦτο γέγραπται, (—∪———) 2 cr∧
τὸ ὁμοίως ἀμφοῖν ἀκροάσασθαι. (—∪———) 2 cr∧

„Zuerst, Männer von Athen, bete ich zu den Göttern und Göttinnen allen, daß ich das gleiche Wohlwollen, das ich für die Stadt und für euch ständig hege, bei euch in diesem Rechtsstreit finde. Sodann, und das ist für euch von besonderer Bedeutung, denn es geht euer Gewissen und euren Ruf an, bete ich darum, die Götter möchten euch so leiten, daß ihr euch nicht nach meinem Widersacher richtet in der Frage, wie ihr mich anhören sollt – denn das wäre schlimm –, sondern nach den Gesetzen und nach eurem Eide, in dem neben allen anderen Rechtsbestimmungen auch die geschrieben steht: beide Seiten unparteiisch anzuhören."

VIII. Philosophie

1. Vorbemerkung

Die Philosophie (φιλοσοφία, 'Liebe zur Weisheit') ist zweifellos ein Glanzstück der griechischen Literatur. Sie hat mit ihren einzelnen Disziplinen (schon an der griechischen Terminologie erkennbar: Physik, Metaphysik, Ethik, Logik, Dialektik usw.) die abendländische Geistes- und Wissenschaftsgeschichte maßgeblich geprägt. Die vielfältigen Einflüsse der verschiedenen philosophischen Systeme lassen sich schon innerhalb der Kultur der griechisch-römischen Antike selbst feststellen. Größte Bedeutung erlangten freilich von Beginn an und nicht zuletzt auch in der nachantiken europäischen Welt die divergenten Denkgebäude der Aristoteliker und der Platoniker.

Nach Aristoteles, dem großen Universalgelehrten des 4. Jh.s v. Chr., hat die Philosophie ihren Ursprung im Staunen (*Metaphysik* 1, 2, 982 b12): „Denn das Sich-Wundern (θαυμάζειν [*thaumázein*]) war es, was die Menschen anfänglich – wie auch jetzt noch – zur Philosophie brachte. Sie wunderten sich zuerst über das Befremdliche im näheren Umkreis, gingen dann weiter und machten die bedeutenderen Erscheinungen zum Gegenstand ihres Forschens, die Phasen von Mond und Sonne, die Gestirne, die Entstehung des Alls." Hat Aristoteles auch in vielem gänzlich andere Ansichten vertreten als sein Lehrer Platon, so stimmt er doch hierin mit ihm überein. Platon beruft sich allerdings bei der Formulierung des Sachverhalts, wie so oft in seinem Werk, auf ein mythologisches Beispiel (*Theaitetos* 155 D): „Diese Erfahrung (πάθος [*páthos*]), das Staunen nämlich, zeichnet einen Philosophen aus. Denn es gibt keinen anderen Ursprung der Philosophie als eben diesen. Und wer sagt, daß Iris die Tochter des *Thaumas* sei, hat ihre Abstammung nicht schlecht beschrieben." In Iris, der Götterbotin, sieht Platon also die Philosophie symbolisiert, insofern es ihre Aufgabe ist, zwischen den kosmischen Polen zu vermitteln, zwischen Himmel und Erde, zwischen Göttlichem und Irdischem, d. h. im übertragenen Sinn zwischen dem Wesen der Dinge und ihren Erscheinungen. Der Philosoph will die Wahrheit erkennen, sein erster Schritt dorthin ist aber die Erfahrung mangelnden Wissens, wie sie im Bekenntnis des Sokrates zum Ausdruck kommt: „Ich weiß, daß ich nichts weiß." In der mit der Einsicht in das eigene Nichtwissen einhergehenden Verunsicherung sahen Sokrates und Platon also den Keim philosophischen Denkens.

Im folgenden werden einige Stationen der griechischen Philosophie in Umrissen skizziert. Daß dabei in diesem Zusammenhang nicht mehr als ein grober Überblick erzielt werden kann, versteht sich von selbst.

2. Die Vorsokratiker

DIE IONISCHEN NATURPHILOSOPHEN: Thales von Milet (ca. 630–560): 'Wasser'. – Anaximander [Anaximandros] (ca. 610–540): 'Apeiron' ('Grenzenloses'). – Anaximenes (ca. 580–520): 'Luft'. – PYTHAGORAS VON SAMOS (580–500): 'Den Phänomenen liegen Zahlen als ihre Gesetze zugrunde', 'Unsterblichkeit der Seele'. – HERAKLIT AUS EPHESOS (ca. 540–480): 'Feuer', 'Logos' ('Vernunft'), 'Alles fließt', *Palintropos Harmonie*'. – DIE ELEATEN: Xenophanes von Kolophon (570–475): 'Erde und Wasser', 'Gott ist ein einziger'. – Parmenides aus Elea (geb. ca. 540): 'Denken und Sein sind Eines'. – Zenon aus Elea (490–430): 'Dialektik'. – EMPEDOKLES AUS AGRIGENT (ca. 483–423): '4 Elemente: Feuer, Wasser, Erde, Luft'. – DEMOKRIT AUS ABDERA (460–390): 'Atome und leerer Raum', 'Nichts geschieht zufällig, alles geschieht aus einem Grund und mit Notwendigkeit'. – ANAXAGORAS AUS KLAZOMENAI (500/497–428): '*Nus*' ('Weltgeist'), '*Homoiomerien*' ('Elementarteilchen').

Viele der sogenannten Vorsokratiker, d. h. – vereinfacht gesprochen – der griechischen Denker vor Sokrates, suchten einen Urstoff (ἀρχή [*arché*]) ausfindig zu machen, auf dem sich alle Phänomene gründen. Der erste unter ihnen, von Aristoteles (*Metaphysik* 1, 3, 983 b20) als Ahnherr (ἀρχηγός [*archegós*]) der Naturphilosophie bezeichnet, war Thales von Milet (630–560), ein Geograph, Kartograph und Meteorologe. Aufgrund der Beobachtung der Planetenbewegungen vermochte er die Sonnenfinsternis vom 28. 5. 585 v. Chr. vorherzusagen. Die Tatsache, daß nach einem Erdbeben oft Flüssigkeit aus dem Boden sprudelt, ließ ihn vermuten, die Erde treibe wie ein durchlässiges Schiff auf dem Wasser. Wasser sei das Prinzip aller Dinge. Darüber, auf welche Weise die Erde selbst aus dem flüssigen Element hervorgegangen sein könnte, machte Thales keine Angaben. Er setzte der populären Auffassung, wie sie noch bei Xenophanes (* ca. 570) anklingt, „aus Erde ist alles, und zu Erde wird alles am Ende" (DK 21B27), mit der These vom Ursprung im Wasser etwas gänzlich Neues entgegen.

Thales' Schüler Anaximander [Anaximandros] (610–540) ging noch einen Schritt weiter mit der Behauptung, bei der *arché* handele es sich um ein *ápeiron* ('Grenzenloses'), um eine unbestimmte, grenzenlose Substanz. Die Zeit ist endlos, also auch die Materie, aus der alles hervorgeht. Seine Naturbetrachtungen führten zu vollkommen anderen Ergebnissen als die seines Lehrers. Nach Anaximander sind Erdbeben die Folge von Trockenheit: den durch Austrocknung zerklüfteten Erdboden versetzen Windstöße in Schwingung. Die Erde als solche stellt er sich als einen Zylinder vor, in der Mitte befindlich, umgeben von einem kugelförmigen Himmel. Weil die Sterne die Erde zu umkreisen scheinen, am Horizont versinken und wieder auftauchen, glaubte er, nicht Wasser, sondern Luft befinde sich auf der Unterseite der Erde. Dies brachte wohl seinen Schüler Anaximenes (580–520) zu der Annahme, das Prinzip der Welt sei Luft.

Pythagoras von Samos (580–500) stellt unter den Vorsokratikern eine Ausnahme dar. Er war kein Naturforscher und nahm als einziger einen immateriellen Seinsgrund an, indem er die Erscheinungen der Dinge auf Zahlen(verhältnisse) zurückführte. Im unteritalischen Kroton gründete er eine religiös-ethische Lebensgemeinschaft mit streng vegetarischen Diätvorschriften und vertrat – wohl unter ägyptischem Einfluß – eine Lehre von der Unsterblichkeit der Seele und von der Seelenwanderung. Die Erde war für ihn kugelgestaltig und von Sphären umgeben. Er selbst hat keine Schriften hinterlassen – offenbar in der Absicht, das Geheimnis seiner Lehre im Kreis der Schüler zu halten. Seine Philosophie ist uns folglich nur indirekt faßbar. Er scheint theologisch neue Wege beschritten zu haben. Zeus ist als höchster Gott mächtig wie zuvor, aber eher abstrakt zu denken. Demgegenüber gewinnt der delphische Orakelgott Apollon an Bedeutung.

Von Heraklit aus Ephesos (540–480) sind zwar etliche Fragmente überliefert, die Aufschluß über sein Denken geben könnten. Überwiegend aber handelt es sich um rätselhafte Sinnsprüche, die von Diogenes Laertios (um 275 n. Chr.) referiert werden. Eine zusammenhängende 'Lehre' ist nur schwer auszumachen. Offenbar wollte Heraklit mit seinen in Prosa gehaltenen Aphorismen provozieren, etwa indem er sagt: „Vielwisserei lehrt nicht Verstand haben" (DK 22B40), womit er Homer und Hesiod ebenso wie Xenophanes und Pythagoras attackiert. Letzteren bezeichnet er sogar als einen Schwindler (DK 22B81). Heraklits Kosmologie weist ethische Züge auf. In den Gegensätzen der Welt sieht er eine dynamische Einheit, einen schöpferischen Kriegszustand („Der Krieg ist der Vater aller Dinge", DK 22B53). Für die Spannung zwischen zwei Extremen (wie bei Bogen oder Leier) gebraucht er den Begriff 'Harmonie' (παλίντροπος ἁρμονίη [palíntropos harmoníe], DK 22B51). Zum Prinzip erhebt Heraklit das Feuer und schreibt ihm sogar Verstandeseigenschaften zu. Mit ihm verwandt ist die Seele: je mehr sie sich dem Wesen des Feuers annähert, indem sie Feuchtes meidet, desto weiser wird sie (DK 22B118). Vernunft (λόγος [*lógos,*]) gewährt Dauer in einer Welt, die einem ständigen Wandel unterzogen ist (daher die Heraklit zugesprochene Formel „alles fließt", πάντα ῥεῖ [*pánta rhei*], vgl. DK 22B12; 22B91). Nicht Götter, sondern vernünftige Gesetze sichern ein Staatswesen. Bei Heraklit treffen wir bereits ein heliozentrisches Weltbild an (d. h. die Sonne wird als Mittelpunkt gesehen). Seine Erkenntnislehre ist geprägt von der Unterscheidung zwischen Sinnlichem und Geistigem: Sinneswahrnehmungen gewähren kein Wissen, allenfalls eine Meinung. Zur wahren Erkenntnis gelangt der Mensch nur über den Logos. Es ist bezeichnend, daß wir den Begriff des 'Philosophen' zum ersten Mal bei Heraklit lesen (DK 22B35): „gar vieler Dinge kundig müssen *weisheitsliebende* Männer (φιλόσοφοι [*philósophoi*]) sein".

Xenophanes aus Kolophon (570–475) gehört gleichfalls zu den Vordenkern der griechischen Aufklärung. Als Rhapsode (Sänger epischer Dichtung) kam er nach Sizilien und Unteritalien, lernte dort die pythagoreische Philosophie kennen und ließ sich in Elea nieder, wo er auf Parmenides Einfluß nahm. Seine eigenen Dichtungen heben sich schon in der Form von den homerischen Gesängen ab: er wählt die Elegie (S. 163). Von größerem Gewicht ist aber seine inhaltliche Kritik an den Götterdarstellungen der alten Dichter: „Alles haben den Göttern Homer und Hesiod angehängt, was nur bei Menschen Schimpf und Tadel ist: Stehlen und ehebrechen und einander betrügen" (DK 21B11). Er stellt dem Volksglauben einen neuen, philosophischen Gottesbegriff gegenüber, und zwar die Reinheit und (monotheistische) Einheit des Göttlichen: „Ein einziger Gott, unter Göttern und Menschen am größten, weder an Gestalt den Sterblichen ähnlich noch an Gedanken" (DK 21B23). Als Naturforscher entdeckte Xenophanes, daß das Land im Mittelmeerraum früher von Meer bedeckt war, da der Muschelkalk der Berge noch Spuren von Meereslebewesen aufweist.

Parmenides von Elea (* ca. 540), der berühmteste der sogenannten Eleaten, dichtete wiederum in Hexametern – offenbar in der Absicht, ein größeres Publikum anzusprechen. Sein philosophischer Ansatz ist durch und durch ontologisch (τὸ ὄν [*to on*], 'das Seiende'). Er setzt das Sein absolut und liefert damit gewissermaßen einen Gegenentwurf zu Heraklits Dynamik des Werdens. Nach Parmenides existiert weder Werden noch Vergehen, zumindest läßt sich Vergängliches nicht erkennen. Was die Sinne erfassen, hat nur den Charakter einer Scheinwelt. Einzig erkennbar ist das Sein. Dieses nun stellt Parmenides als etwas Vollkommenes dar, kugelförmig, ohne zeitlichen Anfang und Ende. Auf dieses Sein allein ist das Denken gerichtet. Denken und Sein werden in der parmenideischen Lehre im übrigen als eine Einheit gesehen: „denn dasselbe ist Denken und Sein" (DK 28B3). Seine Erkenntnistheorie kann somit als ein entfernter Vorläufer von Descartes' *cogito ergo sum* („ich denke, also bin ich") betrachtet werden. Zwar hebt sich das parmenideische Prinzip von dem der ionischen Naturphilosophen deutlich ab. Nicht ein mit Händen greifbarer Stoff liegt der Welt zugrunde, sondern ein lediglich dem Denken zugänglicher Bereich. Doch sein *On* ist nach Maßgabe dessen, was er uns darüber berichtet, ebenfalls noch als eine materielle Substanz vorzustellen.

Der Parmenides-Schüler Zenon von Elea (490–430) wurde von Aristoteles als Erfinder der Dialektik gepriesen. Berühmt waren seine originellen Beweise der Nichtexistenz von Vielheit und Bewegung. Daß z. B. ein Pfeil fliegt, ist nach seiner Auslegung das reine Produkt einer Sinnestäuschung. In Wahrheit befindet sich der Pfeil in jedem zeitlichen Moment seines Fluges an einer bestimmten, wenn auch jeweils anderen, Stelle des Raums. Er ist nicht in Bewegung, sondern fortwährend in Ruhe. Die Zeit als solche weist keine Übergänge auf; sie besteht aus einzelnen Momenten, die sich jeweils nur als Jetzt denken lassen.

Empedokles aus Akragas (ca. 490–420), der von Parmenides und zugleich von Pythagoras in seinem Denken beeinflußt ist, löste sich von der Vorstellung eines einzelnen Urstoffs, und vertrat die Auffassung, alles gehe aus vier Elementen hervor: aus Feuer, Luft, Wasser und Erde. Je nachdem, wie trocken, feucht, kalt oder warm die Körper sind, weisen sie eine bestimmte elementare Mischung auf. Werden und Vergehen bedeutet nichts anderes als das Zusammengehen oder die Trennung von stofflichen Ensembles. Die Motorik dieser kosmischen Prozesse umschreibt Empedokles mit den Metaphern 'Liebe' und 'Haß' (φιλία – νεῖκος [*philía – neíkos*]).

Nicht einzelnen Elementen verschiedener Qualität, sondern unteilbaren Kleinstbausteinen, den Atomen (ἄτομον [*átomon*], 'Unteilbares'), schrieb Demokrit aus Abdera (460–390) die Fähigkeit zu, Urstoff der ganzen Welt zu sein. Die Atomlehre hatte, wie uns Aristoteles berichtet, schon Demokrits Lehrer Leukipp(os) (Mitte 5. Jh.) entwickelt: Mit der Annahme eines leeren Raums und der Vorstellung von Atomen, die in lockerem oder festem Verbund diesen Raum ausfüllen, wollte er offenbar den extremen Ansatz des Parmenides überwinden, daß das Seiende nicht werden und vergehen könne und gänzlich ohne Bewegung sei. Denn im atomistischen System kann sich alles aus dem einheitlichen materiellen Seinsgrund in die jeweiligen Erscheinungsformen *verwandeln*, und zwar in einem Prozeß ohne Ende. Vier Gesetzmäßigkeiten durchziehen das mechanistische Weltbild:

1. Oberster Grundsatz: Es gibt nur Atome und leeren Raum.
2. Substanzgesetz: Nichts kann aus Nichts entstehen. Alles, was ist, hat Bestand.
3. Bewegungsprinzip: Alles Werden ist mechanische Bewegung (bedingt durch Druck und Stoß).
4. Kausalgesetz: Nichts geschieht zufällig, sondern aus einem Grunde und mit Notwendigkeit.

Demokrits Lehre hatte schon in der Antike großen Einfluß, obwohl man ihn offenbar zu Lebzeiten kaum beachtete, wie das Selbstzeugnis vermuten läßt: „denn ich kam nach Athen – und niemand hat Kenntnis von mir" (DK 68B116). Von Platon noch (geflissentlich) verschwiegen, wird er von Aristoteles immerhin 78mal, jedoch vorwiegend kritisch, erwähnt. Epikur hingegen baut seine Philosophie ganz auf den Prinzipien Demokrits auf. Das neuplatonisch-stoisch geprägte, christlich orientierte Mittelalter verdrängte das Denken Epikurs und Demokrits gleichermaßen. Erst mit Francis Bacon (1561–1626) und Pierre Gassendi (1592–1655) setzte sich die Atomlehre als Grundlage der modernen Naturwissenschaften durch.

Anaxagoras aus Klazomenai (500/497–428) griff das System der Mechanisten auf, nahm allerdings anstatt der Atome eine Vielzahl von Elementarteilchen an, die sich in ihrer Qualität unterscheiden. Er spricht von gleichartigen Substanzen *(Homoiomerien)*: Fleisch besteht hauptsächlich aus Fleischpartikeln, Getreide aus Getreidepartikeln. Spuren von Fleisch finden sich aber auch im Getreide und Spuren von Getreide im Fleisch. Das Mehr oder Weniger an gleichartiger Substanz ist ausschlaggebend für die jeweilige physische Erscheinung. Eine kritische Haltung nimmt Anaxagoras aber insofern gegenüber der mechanistischen Welterklärung ein, als er die Frage nach dem Ursprung der Bewegung stellt. Da sich die Materie nicht selbst uranfänglich bewegen kann, schließt er auf eine immaterielle Bewegungsursache und nennt diese νοῦς *(nus*, 'Geist'). Aristoteles sah in dieser Unterscheidung einen ersten Ansatz zu dem Dualismus, den er später selbst vertrat. Dennoch ist Anaxagoras den Mechanisten treu geblieben: sein *Nus* ist zwar ganz rein und von feinster Stofflichkeit, aber eben nicht vollends unstofflich. Mit der Kraft eines Wirbels dringt er in die Materie ein und trennt die Substanzen mechanisch voneinander. Theologisch vertritt Anaxagoras eine neue Sicht: Das Universum wird vom Zufall (τύχη [týche]) beherrscht, was göttliche Vorsehung ausschließt. Die Sonne habe nichts Göttliches an sich; sie sei lediglich ein heißer Materieklumpen. Einen bei Aigospotamoi niedergegangenen Meteor erklärte er dementsprechend als ein Bruchstück der Sonne. Gut 30 Jahre (460–430) verbrachte Anaxagoras in Athen und nahm Einfluß auf die Intellektuellen der Stadt, vor allem auf Euripides, aber auch auf Sokrates. Seine rigorose Entgöttlichung der Naturphänomene führte schließlich zu einer Verurteilung wegen Asebie (ἀσέβεια, 'Gottlosigkeit') und zu seiner Verbannung aus Athen.

3. Die Sophisten

PROTAGORAS (481–411): 'Der Mensch ist das Maß aller Dinge'. – GORGIAS (ca. 480–380): 'Rhetorik'.

War die Philosophie anfangs eher an den Rändern der griechischen Welt beheimatet, im kleinasiatischen Milet oder im unteritalischen Elea, so begann schon mit Anaxagoras noch unter Perikles, in der Folgezeit aber mit den sogenannten Sophisten eine Verlagerung nach Athen, wo sich auch nach und nach Schulen etablierten. Als Sophist (σοφιστής) wurde ursprünglich jeder bezeichnet, der auf seinem Gebiet Hervorragendes leistete, etwa dem deutschen 'Meister' vergleichbar. Demgemäß war es selbstverständlich, daß Solon und Pythagoras, ja auch Sokrates (von Xenophon) und Platon (von Isokrates) gelegentlich so bezeichnet wurden. Dann nannte man aber speziell jene Gruppe von Männern Sophisten, die in der zweiten Hälfte des 5. Jh.s ein neues Menschenbild entwarfen: Eine allgemeingültige Wahrheit gebe es nicht, nur eine Relativität der Werte und Wahrscheinlichkeiten, einzig der Mensch könne als Maßstab gelten. Protagoras aus Abdera (481–411) und Gorgias aus Leontinoi (ca. 480–380) propagierten diese neue Subjektivität des Individuums auf der Basis von Sprachwissen und Redekunst. Der Mensch, so glaubten sie, habe alle Möglichkeiten, die Welt nach eigenen Vorstellungen zu gestalten, wenn er nur die Kunst der Rede und der Überredung richtig beherrsche (S. 97 ff.). Die Vermittlung solcher Kunstfertigkeit ließen sich die Sophisten im übrigen gut bezahlen.

4. Sokrates und die Sokratiker (Kyniker)

SOKRATES (470–399): „Ich weiß, daß ich nichts weiß!". – SOKRATIKER: Aristipp(os) von Kyrene (ca. 435–355): 'Hedonismus'. – Eukleides von Megara (ca. 435–365): 'Eristik'. – KYNIKER: Antisthenes von Athen (ca. 445–365: 'Selbstgenügsamkeit'. – Diogenes von Sinope (ca. 410–323): 'Kynischer Rigorismus'.

Eine deutliche Zäsur in der Entwicklung der griechischen Philosophie ist mit der Person des Sokrates (470–399) und mit seinem Schülerkreis gegeben. Da er selbst kein einziges schriftliches Zeugnis hinterlassen hat, können wir uns nur aus den Schilderungen und Hinweisen seiner Zeitgenossen ein Urteil bilden. Insbesondere figuriert Sokrates in faszinierender Weise in den platonischen Dialogen. Dabei trägt er aber überwiegend zur Vermittlung der Lehren Platons bei. Worin seine eigene Philosophie bestand, kann vorsichtig erschlossen werden. Aristophanes präsentiert in seinen *Wolken* (423 v. Chr.) die Karikatur eines Naturphilosophen Sokrates mit sophistischen Zügen. Wahrscheinlich war er ein Anhänger des Anaxagoras, worauf Platon sowohl in der *Apologie* (26 C–E) als auch im *Phaidon* (97B–98C) hindeutet. Doch scheint er sich von der Naturphilosophie entfernt und sich ethischen Fragen, etwa worin das rechte Verhältnis von Wissen und Handeln bestehe, zugewandt zu haben. Im wesentlichen sei der Mensch identisch mit seiner Seele, Körperliches könne vernachlässigt werden; allein das sittlich Gute sei anzustreben und verbürge ein glückliches Leben. Das berühmte sokratische Paradoxon lautet: „Niemand begeht willentlich (d. h. gegen besseres Wissen) einen Fehler". Ähnliches war zwar schon von Epicharm (DK 23B7) und Pindar beiläufig formuliert worden (fr. 226 Maehler); Sokrates hat sich aber den radikalen ethischen Anspruch, wonach es einen genuinen Zusammenhang zwischen Tugend und Wissen gebe, zueigen gemacht: Wer das Gute kennt, wird gut handeln, und zwar mit Notwendigkeit. Wer das Gute nicht tut, weiß nicht, was das Gute ist. Daß Sokrates hiermit den menschlichen Willen zugunsten eines absoluten Rationalismus negiert, hat Aristoteles später als weltfremd abgelehnt. Ein Mensch wäre dann ja für seine Fehlhandlungen nur schwer zur Rechenschaft zu ziehen. Wie isoliert Sokrates mit diesen Ansichten schon unter seinen Zeitgenossen war, beweist die Anekdote, er habe bei der Aufführung des euripideischen *Hippolytos* (428 v. Chr.) das Theater verlassen, als die unglücklich verliebte Phaidra sagte, sie sei *nicht* in der Lage, das Richtige zu tun, obwohl sie wisse, was richtig sei (Euripides, *Hippolytos* 380f.). Die antiken Berichte über das skurrile

Wesen des Mannes zeichnen das Bild eines Eigenbrötlers, dessen provokante Art belächelt wurde. Doch die Tatsache, daß ihm Platon mit seinen Dialogen ein Denkmal setzte, nimmt diesem Bild einiges von seiner Schärfe. So eigenwillig Sokrates auch war, blieb er doch stets gesetzestreu bis in den Tod und führte weder neue Götter ein (wenn ihm auch deswegen der Prozeß gemacht wurde) noch stellte er die alten Götter in Frage.

Die meisten Schüler des Sokrates – von Platon und Xenophon abgesehen – haben in der Lebensweise, dem Themenkreis und vielleicht auch im Stil ihren Lehrer nachgeahmt. Eine Ausnahme bildet freilich Aristippos von Kyrene (435–355), der – nach Art des Protagoras – den Menschen zum Maßstab für eine Genußlehre ('Hedonismus') erhob: Glücklich ist der, welcher genießend den Augenblick durchlebt, ohne dabei die Herrschaft über den Genuß zu verlieren. Eukleides von Megara (435–365) definierte das sittlich Gute des Sokrates als das 'Eine', weshalb man ihn auch philosophisch den Eleaten zugeordnet hat. Seine Methode der Beweisführung erinnert tatsächlich an Zenon: er widerlegte vornehmlich die Beweise anderer, um die eigenen Ansichten zu bekräftigen. Diese „destruktive Dialektik" (Döring) machte ihn zum sprichwörtlichen Eristiker ('Streiter'). Antisthenes von Athen (445–365) etablierte die sokratische Selbstgenügsamkeit als philosophisches Programm und gründete die 'Schule' der Kyniker. Ihr renommiertester Vertreter war Diogenes von Sinope (410–323), der sein Leben demonstrativ in einer Tonne fristete. Es wird bis heute darüber gestritten, ob der Kynismus seinen Namen von den 'Hunden' (χύνες [*kynes*]) herleitet, als welche die Anhänger der kynischen Philosophie beschimpft wurden, oder von dem Schulgebäude des Antisthenes, dem Gymnasium Kynosarges. Für letzteres würde sprechen, daß die meisten Philosophenschulen topographische Bezeichnungen tragen, wie etwa die Akademiker nach dem Hain des 'Heros Akademos', die Peripatetiker nach den 'Peripatoi', den schattigen Wandelgängen des Lykeion-Gymnasiums, oder die Stoiker nach der 'Stoa poikile', einer bunten Säulenhalle am Markt von Athen, benannt wurden.

5. Platon und die Akademie

PLATON (427–347): 'Ideenlehre', 'Unsterblichkeit der Seele', 'Kardinaltugenden: *Sophia, Andreia, Sophrosyne, Dikaiosyne*. – EUDOXOS VON KNIDOS (ca. 391–338): 'Hedonismus'. – KARNEADES AUS KYRENE (224–129): 'Skepsis'

Platon (427–347) setzte sich sich mit den Theorien seiner Vorgänger kritisch auseinander und ging bei der Entwicklung des eigenen Systems, wenn man seine Ideenlehre so bezeichnen darf, weiter als alle Denker vor und nach ihm. Er löst das parmenideische Problem des einen Seienden auf, indem er eine unendliche Vielheit des Seienden konstatiert, die Ideen nämlich, zugleich aber an einem höchsten Einen (ἕν [*hen*]) festhält. Dieses *hen* bezeichnet er auch als die 'Idee der Ideen' oder das 'Gute' (ἀγαθόν [*agathón*]). Die platonische Philosophie ist zu komplex, als daß sie sich auf wenigen Seiten beschreiben ließe. Einige Besonderheiten seines Denkens sollen im folgenden aus der Fülle seiner Schriften herausgegriffen sein.

Wie wir aus dem in seiner Echtheit allerdings umstrittenen 7. Brief erfahren, hat Platon den Weg zur Philosophie zum einen aus einer Bewunderung für Sokrates heraus, zum anderen wegen eines tiefen Argwohns gegenüber der Politik in Athen eingeschlagen. Man muß auf diese Informationen des Briefs zurückgreifen, da Platon bis auf zwei kurze Erwähnungen in den philosophischen Schriften über seine Person schweigt. Statt dessen tritt Sokrates als Sprecher bzw. Hauptunterredner und als Person in Erscheinung. Die ersten Werke verfaßte Platon nach dem Tod seines Lehrers in der Zeit zwischen 399 und 393. Am Anfang stehen die *Apologie* des Sokrates, eine fiktive Verteidigungsrede mit reichen biographischen Momenten, und der kleine Dialog *Kriton*, der von der Gegenwehr des Sokrates handelt, sich unrechtmäßig der Gefangenschaft zu entziehen. Beide Schriften stellen das mustergültige Ethos des Philosophen dar. In verschiedenen anderen Dialogen, etwa im *Phaidon* oder im *Symposion*, werden ebenfalls Todesverachtung und Geringschätzung des Körpers thematisiert, alles in allem offenbar sokratische Grundhaltungen. Daneben läßt Platon aber seine eigene, über das Sokratische weit hinausgehende Philosophie durchschimmern, nicht immer auf den ersten Blick zu erkennen, nicht selten sogar durch hintergründige Ironie oder durch offene Provokation verstellt. Wesentliches spricht er nicht direkt aus, sondern bedient sich des Gleichnisses oder des Mythos.

Was unter 'Ideen' zu verstehen ist, in welchem Verhältnis die Ideen zu den Dingen stehen und welche Stellung der Mensch in der Welt hat, ist

z. B. drei Gleichnissen aus dem zehnbändigen Hauptwerk Platons, der *Politeia* (*Staat*), zu entnehmen. Es sind dies die Gleichnisse von der Sonne, der Linie und der Höhle. Sie seien im folgenden kurz skizziert:

5.1. Sonnengleichnis (*Politeia* 6, 507D–509B)

Das Licht der Sonne macht die Körper in der sinnlichen Welt sichtbar und ermöglicht ihr physisches Wachstum; zugleich befähigt das Sonnenlicht das Auge, die Dinge zu erblicken. Genauso verhält es sich auch bei den Erkenntnisprozessen: Wie die Sonne verleiht das höchste Gute im Bereich der intelligiblen Welt mit seinem Licht der Wahrheit den Erkenntnisgegenständen (d. h. den Ideen) ihr Sein und die Möglichkeit erkannt zu werden; zugleich gibt es dem Denken die Kraft, das Erkennbare zu erkennen. Wie die Sonne steht das Gute über allem, d. h. jenseits des von ihm beeinflußten Bereichs, ist von ihm getrennt und doch seine höchste Ursache.

5.2. Liniengleichnis (*Politeia* 6, 509D–511E)

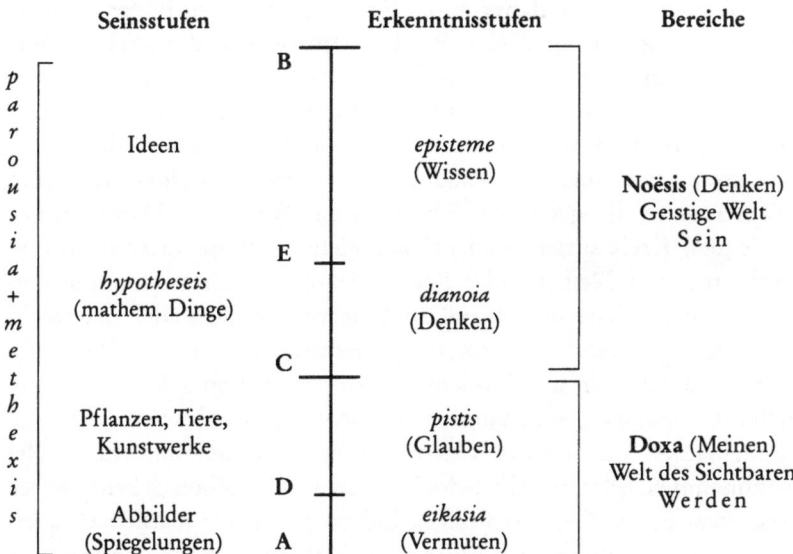

Im Liniengleichnis werden beide Bereiche des Sonnengleichnisses aufgegriffen und zueinander in Beziehung gesetzt. Die Welt als Ganzes erstreckt sich gleichsam über verschieden lange Abschnitte einer Linie (AB). Diese zeigt in einer ersten Teilung einen kleineren Abschnitt (AC), der die sichtbare Welt umfaßt, und einen größeren Abschnitt (CB), der die geistige Welt bezeichnet. Beide Abschnitte lassen sich wiederum in ungleiche Strecken zerlegen. Der größere Teilabschnitt des Sichtbaren (DC) steht für den Bereich der plastischen Körper, d. h. der Menschen, Tiere, Pflanzen, Bauwerke usw.; in dem kleineren Abschnitt des Sichtbaren (AD) finden sich die Körper nur noch indirekt wiedergegeben, d. h. dort gibt es Schatten oder Spiegelungen von ihnen. In der Welt des sinnlich Erfaßbaren müssen folglich zwei Seinsstufen unterschieden werden: die Dinge und ihre Abbilder. Ein Vorbild-Abbild-Verhältnis setzt Platon auch für die plastischen Gegenstände selbst an: sie sind ihrerseits nach Urbildern gestaltet. Urbilder, von Platon 'Ideen' genannt, existieren für alles in der Welt. Jedes Lebewesen und jeder Gegenstand ist die Verkörperung einer Idee. Das Verhältnis wird als wechselseitiges charakterisiert: die Gegenstände haben teil (μέθεξις [*méthexis*], 'Teilhabe') an den Ideen; diese wiederum sind anwesend in der gegenständlichen Welt (παρουσία [*parousía*], 'Anwesenheit'). Wie nun die Spiegelungen im Wasser den jeweiligen Körper nur unvollkommen wiedergeben, so bleiben auch die Körper als solche hinter dem zurück, was ihnen jeweils als Idee zugrunde liegt. Die Idee ist vollkommen und von daher in der Seinsordnung weit höher anzusiedeln (EB) als ihr körperliches Pendant. Im Bereich der geistigen Wesenheiten gibt es aber noch einen weiteren Abschnitt (CE), gewissermaßen eine niedere Stufe: dort lokalisiert Platon die mathematischen Grundlagen, die zwar immateriell, aber ihrerseits nicht selbst Ideen sind. Immateriell und ewig – aber eben nicht im Sinne einer Idee – sind beispielsweise die geometrischen Figuren. Wenn ein Mathematiker von einem Kreis spricht und ihn aufzeichnet, so meint er nicht den konkreten, mit Bleistift oder Kreide gezogenen Kreis, sondern den Kreis an sich, wie er sich abstrakt definieren läßt. Denn der zu berechnende Kreis existiert ja als solcher, ohne materiell zu sein. Dies trifft auch auf die Zahlen und Zahlenverhältnisse zu. Von solchen immateriellen Grundlagen, sogenannten ὑποθέσεις (*hypothéseis*), gehen die Mathematiker aus, um ihre Untersuchungen (in der sinnlichen Welt) vorzunehmen. Platon geht jedoch einen wesentlichen Schritt weiter (und zwar in die Gegenrichtung), indem er für alle mathematischen Gegenstände zugleich auch Ideen postuliert. In einem in den Sand gezeichneten Kreis ist somit nach Platon sowohl der hypothetische Kreis als auch die Idee desselben präsent.

5.3. Höhlengleichnis (*Politeia* 7, 514A–517A)

Das dritte Gleichnis bringt den Menschen ins Spiel. Eine seltsame Szenerie wird beschrieben: Menschen sind von Jugend an so gefesselt, daß sie immer starr auf eine Höhlenwand blicken müssen. Hinter ihnen brennt ein Feuer. Zwischen dieser Lichtquelle und den Gefesselten werden an einem Mäuerchen entlang Gegenstände getragen, deren Schatten auf die Höhlenwand fallen. Jene Menschen wissen nichts von sich selbst und auch nichts von den Gegenständen hinter ihnen, geschweige denn von dem Feuer. Sie glauben vielmehr, daß das, was sie an der Höhlenwand sehen, alles ist, was es gibt, und wetteifern sogar, welcher Schatten als nächstes erscheint. Das Höhlenidyll wird nun aber jäh für einen von ihnen unterbrochen. Seine Fesseln werden gelöst, und er wird gezwungen, sich umzusehen. Da erblickt er mit Schmerzen das Feuer und die Dinge, deren Schatten er bisher nur wahrnehmen konnte, und auch die anderen Menschen. Des weiteren wird er gezwungen, die Höhle ganz zu verlassen und an die Oberwelt zu treten, wo er auf die Sonne und den Himmel schaut sowie auf alles, was die Sonne erleuchtet. Nachdem er die schönsten Erkenntnisse gewonnen hat, muß er wieder in die Höhle hinabsteigen und seinen alten Platz einnehmen. Bei der neuerlichen Eingewöhnung fällt es ihm schwer, die Schattenrisse zuzuordnen, und er wird verspottet.

Betrachtet man das Höhlengleichnis vor dem Hintergrund der übrigen Gleichnisse, lassen sich darin alle Stufen des platonischen Weltbildes erkennen. Die Höhlenwand stellt den Bereich der Spiegelungen, die Gefesselten und ihr unmittelbares Umfeld die Körperwelt dar. Die Gegenstände hinter dem Mäuerchen symbolisieren demgemäß die mathematischen Dinge, und im Bereich außerhalb der Höhle finden sich die eigentlichen Ideen, über ihnen die Sonne als das höchste Gute. Der seiner beschränkten Sicht enthobene Mensch macht einen Erziehungsprozeß durch. Er ist am Ende philosophisch gebildet und sicherlich bestrebt, andere an seiner Bildung teilhaben zu lassen. Genau dies aber – so deutet es Platon an – könnte ihm zum Verhängnis werden (517 A): „Und wenn sie den, der es etwa versuchte, sie zu entfesseln und hinaufzuführen, irgendwie in ihre Hand bekommen und umbringen könnten, so würden sie ihn doch auch umbringen?" (Übersetzung O. Apelt). Mit diesem Satz endet das Höhlengleichnis. Der Leser wird an das Schicksal des Sokrates erinnert.

Daß in einem Gleichnis manches offenbleibt, versteht sich von selbst. Daher hat Platon, um das Verhältnis der Welt des sinnlich Wahrnehmbaren zu der immateriellen Ideenwelt adäquat zu vermitteln, nicht ein einzelnes, sondern gleich drei Gleichnisse herangezogen. In verschiedenen Mythen (im *Gorgias*, im *Phaidros* und im 10. Buch der *Politeia*) wiederum veranschaulicht er die Unsterblichkeit der Seele, ihre Wanderungen und ihre Läuterung. Die (eher metaphysisch ausgerichtete) Seelenlehre zieht sich als ein roter Faden durch die platonische Philosophie. Die Seele hat wie die geometrischen Figuren eine Zwischenstellung in der Welt inne. Sie ist immateriell, weist aber, solange sie im Körper gefangen ist, Teile auf: einen vernünftigen (λογιστικόν [*logistikón*]), einen muthaften (θυμοειδές [*thymoeidés*]) und einen begehrenden (ἐπιθυμητικόν [*epithymetikón*]) Teil. An diese sind die vier Kardinaltugenden gekoppelt: Weisheit (σοφία [*sophía*]) als Bestzustand des vernünftigen Seelenteils, Tapferkeit (ἀνδρεία [*andreía*]) als der des muthaften, Besonnenheit (σωφροσύνη [*sophrosýne*]) als der des begehrenden; die Gerechtigkeit (δικαιοσύνη [*dikaiosýne*]) ergibt sich automatisch, wenn alle Seelenteile gemeinsam ihren Bestzustand erreicht haben. Denn Gerechtigkeit herrscht, so lautet die platonische Definition, wenn jeder 'das Seine tut' und Vielgeschäftigkeit meidet. In den Dialogen *Phaidon* und *Phaidros* werden einige 'Beweise' für die Unsterblichkeit der Seele vorgeführt. So wird z. B. die Fähigkeit des Menschen zur Wiedererinnerung (*Anámnesis*) an mathematisches Wissen als Indiz für eine Präexistenz der Seele bewertet. Vor dem Eintritt in den Körper muß sie die geistigen Wesenheiten geschaut haben. Bewegt sich die Seele selbst und ist insofern Prinzip der Bewegung, kann sie nie aufhören sich zu bewegen und ist daher ewig. Platon nimmt neben den Einzelseelen eine Weltseele an, von der alle Planeten bewegt werden, wovon sich wiederum die Zeit ableitet. Die Seele wird bei ihm zur Mittlerin zwischen den scharf getrennten Ebenen der metaphysischen und der physischen Welt und zur transzendenten Wirkursache innerhalb des Kosmos.

Im Jahre 387 gründete Platon – angeregt vielleicht durch das pythagoreische Vorbild – als eine Bildungsstätte für einen philosophisch interessierten Schülerkreis, dem auch einige Frauen angehörten, die Akademie in Athen. Bis zu ihrer Schließung im Jahre 529 n. Chr. existierte die Einrichtung annähernd 900 Jahre lang, die ersten Jahrhunderte an ein und derselben Stelle, nach der Zerstörung unter Sulla in anderen Gebäuden. Die jeweiligen Leiter versuchten sich zwar als Interpreten der platonischen Philosophie, formten sie aber doch nach ihren eigenen Ansichten um. Schon der direkte Nachfolger und Neffe des Akademiegründers,

Speusippos, zeigte sich als ein Abweichler, indem er in Anlehnung an Pythagoras statt der platonischen Ideen die Zahlen zum Objekt philosophischer Untersuchungen machte. Eudoxos von Knidos (391–338) nahm die Lustlehre auf, die Platon in seinem späten Dialog *Philebos* dezidiert abgelehnt hatte. Mit Karneades von Kyrene (224–129) wird Platons Schule schließlich zur 'Skeptischen Akademie'. Die Skeptiker leugnen die Möglichkeit eines objektiven Wissens und eines Beweises der Wahrheit. Es gibt ihrer Ansicht nach nur verschiedene Grade der Wahrscheinlichkeit. Im Rahmen einer Philosophengesandtschaft schockierte Karneades 155 v. Chr. die Römer, als er an zwei Tagen hintereinander seine Ansichten für und gegen die Gerechtigkeit vortrug.

6. Aristoteles und der Peripatos

ARISTOTELES AUS STAGEIRA (384–322): 'Eidos als immanente Wesensform'; 'Nur das Göttliche ist reine Form', 'Logik', 'Die wahre Tugend liegt in der Mitte zwischen zwei Extremen'. – THEOPHRAST VON LESBOS (372–287): 'Charaktere'.

Etwa 18jährig kam Aristoteles als Schüler in die platonische Akademie. Schon früh veröffentlichte er selbständig Schriften und suchte eigene Wege. Das Wissen seiner Zeit versuchte er möglichst umfassend und systematisch zu erschließen. Seine Theorien sind eher empirisch begründet als spekulativ und vielfach in Vorlesungsskripten überliefert, also durchweg unverhüllt positiv formuliert. Die heutige Unterteilung der Philosophie in Einzeldisziplinen geht auf Aristoteles zurück. Sein Werk ist geordnet nach den Schriften zu Logik, Physik, Ethik, Metaphysik – dazu noch Politik, Poetik und Rhetorik. Im folgenden soll die aristotelische Lehre im Grundzug umrissen werden.

Eine erste Trennung von den Ansichten Platons vollzog Aristoteles in der Seelenlehre. Nicht im ganzen hält er die Seele für unsterblich, sondern nur hinsichtlich ihres vernünftigen Teils. Pflanzen verfügen über eine Seele auf der Stufe eines rein vegetativen Lebensprinzips, das Wachstum ermöglicht, Tiere werden belebt von einer bewegenden und fühlenden Seele, die einen Ortswechsel und Sinneswahrnehmung erlaubt, dem Menschen hingegen eignet über das Vegetative und das Motorisch-Sinnliche hinaus eine Vernunftseele, die ihn zum Denken befähigt. Je nach Seelenanlage (dem genetischen Code vergleichbar) wird also eine Pflanze, ein Tier oder ein Mensch geformt. Die Seele ist aus aristotelischer Sicht demnach eine Wesensform, die gestaltend wirkt. Das Formprinzip ist aber überall zu finden. Keine Materie (ὕλη [*hýle*], 'Stoff') existiert ohne Form (εἶδος [*eídos*] oder μορφή [*morphé*]); ebensowenig ist nachweisbar, daß es eine Form jenseits der Materie gibt. Hiermit übt Aristoteles massiv Kritik an der platonischen Ideenlehre. Seiner Auffassung nach gibt es keine abstrakten Dinge an sich, sondern nur konkrete Verbindungen von Form und Stoff. Gedanklich kann man sich zwar so etwas wie eine Ursubstanz vorstellen: die erste Materie (πρώτη ὕλη [*próte hýle*]) als ungestaltete Masse; die zweite Materie ist aber immer schon in irgendeiner Weise geformt, wie z. B. Holz im Wald das Material für zugeschnittenes Bauholz abgibt, das dann seinerseits das Material für ein Gebäude bildet. Die Formen der Gegenstände sind ebensowenig selbständig. Einzig das Göttliche ist tatsächlich reine Form jenseits von allem. Es ruht unbewegt in sich selbst und ist ewig. Dieser 'erste unbewegte Beweger' ist absolut bedürfnislos, wird aber von der Welt als höchste Ursache beansprucht wie das platonische *agathón*. Von ihm geht die Bewegung aus, die die Prozesse des Werdens und Vergehens ermöglicht.

Schon hieran läßt sich ersehen, wie fließend der Übergang von Metaphysik zu Physik in der aristotelischen Lehre ist. Bekanntlich kennzeichnet ja die Überschrift *Metaphysik* lediglich die Stellung der darunter gefaßten Sammlung vermischter Texte in einer antiken Ausgabe des aristotelischen Werks: diese Texte waren hinter die Vorlesungen zur Physik geheftet worden und hießen folglich die 'nach den *physika*' (μετὰ τὰ φυσικά [*metá ta physiká*]). Aristoteles selbst hat seine Theorien über das Übersinnliche nie als 'Metaphysik' bezeichnet, sondern immer von der 'Ersten Philosophie' gesprochen. Im Grunde durchziehen das gesamte Œuvre des Aristoteles verschiedene 'metaphysische' Konstanten: Zu ihnen gehören die Trennung von Substanz und Akzidenz (d. h. Wesen und Eigenschaft), womit auch die Lehre vom *eidos* ('Idee') zusammenhängt, sodann die Bestimmung aller Prozesse über die Begriffsdreiheit 'Dynamis', 'Energeia' und 'Entelechie' und schließlich das Prinzip der Bewegung auf allen Ebenen der Welt. Aristoteles hätte es wohl abgelehnt, das 'Metaphysische' von der Physik zu trennen. Ihm war vielmehr daran gelegen, alle physischen Vorgänge aus einer einheitlichen Sicht zu erklären. Ihm schwebte im übrigen ein durchaus mechanistisches Weltbild vor: an einen leeren Raum, wie ihn Demokrit annahm, glaubt er jedoch nicht. Es gibt nur Körper, die sich ständig wandeln und im Raum ihre Lage ändern.

'Idee' bedeutet bei Aristoteles 'immanente (innewohnende) Wesensform'. Dieses aristotelische *eidos* hat eine Doppelfunktion, einerseits als Wirkkraft (ἐνέργεια [*enérgeia*], 'Energie'), andererseits als Ziel (ἐντελέχεια [*entelécheia*], 'Entelechie') des Gestaltungsprozesses. Alle Anlagen sind zugleich Möglichkeit (δύναμις [*dýnamis*]) des Seins und kommen im Werden zu ihrer Entfaltung: Werden heißt Realisierung des Möglichen.

Es werden vier Ursachen unterschieden: Form, Stoff, Bewegung und Zweck. In der scholastischen Tradition des Mittelalters wurden diese aristotelischen Termini latinisiert: *causa formalis, causa materialis, causa motrix* und *causa finalis*.

Mag fast alles bei Aristoteles klarer und geordneter erscheinen als in den Dialogen seines Lehrers, so ist eine gewisses System der Logik auch bei jenem schon vorhanden gewesen. Platons Sokrates führt mehrfach eine dialektische Methode vor: das Zergliedern *(Dihaíresis)* von Begriffen in Ober- und Unterbegriffe. Zumindest für die Ideen sind höchste Kategorien gebildet und diskutiert worden: Einheit, Sein, Bewegung, Andersheit, Identität. Und Sokrates fragt häufig in den Dialogen nach Quantität, Qualität, Zweck, Grund und Mittel. Doch erst Aristoteles bildete die Logik als wissenschaftliche Disziplin richtig aus, freilich praxisbezogen, sozusagen als eine Kunstlehre. Die Unterscheidung von wahren und falschen Aussagen und die korrekte Bildung von Schlüssen verhilft dem Denker und Redner dazu, andere zu überzeugen. Daher bezeichnet Aristoteles die Rhetorik als eine Schwester der Logik bzw. der Dialektik.

Ein Beispiel für die Präzision aristotelischer Begrifflichkeit sind die 10 Kategorien (*Organon* 1, 2a). Sie zeigen, wie im Sinne aristotelischer Logik zu differenzieren ist. Aussagen können nur getroffen werden über das Wesen (Substanz) einer jeden Sache und über bestimmte Eigenschaften:

1. Substanz (οὐσία [*ousía*]): z. B. Mensch, Pferd;
2. Quantität (ποσόν [*posón*]): z. B. zwei oder drei Ellen lang;
3. Qualität (ποιόν [*poión*]): z. B. weiß, literarisch gebildet;
4. Relation (πρός τι [*pros ti*]): z. B. doppelt, halb, größer;
5. Ort (ποῦ [*pou*]): z. B. auf dem Markt, im Lykeion;
6. Zeit (πότε [*póte*]): z. B. gestern, im vorigen Jahr;
7. Lage (κεῖσθαι [*keísthai*]): z. B. liegt, sitzt;
8. Zustand (ἔχειν [*échein*]): z. B. ist beschuht, bewaffnet;
9. Tätigkeit (ποιεῖν [*poieín*]): z. B. schneidet, brennt;
10. Leiden (πάσχειν [*páschein,*]): z. B. wird geschnitten, wird gebrannt.

Bei der Auseinandersetzung mit den Extremen der platonischen bzw. sokratischen Philosophie vertrat Aristoteles stets gemäßigte Ansichten.

Insbesondere tat er dies auf dem Gebiet der Ethik. Lust wirkt auf die Seele positiv stimulierend, da sie die Energeia unterstützt und den Werdeprozeß begleitet. Sie ist insofern nicht grundsätzlich abzulehnen. Zur höchsten Stufe der 'Hedoné' ('Lust') gelangt die Seele des Philosophen, wenn sie sich der Vernunft (*Nus*) unterwirft. Die Glückseligkeit (εὐδαιμονία [*eudaimonía*]), nach der alles strebt, findet der Mensch im ethischen Handeln. Das Ziel allen Handelns, das Gute nämlich, liegt nach aristotelischer Auffassung nicht in einem Jenseits, außerhalb jeglichen Seins, fern und unerreichbar, wo Platon es als das höchste Ideal ansiedelte, sondern in erreichbarer Nähe: es ist das Handeln selbst. Der aristotelische Entwurf einer Tugendlehre erweist sich somit als bedeutend praktischer und praktikabler als der platonische. Den Bestzustand erreicht man durch das Vermeiden der Extreme (μεσότης [*mesótes*]). Der wahrhaft Tapfere ist weder feige noch tollkühn. Wahre Seelengröße zeigt derjenige, der weder überheblich vorgeht, noch seine Fähigkeiten unterschätzt.

Diese Prinzipien aristotelischer Ethik sind von seinen Schülern aufgegriffen und didaktisiert worden. Was man etwa unter abzulehnenden ethischen Extremen zu verstehen hat, können wir heute noch bei Theophrast nachlesen, der mit seinen *Charakteren* (Aufschneider, Schwätzer, Kleinigkeitskrämer usw.) eine Sammlung überspitzten Fehlverhaltens vorgelegt hat.

Nach dem Tode des Aristoteles wurde im Peripatos das von ihm in einer ansehnlichen Bibliothek zusammengetragene enzyklopädische Wissen geordnet, weiter systematisiert und in Einzeldisziplinen fortgeführt. Die Epoche des Hellenismus (S. 145 ff.) war geprägt von der Verwaltung eines mittlerweile überdimensional angewachsenen Buchwissens einerseits und der Vervollständigung der gewonnen Erkenntnisse andererseits. Dabei stand – ganz im Sinne des Aristoteles – der Praxisbezug im Vordergrund. Im Umkreis der großen Bibliothek von Alexandria sind vor allem Studien zur Medizin, Geographie und Mathematik betrieben worden. Eratosthenes von Kyrene, einer der Bibliotheksdirektoren, vermochte es sogar, in der 2. Hälfte des 3. Jh.s v. Chr. den Erdumfang präzise zu berechnen. Freilich waren seine Berechnungen in der Frühen Neuzeit nicht mehr bekannt, sonst hätte Christoph Columbus, der ja von der Existenz des amerikanischen Kontinents nichts wußte, vielleicht den doch sehr weiten westlichen Seeweg nach Indien nicht anzutreten gewagt.

7. Hellenistische Philosophenschulen

STOA: 'Die Welt ist eine einzige kraftgeladene Substanz', 'Lückenlose Ursachenkette' ('Heimarméne': 'Vorsehung'), 'Kosmopolitismus', 'Ataraxie': 'Ausschalten der Affekte', 'Fortbestehen der Seele nach dem Tode', 'naturgemäß leben'. – Zenon von Kition (334–261). – Kleanthes von Assos (304–232). – Chrysippos von Soloi (281–208). – Panaitios von Rhodos (180–110). – Poseidonios aus Syrien (130–50). – EPIKUR von Samos (342–270): 'Atome und leerer Raum', 'Hedonismus', 'Ataraxie': 'Ausschalten der Affekte', 'Lebe im Vergorgenen!', 'Die Götter sind fern', 'Zerfall der Seele nach dem Tode'.

Im Hellenismus formierten sich zwei neue, einflußreiche Philosophenschulen in Athen: die Stoa (zum Namen S. 123), gegründet von Zenon (334–261), und der Kreis um Epikur (342–270). Beide Schulen erklärten die Welt unter mechanistischem Aspekt, aber in Ansetzung verschiedener Prinzipien. Die Stoiker sprachen im Anschluß an Aristoteles von einem Weltganzen als einer materiellen Einheit, ohne den aristotelischen Dualismus von immateriellem Beweger und bewegter Materie zu übernehmen. Ihr Kosmos ist durchwaltet von einer gleichfalls körperlichen, alles bestimmenden göttlichen Vernunft (λόγος [lógos,]). Dagegen griff Epikur die kosmologische Leitlinie Demokrits wieder auf: Alles besteht aus leerem Raum und Atomen, die zwar bestimmten physischen Gesetzmäßigkeiten, aber auch dem Zufall unterworfen sind. Epikur bestreitet die Existenz von Göttern nicht. Sie leben in einem Bereich „zwischen den Welten" ('Intermundien'). Allein den göttlichen Einfluß auf die Weltentwicklung verneint er rigoros. Da nun die Götter die Welt nicht regieren, können sie auch nicht strafen. Es gilt folglich, den Menschen von der Götterfurcht zu befreien. Auch die Angst vor dem Tod ist unbegründet, da die Seele nicht weiterexistiert, sondern zerfällt. Die Stoiker interpretieren das Göttliche als weltimmanente Urkraft. Dem Zufallsprinzip der epikureischen Lehre stellen sie den das gesamte All einschließenden Plan eines Schicksals, das sich in einer lückenlosen Ursachenkette unaufhaltsam erfüllt, gegenüber. Ein wesentlicher Grundzug stoischer Philosophie ist die politische Ethik: Da sich das Leben für den Menschen naturgemäß, d. h. gottgewollt, in Gemeinschaft mit anderen vollzieht, muß der Mensch, der nun seinerseits an der göttlichen Vernunft teilhat, sich auch für das Staatswesen einsetzen. Epikur erteilt dagegen den Ratschlag, die Gemeinschaft mit anderen nur zum Zweck der existentiellen Lebenssicherung einzugehen. Nach Möglichkeit solle sich ein jeder zurückziehen, so gut er kann: „Lebe im Vergorgenen" (λάθε βιώσας [láthe biósas]). Nur in der unpolitischen Privatsphäre findet der epikureische Philosoph seine Seelenruhe und die Freiheit von den Affekten ('Ataraxie'). Maßvoller Genuß wird nicht abgelehnt. Der Stoiker strebt den Zustand der Affektlosigkeit ebenfalls an, agiert aber dennoch in der Öffentlichkeit, da dies seinem Vernunftgebot entspricht. Der asketische Rigorismus der Alten Stoa von Zenon bis Chrysippos (281–208), wonach es nur vollkommene Weise einerseits und unvollkommene Nicht-Weise andererseits gibt, wurde von den gemäßigten Vertretern der Mittleren Stoa, Panaitios (180–110) und Poseidonios (130–50), abgelöst. Sie propagierten eine praktische Ethik, die vor allem in Rom Anklang fand (Cicero, Seneca).

Der Widerstreit zwischen der kosmopolitischen stoischen und der individualistischen epikureischen Lehre durchzog die römische Kultur noch bis weit in die Kaiserzeit hinein und wurde erst durch das Christentum, das der Stoa beipflichtete, gänzlich eliminiert.

8. Der Neuplatonismus

Plotinos (205–270 n. Chr.). – Jamblichos (ca. 250–330 n. Chr.). – Proklos (ca. 411–485): 'Hen'.

Neben stoischen Einflüssen ist auch platonisches Gedankengut in die christliche Lehre eingedrungen. Dies geschah aber erst in der Spätantike (Augustinus). Zu dieser Zeit hatte sich die platonische Akademie auf wenige ontologische Fragestellungen konzentriert, die insbesondere mit der Beziehung des Einen zur Vielheit des Seienden befaßt waren. Plotinos, Jamblichos und Proklos entwickelten in einer Henologie ('Lehre vom Einen') ein in Hierarchien abgestuftes Weltbild mit einem überseienden Übereinen ('Gott') außerhalb des Seins und einer in Geist *(Nus)*, Seele *(Psyche)* und Körper *(Soma)* entfalteten Sphäre des Seins darunter. Der Aufstieg zum Einen geschieht in mystisch-kontemplativer Weise. Diese neuplatonische Mystik und die Lehre von den die Welt transzendierenden Hierarchien wirkten im christlichen Mittelalter und in der Renaissance nach.

IX. Die Epochen der griechischen Literatur

1. Allgemeines

Neben den literarischen Gattungen (S. 153 ff.) ist die Epoche der zweite wichtige Ordnungsbegriff, um einen Text adäquat zu beschreiben und zu interpretieren. Während unter dem Gesichtspunkt der Gattung ein literarisches Werk systematisch im Zusammenhang der Entwicklung einer bestimmten Gattung analysiert wird (diachrone Betrachtungsweise), erlaubt der synchrone Zugang, der ein Werk aus seiner Zeit heraus erklärt, die Einordnung eines Textes in den historischen, kulturellen und insbesondere literaturgeschichtlichen Kontext seiner Entstehung, wobei vor allem die Funktionszusammenhänge von Literatur zur Zeit der Erstpublikation eines Werkes eine Rolle spielen. Als Bezeichnung für diese synchronen Querschnitte findet man in den Kulturwissenschaften die Begriffe Periode, Phase und am häufigsten Epoche. Abgeleitet vom griechischen ἐποχή (*epoché*), 'Haltepunkt', bezeichnet Epoche ursprünglich einen bestimmten, durch auffallende Ereignisse deutlich markierten Einschnitt in einem zeitlichen Kontinuum; der Begriff wird jedoch – nach der rhetorischen Stilfigur *pars pro toto* – auch für einen historischen, durch bestimmte Merkmale charakterisierten Zeitabschnitt insgesamt verwendet.

Die Bezeichnungen und genauen Abgrenzungen einzelner Epochen ('Epochenschwellen') sowie die Abgrenzungskriterien, die 'Epochenmerkmale', sind in den kulturwissenschaftlichen Fächern umstritten. Je nach dem Gegenstandsbereich der einzelnen Disziplinen können die Epocheneinteilungen differieren. Selbst in den Bezeichnungen der einzelnen Epochen gibt es keine Übereinstimmung. So findet man für die griechische Literatur Begriffe, die teils der politischen Geschichte (hellenistische Literatur, Literatur der Kaiserzeit), teils der Kunstgeschichte bzw. Archäologie (archaische Literatur, klassische Literatur) entnommen sind.

Bei literarischen Epochenabgrenzungen sollten folgende allgemeine Gesichtspunkte beachtet werden:
1. Es muß strikt induktiv vorgegangen werden: Auf der Basis der uns zur Verfügung stehenden literarischen Zeugnisse müssen typische

Merkmale herausgearbeitet werden, die die Texte eines bestimmten Zeitabschnitts auch über die Gattungsgrenzen hinweg gemeinsam aufweisen ('Epochenmerkmale'). Die Gemeinsamkeiten können im sprachlichen, stilistischen oder formalen Bereich, aber auch in der Vorliebe für gewisse Motive und schließlich in der Weltsicht der Autoren liegen. Historische Epochenabgrenzungen (wie Todesjahre von Herrschern) von vornherein auf die Literaturgeschichte anzuwenden kann die Sicht auf die eigenständige, oft von historischen Einschnitten unabhängige Entwicklung der Literatur verstellen, obwohl in einem zweiten Schritt natürlich überprüft werden muß, ob die literarischen Gemeinsamkeiten in der politischen Geschichte ihre Entsprechungen finden und ob bestimmte historische Ereignisse die Literatur gravierend beeinflußt haben.

2. Als wichtigstes Kriterium bei der Abgrenzung und Beschreibung einer literarischen Epoche muß das 'Epochenbewußtsein' gelten, das sich häufig in einem oft rücksichtslosen Bruch mit den Vorgängern äußert. Im Eröffnungssatz von *Dichtung und Wahrheit* (1811) hat J. W. von Goethe dies prägnant ausgedrückt: „Die literarische Epoche, in der ich geboren bin, entwickelte sich aus der vorhergehenden durch Widerspruch."

3. Der Bruch mit der Tradition, die Ablehnung der als ablösungsreif angesehenen Vorgänger sollte jedoch nicht nur bei einem einzelnen Autor festgestellt werden, sondern sich auch in einer Generation bei mehreren Gleichgesinnten nachweisen lassen. Ein wichtiges Indiz für dieses Gruppenbewußtsein ist der Zusammenschluß von Literaten in Bewegungen und Dichterkreisen, die eine mehr oder weniger stark ausgeprägte innere Struktur aufweisen können.

4. Mit dem Zusammenschluß von Dichtern in Zirkeln sind häufig ein bestimmtes ästhetisches Programm und eine literarische Theorie verbunden, die nicht nur die eigene dichterische Produktion, sondern auch die Ablehnung der Vorgänger begründen soll. Das Programm kann in einem 'Lehrbuch' ('Poetik') entwickelt werden, es kann aber auch in den Werken selbst anklingen ('implizite Poetik'). Die Aufnahme in die elitären Kreise hängt davon ab, inwieweit ein Autor den Anforderungen des Programms entspricht.

5. Als Resultat der Ablehnung der Tradition und der Entwicklung eines literarischen Programms ist eine Umorientierung hinsichtlich der literarischen Vorbilder festzustellen, an denen man seine Werke gemessen wissen will ('Paradigmenwechsel').

6. Der Paradigmenwechsel kann durch politische Ereignisse beein-

flußt oder ausgelöst werden, indem beispielsweise durch Eroberungsfeldzüge der Kontakt mit einer fremden Kultur hergestellt wird.

2. Die Epochen der griechischen Literatur im einzelnen

Zu diesen sechs allgemeinen literaturwissenschaftlichen Kriterien kommen bei der Epochenabgrenzung der griechischen Literatur drei weitere wichtige Gesichtspunkte hinzu, die vor allem dadurch bedingt sind, daß die griechische Literatur von ihren Anfängen an eine starke gesellschaftliche, politische Funktion besaß:

1. der institutionelle Aspekt, das heißt: für welche gesellschaftlichen Gruppen oder Einrichtungen wurde Literatur verfaßt, durch welche Institutionen wurde sie verbreitet und welche Funktion(en) hatte Literatur inne ('Sitz im Leben' der Literatur)?

2. der mediale Aspekt, der teilweise sehr eng mit dem institutionellen Gesichtspunkt verbunden ist. Das heißt: auf welche Art und Weise (mündlich oder schriftlich) und durch welche Medien wurde Literatur verbreitet?

3. Weit stärker, als dies bei der lateinischen Literatur der Fall ist, ist die griechische Literatur durch die 'Gleichzeitigkeit des Ungleichzeitigen' bestimmt. Dies ist denn auch ein Hauptproblem bei der Abgrenzung der literarischen Epochen. In einer bestimmten Phase finden sich häufig Formen und Elemente, die eigentlich typisch für die vorangehende oder auch folgende Epoche sind. Diese Überschneidungen von Epochen in der griechischen Literatur dürften ihre Ursache darin haben, daß die griechische Welt durch eine Vielzahl kultureller Zentren mit unterschiedlichen gesellschaftlichen Strukturen und Regierungsformen geprägt ist.

Wenn man diese spezifischen zu den allgemeinen Kriterien hinzunimmt, läßt sich die Geschichte der altgriechischen Literatur in vier größere Abschnitte unterteilen:

1. die archaische Literatur vom 8. Jh. v. Chr. bis etwa zur Zeit der Perserkriege (490/480 v. Chr.);

2. die klassische Literatur von der Zeit der Perserkriege bis zur Herrschaft Alexanders des Großen (334/33 v. Chr.);

3. die hellenistische Literatur von 334/33 v. Chr. bis zur Schlacht bei Actium (31 v. Chr.), durch die mit der Niederlage Mark Antons und Kleopatras der letzte Diadochenstaat ausgelöscht wurde;

4. die kaiserzeitliche Literatur von 31 v. Chr. bis ca. 650 n. Chr. Die

Abgrenzung zwischen (alt-)griechischer und byzantinischer Literatur läßt sich anhand historischer Kategorien weniger leicht bestimmen. Zwar leiteten die Alleinherrschaft Konstantins des Großen (321 n. Chr.) und die Verlegung des Regierungssitzes nach Byzanz, das fortan Konstantinopel genannt wurde (330 n. Chr.), sowie die Reichsteilung durch Theodosius (395) die allmähliche Auflösung eines homogenen Kulturraums ein, den bis dahin das Imperium Romanum garantiert hatte. Die griechische Literatur reagierte jedoch verhalten auf diese Auflösungserscheinungen. Christliche wie pagane Autoren bedienten sich weiterhin der anerkannten literarischen Modelle und Formen der griechischen Literatur und besonders der Rhetorik. Den tatsächlichen Einschnitt kann man wohl erst in die sogenannten Dunklen Jahrhunderte setzen, in denen ein radikaler Bruch mit der antiken literarischen Tradition stattfand (650 – ca. 800/850 n. Chr.).

2.1. Die archaische Literatur

Zwei Faktoren sind entscheidend für die Epoche der archaischen griechischen Literatur: einerseits die Übernahme der Schrift von den Phöniziern um 800 v. Chr., andrerseits die Verankerung der Literatur in der aristokratischen Festkultur. Das neue Medium der Schrift scheint wie ein Katalysator, als Innovationsschub auf die Entwicklung einer Literatur im eigentlichen Sinne gewirkt zu haben. Im 8. Jh. entstanden die homerischen Epen, die gleichzeitig den End- und Höhepunkt einer vorliterarischen Phase mündlicher Dichtung *(oral poetry)* darstellen. Der (oder die) Dichter der *Ilias* und *Odyssee* gehörte(n) wohl einer Generation von epischen Sängern *(Aöden)* an, die noch im mündlichen Vortrag groß geworden waren, aber bereits die Vorteile der Schrift bewußt einzusetzen in der Lage waren. Die Struktur der *Ilias*, die Vor- und Rückverweise und 'Fernbeziehungen' über mehrere Bücher hinweg, sind ohne einen bewußten Einsatz der Schrift nicht denkbar.

Der Beginn der Literatur in Griechenland unterscheidet sich von der entsprechenden Phase der lateinischen Literatur durch folgende drei Punkte:

1. Vor den ersten literarischen Texten muß es bereits ein lange Phase mündlicher Dichtung gegeben haben, deren Spuren in der Formelsprache der homerischen Epen noch erkennbar sind.

2. Die Einführung der Schrift findet ihren Niederschlag sofort in literarischen Werken, während in Rom lange vor dem Beginn der latei-

nischen Literatur im Jahre 240 v. Chr. die Schrift zur Abfassung von Gebrauchstexten verwendet wurde.

3. Die griechische Literatur beginnt sozusagen mit einem Paukenschlag, mit der *Ilias* und *Odyssee*, die nicht nur für die gesamte Antike, sondern bis in die Gegenwart hinein zu den klassischen Texten zählen. Dies bedeutet, daß fast gleichzeitig mit dem Beginn der griechischen Literatur zwei Werke entstanden, die nicht nur die Gattung Epos, sondern weit über die Gattungsgrenzen hinweg die spätere Literatur entscheidend prägten. Homer wurde zum literarischen 'Übervater', zum Lehrer der Griechen (Aristophanes, *Frösche* 1034–1036). Die harsche Kritik, die Platon in seinem *Staat* (376E–403C) an Homer und Hesiod übt, ist nur vor diesem Hintergrund verständlich: Die homerischen Epen vermittelten die Traditionen und das Wertesystem, sie vermittelten das Wissen über Götter und Menschen, würden dies jedoch mit ungeheuerlichen Geschichten über das ethische, moralische Verhalten der Götter und Heroen verbinden, so daß sie zur Erziehung völlig ungeeignet seien (*Staat* 377D–392C). Die 'Vitalitätsphase' (Latacz, Epos S. 19f.) des Epos, ausgelöst durch die beiden homerischen Epen, führte zunächst zu einer Phase der Komplementierung im 8./7. Jh., in der die inhaltlichen Lücken zwischen *Ilias* und *Odyssee* durch weitere epische Werke geschlossen wurden ('Epischer Kyklos') oder weitere, nicht mit dem trojanischen Krieg zusammenhängende Sagenkreise (vor allem die thebanischen Mythen sowie die Argonautensage) in epischer Form verarbeitet wurden. Daneben ist eine 'Multifunktionalisierung' der narrativen Großform Epos charakteristisch für die archaische Epoche: Neben das erzählende (Helden-)Epos treten weitere hexametrische Formen: das deskriptive Sachepos (Lehrgedicht: Hesiod, *Werke und Tage*; *Theogonie*), das argumentierende, philosophische Epos (Parmenides, Xenophanes) und das kultische, preisende Epos (homerische Hymnen).

Mit geringer zeitlicher Verspätung scheint der Innovationsschub, der die hexametrische Dichtung im 8. und 7. Jh. v. Chr. erfaßte, auch auf andere poetische Formen übergegriffen zu haben. Ab dem 7. Jh. sind als weitere Gattungen der Iambos (Archilochos, Semonides, Hipponax), die Elegie (Archilochos, Mimnermos, Solon, Theognis, Xenophanes) und die Lyrik am antiken Sinne nachweisbar (S. 161f., monodische Lyrik, vertreten durch Sappho und Alkaios, und Chorlyrik, repräsentiert durch Alkman, Stesichoros, Ibykos, Simonides).

Die Epik und die monodische Lyrik hatten ihren 'Sitz im Leben' in der Festkultur des Adels der archaischen Zeit. Die epischen Dichtungen verhalfen der Adelsschicht, sich ihrer Werte und Normen zu versichern, hatten also eine identitätsstiftende Funktion. In der Gestalt des Sängers Phemios im 1. und des Demodokos im 8. Buch der *Odyssee* erhält man eine Vorstellung davon, wie der Epenvortrag an den Adelssitzen ablief. Iambos, Elegie und monodische Lyrik waren in der Regel auf Symposien beschränkt, jenen nach festen Normen ablaufenden Gelagen der Männergesellschaft. Die Fragmente, die von den Gedichten des Alkaios erhalten sind, verdeutlichen, wie diese Art der Lyrik zur Vermittlung aristokratischer Wertvorstellungen eingesetzt wurde und häufig als Reaktion auf bestimmte Ereignisse verfaßt ist. Ein Angehöriger einer bestimmten politischen Gruppe (ἑταιρεία [*hetaireía*]) dichtet für die Mitglieder seiner Gruppe (ἑταῖροι [*hetaíroi*]). Der Autor konnte also damit rechnen, daß sein ursprüngliches Publikum denselben Erfahrungshorizont wie er selbst hatte. Einem ähnlichen lebensweltlichen Kontext entstammen Sapphos Gedichte: einer weiblichen Erziehungs- oder Kultgemeinschaft *(Thiasos)*, in der die Dichterin die Mädchen auf ihr Erwachsenendasein vorbereitete. Das Symposion als panhellenische Institution muß auch als wichtige Vermittlungsinstanz für diese frühe, an und für sich zeitgebundene Lyrik angesehen werde. Die Lieder eines Alkaios wurden zu Klassikern der sympotischen Lyrik (Skolien, 'Trinklieder'), wie die 'Skolienprobe' in den *Wespen* des Aristophanes (1219 ff.) schlagend belegt.

Neben diesen für kleinere, geschlossene Gruppen verfaßten Liedern gab es die chorlyrische Dichtung, die ihren Platz bei den großen Festspielen – den Olympischen Spielen in Olympia, den Isthmischen Spielen von Korinth, den Nemeischen Spielen in Nemea und den Pythischen Spielen in Delphi – und den Götterfesten hatte, die von den einzelnen Städten ausgerichtet wurden. Je nach Anlaß und Gottheit, der zu Ehren ein Fest abgehalten wurde, bildeten sich verschiedenen Formen heraus: der Dithyrambos, der zu Ehren des Dionysos gesungen wurde, der dem Apollon heilige Paian, daneben Hochzeitslieder (Hymenäen, Epithalamien), Prozessions- *(Prosódia)*, Trauer- *(Thrénoi)* und Tanzlieder *(Hyporchémata)*, Lieder für Mädchenchöre *(Parthéneia)* und Lieder, die von den Siegern bei den panhellenischen Festspielen in Auftrag gegeben wurden (Epinikien).

Ähnlich wie die homerischen Epen an der Schwelle von mündlicher Tradition und schriftlicher Fixierung die Spuren beider Phasen aufweisen, sind auch Lyrik, Iambographie und Elegie von einer doppelten Spannung geprägt. Auf der einen Seite haben wir die mündliche Sängertradition – bei einem bestimmten Anlaß wie einem Symposion oder Götterfest werden Lieder vorgetragen – und den aktuellen Anlaß, den

'Sitz im Leben' dieser Dichtungen, die ursprünglich für ein ganz bestimmtes Fest und Publikum geschrieben wurden. Auf der anderen Seite jedoch stehen seit dem 7. Jh. Dichterpersönlichkeiten, die durchaus auf ihr Ansehen und ihren nicht nur ephemeren Ruhm als Dichter Wert legten. Die chorlyrischen Dichtungen an den großen, insbesondere panhellenischen Götterfesten wiesen im Gegensatz zu der vor kleineren Gruppen vorgetragenen monodischen Lyrik notwendigerweise einen allgemeineren Charakter auf, da sie nicht für ein homogenes Publikum verfaßt waren. In der chorlyrischen Dichtung und der gesamtgriechischen Festkultur seit dem 6. Jh. v. Chr. dürfte denn auch der Anstoß zu einer Professionalisierung der Lyrik zu suchen sein. Der enorme Bedarf an Liedern für die zahlreichen Götter- und Siegesfeste in aristokratischen Gemeinwesen oder an Tyrannenhöfen brachte eine neue Generation von Dichtern hervor, die von ihrem Handwerk, ihrer τέχνη (téchne), lebten und für verschiedene Auftraggeber ihre Werke verfaßten. Entscheidend ist, daß diese Dichter auch nicht immer bei der Aufführung ihrer Werke zugegen sein konnten. Im Gegensatz zur ersten Phase der lyrischen Dichtung haben wir also ansatzweise eine Trennung von Publikum und Autor, der jetzt nicht nur für ein ihm gut bekanntes, sondern auch für ein weit von ihm entferntes Publikum schreibt. Diese mit der Chorlyrik verbundenen Phänomene kann man durchaus als den ersten, zaghaften Anfang einer Literarisierung verstehen. Der Text hat zwar noch seinen festen 'Sitz im Leben', ist aber schriftlich fixiert und damit wiederaufführ- und nachlesbar.

In der archaischen Epoche der griechischen Literatur ist auch der Ursprung der Prosaschriftstellerei zu suchen. Anaximander von Milet (ca. 610–nach 546 v. Chr.), nach der antiken Tradition ein Schüler des Thales von Milet, wirkte in zweierlei Hinsicht bahnbrechend: Er wählte nicht die Form des hexametrischen Lehrgedichts, um seine Gedanken über die Natur und den Kosmos mitzuteilen, sondern faßte die mündliche Form des Lehrvortrags in Prosa in einem Buch zusammen. Die neue Form der Vermittlung findet in Ionien Nachfolger in Heraklit (nach 500), in der Erdbeschreibung und der *Períplus (Küstenbeschreibung)* des Skylax (Ende 6. Jh.) und der Geschichtsschreibung des Hekataios von Milet (560–490 v. Chr.), der den Anstoß zu einer Blüte der ionischen Prosa im 5. Jh. gegeben zu haben scheint. Es entstehen Lokalgeschichten (*Persiká [Persische Geschichte]*: Dionysios von Milet, Charon von Lampsakos; *Lydiaká [Lydische Geschichte]*: Xanthos von Sardes), Genealogien (Akusilaos von Lampsakos, Pherekydes von Athen) und Weltentstehungslehren (*Kosmogonie* von Akusilaos, eine Prosaversion von

Hesiods *Theogonie*). Das Ziel dieser ἱστορίαι *(historíai)* bestand in der Mitteilung von Tatsachen, die durch eigene Nachforschungen und durch Autopsie erkundet worden waren. Der Bedarf für derartige Schriften dürfte durch die Handels- und Seefahrtsinteressen der blühenden ionischen Städte bestimmt gewesen sein. Allgemein sind diese frühen Prosaschriften von einem Drang nach Systematisierung und Rationalisierung geprägt, wie es besonders in Hekataios' *Genealogiai* zum Ausdruck kommt. Mythische und historische Ereignisse werden nach dem Generationenschema angeordnet. Was rational nicht vertretbar ist, wird ausgeschieden.

2.2. Die klassische Literatur

Die Epoche der klassischen Literatur ist vorwiegend mit Athen als kulturellem Zentrum verbunden. Die literarische Entwicklung ist vor allem durch die 508 v. Chr. von Kleisthenes eingeführte Demokratie bestimmt. Entscheidend zur Ausbildung eines athenischen Identitätsgefühls und zu dem damit verbundenen kulturellen Aufschwung trugen die Perserkriege bei (490, 480/479), in denen die Griechen sich erfolgreich zur Abwehr der gewaltigen Übermacht zu einem gemeinsamen Bündnis zusammenschlossen. Die wichtige Rolle, die Athen in den Perserkriegen spielte, förderte das Selbstbewußtsein und Zusammengehörigkeitsgefühl in der jungen Demokratie. Im nostalgischen Rückblick am Ende des 5. Jh.s v. Chr. werden die 'Marathonkämpfer' zum Symbol der guten alten Blütezeit. Die Flotte, die Athen unter Themistokles' Führung aufgebaut hatte, gab Athen die Möglichkeit, seine Macht über die im attisch-delischen Seebund vereinten Bundesstädte auszudehnen und sich damit enorme finanzielle Ressourcen zu eröffnen. Gleichzeitig begünstigte die Flottenpolitik, die sich auf die unteren Schichten stützte, die nicht als Hopliten ('Schwerbewaffnete') dienen durften, das Erstarken des Demos ('Volk'). Dies fand seinen Ausdruck in den radikaldemokratischen Reformen des Ephialtes (462 v. Chr.), durch die die Kompetenzen des alten Adelsrates, des Areopags, auf die Blutgerichtsbarkeit beschränkt wurden.

Eng mit der demokratischen Entwicklung sind die Sophisten (S. 121) verbunden. Da in der neuen Verfassung nicht mehr die Herkunft und soziale Stellung eines Politikers zählten, sondern es darauf ankam, eine große Menschenmenge in der Volksversammlung *(Ekklesie)* durch die Überzeugungskraft seiner Worte für sich zu gewinnen, fanden die Sophisten großen Zulauf, jene herumziehenden Weisheits- und Redelehrer, die mit dem Anspruch auftraten, gegen enorme Honorare die Kunst der überzeugenden Rede zu lehren und damit ihren Schülern eine erfolgreiche politische Laufbahn zu eröffnen. Dieser neue Politikstil respektierte die bisher anerkannten Normen und Werte nicht mehr; alles und jedes war der Diskussion frei gegeben, konnte hinterfragt und in Frage gestellt werden. Auf die durch die Sophistik ausgelöste geistige Krise wirkte der Krieg, den Athen seit 431 v. Chr. mit Sparta und seinen Verbündeten führte (Peloponnesischer Krieg, 431–404 v. Chr.), wie ein Katalysator, zumal die langdauernden militärischen Auseinandersetzungen zu einer innenpolitischen Zerrüttung führten, die 411 in einem oligarchischen Putsch und 404/403 in dem oligarchischen Terrorregime der 30 Tyrannen ihren Ausdruck fand. Die demokratische Restauration, die sich an die Vertreibung der 30 Tyrannen anschloß, führte 399 zum Tod des Sokrates, der in Zusammenhang mit Rädelsführern der Oligarchen, besonders Platons Onkel Kritias, gebracht wurde.

Die skizzierten politischen Ereignisse beeinflußten maßgeblich die Literatur nicht nur des 5., sondern auch des 4. Jh.s. Eine Reihe literarischer Gattungen sind ohne die demokratische *Polis* nicht denkbar. Es sind dies in erster Linie die dionysischen Gattungen, Dithyrambos, Tragödie, Satyrspiel und Komödie, die an dem Hauptfest des demokratischen Athen, den Großen (oder Städtischen) Dionysien, und an dem weniger zentralen, aber älteren Frühjahresfest, den Lenäen, zur Aufführung kamen. Den einzelnen Gattungen fielen im Rahmen des Festes eminent wichtige, sich gegenseitig ergänzende politische Funktionen zu. Der Dithyrambos, das alte Kultlied zu Ehren des Dionysos, wurde von den von Kleisthenes neu geschaffenen zehn Verwaltungseinheiten, den Phylen, im Wettstreit (*Agón*) vorgetragen und diente in erster Linie der Vermittlung einer demokratischen, patriotischen Gesinnung und der Schaffung eines Zusammengehörigkeitsgefühls innerhalb der Phylen quer durch die sozialen Schichten. Die Komödien förderten – vor allem durch den für das 5. Jh. typischen Spott über bekannte Persönlichkeiten (ὀνομαστὶ κωμῳδεῖν [*onomastí komodeín*]) – die Selbstvergewisserung, das Gruppengefühl des attischen Demos. Der anonyme Autor der polemischen Schrift *Über den Staat der Athener*, die unter den Werken des Xenophon überliefert ist und aller Wahrscheinlichkeit nach aus dem letzten Viertel des 5. Jh.s stammt, bemerkt mit Sarkasmus, daß das athenische Volk es zwar nicht zulasse, daß es selbst auf der Bühne verspottet werde; wohl aber toleriere es Spott und Hohn, wenn er gegen reiche, adlige oder einflußreiche Personen gerichtet sei (2, 18). Aber auch in der Komödie ist eine patriotische Grundtendenz feststellbar. In den Komödien des Aristophanes findet sich – insbesondere in der Krisensituation des Jahres 405 – der Aufruf zum Interessenausgleich, zur Eintracht (ὁμόνοια [homónoia]). Die Tragödie schließlich beleuchtet im Spiegel des Mythos Probleme des menschlichen Zusammenlebens. Dies kann von einer deutlichen Bestätigung der demokratischen Ideologie oder aktueller politischer Entscheidungen (z. B. Aischylos, *Eumeniden*; Euripides, *Herakliden*, *Hiketiden*) bis zur kritischen Analyse der Gegenwart (z. B. Euripides, *Phönizierinnen*, *Orestes*) reichen, kann aber auch, wie dies in den erhaltenen Stücken des Sophokles der Fall ist, allgemeinmenschliche Probleme behandeln.

Die demokratische Diskussionsgesellschaft, wie sie Thukydides in seinem Geschichtswerk mit bitterer Schärfe analysiert (vor allem 3, 38), bot den Nährboden für die Entwicklung der Rhetorik und der einzelnen Redegattungen (S. 97ff.). Letztendlich ist die Rhetorik für das Entstehen der verschiedenen Prosagattungen verantwortlich, die die Literatur des 4. Jh.s prägen, und für die Genese einer Literatur im modernen Sinne, in der ein Autor für ein ihm unbekanntes, großes Publikum und vor allem für die Nachwelt schreibt. Ebenfalls kann man im rhetorischen Übungsbetrieb einen Ursprung fiktionaler Literatur sehen. Die Rhetoriklehrer wie z. B. der bekannte Sophist Gorgias oder sein Zeitgenosse Antiphon führten in ihren Unterrichtsgegenstand anhand fiktiver Fälle ein, die entweder dem Mythos entnommen oder frei erfunden waren. Diese Entwicklung, die Ausbildung verschiedener Prosagattungen gegen Ende des 5. Jh.s, verläuft parallel zu einer aufkommenden Buchkultur. In seiner 'Schriftkritik' reagiert Platon auf diese Erscheinungen und streicht die Schattenseiten des modernen Literaturbetriebs heraus, wenn er schreibt, daß ein schriftlich fixierter und publizierter Text, losgelöst von seinem Autor, auf die Fragen seiner Rezipienten keine Antwort geben könne und deshalb jeder Art von Mißbrauch, also von Fehlinterpretation, ausgesetzt sei (*Phaidros* 275 D–E). Die positiven Seiten der neuen Buchkultur dagegen betont Thukydides. Am Ende des Methodenkapitels (1, 22) nimmt er für sich in Anspruch, mit seinem Geschichtswerk ein κτῆμα ἐς αἰεί (*ktēma es aieí*), einen Besitz für immer und nicht etwas für den einmaligen Vortrag verfaßt zu haben.

Der Zusammenbruch Athens im Jahre 404 und der Tod des Sokrates 399 v. Chr. sowie die mit diesen Ereignissen verbundene politische Krise sind als weitere Ursachen für die Ausbildung der Prosagattungen im frühen 4. Jh. anzusehen. Die Frage, wie es zum politischen Niedergang Athens kommen konnte und wie ein Mann wie Sokrates zum Tode verurteilt werden konnte, beflügelte einerseits staatstheoretische Reflexionen, andrerseits gab sie den Anstoß zur Ausbildung der sokratischen Schriften – von Werken also, in denen Sokrates im Mittelpunkt steht – und damit zur Ausbildung der philosophischen Schriftstellerei und der Form des Dialogs.

Das persönliche Schicksal, das politisch engagierten Personen in der Krisen- und Umbruchszeit um 400 widerfahren konnte, vor allem die Verbannung aus Athen, gab wohl auch den Anstoß zur autobiographischen Schriftstellerei mit apologetischem Tenor. Xenophons *Anabasis* ist der erste Text dieser neuen Gattung; bei Thukydides (Ende Buch 4) und in der *Mysterienrede* des Redners und Politikers Andokides finden sich erste Spuren. Die Vielfalt der Prosagattungen, die in den ersten Jahrzehnten des 4. Jh.s ausgebildet wurden, spiegelt vor allem Xenophons Werk wider. Neben den historiographischen *Hellenika*, der Fortsetzung von Thukydides' Geschichtswerk, die die Jahre 411/10–361 v. Chr. umfassen, finden sich die autobiographische *Anabasis*, das Enkomion auf den spartanischen König Agesilaos, die Gruppe der sokratischen Schriften (*Memorabilien, Symposion, Apologie, Oikonomikos*), staatstheoretische Schriften (*Hieron* [fiktiver Dialog zwischen dem Chorlyriker Simonides und dem Tyrannen Hieron]), der *Staat der Spartaner*, die *Poroi* [Staatseinnahmen]), Lehrschriften (*Hipparchikos* [Pflichten des athenischen Reiterobersten], *Über die Reitkunst, Über die Jagd*) und die *Kyrupädie (Erziehung des Kyros)*, der erste historische 'Erziehungsroman' mit didaktischem und staatstheoretischem Anspruch.

2.3. Die hellenistische Literatur

Die Herrschaft Alexanders des Großen und seiner Nachfolger (Diadochen) führte zur Zerschlagung der vielen Kleinstaaten der griechische Welt, ob sie demokratisch oder aristokratisch regiert waren. Der Verantwortung tragende Bürger einer Polis wurde abgelöst vom Untertan eines monarchisch regierten Gemeinwesens. Da die Politik als Betätigungsfeld ausschied, fand ein genereller Rückzug ins Private statt. An die Stelle des Wohlergehens des Gemeinwesens trat das private Glück (εὐδαιμονία [*eudaimonía*]). Neue Zentren – vor allem Alexandria im ptolemäischen Ägypten und Pergamon im Seleukidenreich – entstanden. Die neuen Machthaber zogen die führenden Intellektuellen – Dichter und Wissenschaftler – an ihre Höfe, förderten die Wissenschaften und Künste und errichteten kulturelle Stätten wie die berühmte Bibliothek von Alexandria, das Museion (S. 15). Daneben begann die aufsteigende

Großmacht Rom die griechische Literatur thematisch zu beeinflussen: Der Historiker Polybios (200–120 v. Chr.) will mit seinem Geschichtswerk den Aufstieg Roms zur Weltmacht erklären.

Die veränderte politische Situation zeitigte ihre Wirkungen vor allem in der Philosophie und der Komödie. Mit dem *Kepos* ('Garten'), der Schule des Epikur, und der *Stoa* ('Säulenhalle', nach der *Stoa poikíle* in Athen benannt) traten zwei philosophische Schulen in das Licht der Öffentlichkeit, in denen das Glück des Individuums im Zentrum steht (S. 133). Im Theater wurde die politische Komödie des Aristophanes, in denen die Belange und Probleme der Polis den Anstoß der komischen Handlung gaben, durch die Phase der Neuen Komödie, für uns greifbar in den Komödien Menanders, abgelöst. Die politische Aktualität wird durch eine allgemeingültige, beinahe zeitlos zu nennende Darstellung zwischenmenschlicher Beziehungen, insbesondere von Liebesverwicklungen, verdrängt.

Die hellenistische Literatur weist deutlich erkennbare Epochenmerkmale auf. Hervorstechendes Charakteristikum ist die Verbindung von wissenschaftlicher, philologischer Beschäftigung mit Literatur, der Ausbildung eines poetologischen Programms und der Produktion von Literatur auf der Basis der Philologie und des poetischen Programms ('alexandrinische Poetik'). Die alexandrinischen Dichter und Theoretiker wie Kallimachos (310–240 v. Chr.) und Theokrit (1. Hälfte 3. Jh. v. Chr.) lehnen die Großform des Epos ab, da Homer sowieso nicht zu übertreffen sei. Statt dessen proklamieren sie die kleine, stilistisch und sprachlich ausgefeilte Form, deren Inhalt durch Gelehrsamkeit, durch die Bezugnahme auf frühere Autoren, durch die Behandlung abgelegener Themen und Mythen, durch die spielerische Einbeziehung wissenschaftlicher, insbesondere philologischer Probleme sich auszeichnet. *Poetae docti* ('gelehrte Dichter') schreiben für ein ebenso gebildetes Publikum, das sich am Wiedererkennen der in den neuen Texten verarbeiteten Vorlagen erfreut und sich gleichzeitig der kulturelle Tradition versichert, in der es steht. Diese Vergewisserung der kulturellen Tradition spiegeln auch die philologischen Arbeiten dieser Zeit wider: die Literatur der vorangegangenen Zeit wird gesammelt, wissenschaftlich ediert und kommentiert und durch Spezialuntersuchungen und Wörterbücher erschlossen (S. 16 ff.). Die philologische Tätigkeit der hellenistischen Autoren findet ihren Niederschlag in der Wiederaufnahme alter Gattungen wie des Iambos und der Hymnendichtung, die nun allerdings ihren Sitz im Leben verloren haben und zur reinen Literatur geworden sind. Die Reflexion über literarische Gattungen und Gattungsmerkmale gibt den

Anstoß zur Schaffung neuer Gattungen durch Kreuzung und Mischung bereits bestehender literarischer Formen. So ist der Roman in vielerlei Hinsicht das typische Produkt der hellenistischen Zeit und des hellenistischen Literaturbetriebs. Er weist Elemente verschiedener etablierter Gattungen auf (z. B. Epos, Historiographie, Komödie) und zeichnet sich durch sein private Thematik – Liebesleid und Liebesfreud – aus (S. 185 f.).

2.4. Die kaiserzeitliche und spätantike Literatur

Graecia capta ferum victorem cepit et artis/intulit agresti Latio („Das besiegte Griechenland besiegte den Sieger und brachte dem bäurischen Latium die Kultur") – so umschreibt Horaz im *Augustus-Brief* (*Epistulae* 2, 1, 156 f.) im Rückblick auf die wenig mehr als zweihundertjährige Literaturgeschichte Roms das paradoxe Verhältnis zwischen der siegreichen Großmacht und dem niedergerungenen Griechenland (richtiger wäre es allerdings von der besiegten griechischen Staatenwelt zu sprechen, die seit den Punischen Kriegen bis zur Schlacht bei Actium allmählich in das Imperium Romanum einverleibt wurde). Griechenland ist für die Autoren und Intellektuellen der späten Republik und der augusteischen Zeit die Kulturnation *par excellence*, die Stätte der Bildung (παιδεία [*paideía*]), der Rom seine Literatur, Philosophie und Kultur überhaupt verdankt. Die Reflexion über das Verhältnis der Griechen zu den Römern, das in der lateinischen Literatur des 1. Jh.s v. Chr. eine zentrale Stellung einnimmt, ist auf griechischer Seite eher verhalten: Polybios (200–120 v. Chr.) analysiert in seinem Geschichtswerk Roms Aufstieg zur Großmacht, Plutarch (ca. 50–120 n. Chr.) stellt in seinen Parallelbiographien große Griechen und Römer einander gegenüber.

Die Krise der römischen Republik im 1. Jh. v. Chr. wirkte sich nachhaltig auf den griechischen Kulturbereich aus, zumal die militärischen Auseinandersetzungen des Bürgerkriegs vorwiegend im östlichen Mittelmeerraum stattfanden (Schlachten bei Pharsalos, 48 v. Chr., Philippi, 42 v. Chr., und Actium, 31. v. Chr.). Die *Pax Augusta* der frühen Kaiserzeit sollte sich jedoch positiv auf den griechischsprachigen Osten auswirken. Das Imperium Romanum wurde allmählich zum politischen Bezugsrahmen, es war Garant eines bürgerlichen Lebens in Wohlstand und Frieden. Der Einfluß der alten, städtischen Eliten in den Provinzstädten wurde sogar von der römischen Verwaltung gefördert. Die Führungsschichten suchten und fanden ihre Identität in der Kultur, der griechischen Literatur und Bildung, die zum Medium ihrer Selbstvergewisserung wurde und als Beweis ihrer Überlegenheit über die neuen Machthaber diente. Nicht Macht und Reichtum machen einen Menschen aus, sondern eben *Paideía*, wie Cicero den Begriff in seiner Verteidigungsrede für den Dichter Archias (*Pro Archia poeta* 1, 2) definiert: *omnes artes quae ad humanitatem pertinent* – als Summe der Künste, die zur Ausbildung von Menschlichkeit, der wahren Natur des Menschen beitragen. Diese Entwicklung – die Rückbesinnung auf die große, überlegene kulturelle Tradition – wurde im 4. Jh. mit der sich anbahnenden Reichsteilung noch verstärkt. Die christliche Religion wirkte in der Regel nicht als Hemmnis der Beschäftigung mit der paganen antiken Literatur. Garant der kulturellen Tradition war das dreistufige Schulsystem, das zur die literarische Produktion und Überlieferung bestimmenden Institution wurde. Nach dem Elementarunterricht beim *Grammatistes* ('Buchstabenlehrer') folgte die Lektüre der Klassiker beim *Grammaticus*, der auch eine erste Einführung in die praktische Beredsamkeit geben konnte (*Progymnásmata*, 'Vorübungen'). In der Rhetorenschule schließlich wurde die Theorie der Beredsamkeit, die Analyse von Musterreden und die Abfassung von Reden erlernt.

Der Schulbetrieb und die Selbstvergewisserung der griechischen Eliten sind verantwortlich für die die Literatur der Kaiserzeit bestimmenden Tendenzen: den Attizismus und die 'Zweite Sophistik'. Die rhetorisch-stilistische Schulrichtung des Attizismus orientierte sich am Attischen des ausgehenden 5. und 4. Jh.s v. Chr., das zur sprachlichen Norm erhoben wurde. Der vor allem im Osten gepflegte, 'barock' überladene asianische Stil wurde – wohl auch aus politischen Gründen (Marcus Antonius, der Gegner Octavians, galt als Repräsentant des Asianismus) – strikt zurückgewiesen. In der augusteischen Zeit ereignet sich demnach ein Paradigmenwechsel (S. 136), der in den literaturtheoretischen Schriften des Dionysios von Halikarnaß (besonders in *Über die alten Redner*) begründet wird. Die hellenistischen Autoren und die von ihnen praktizierte *Koine* (S. 44f.) werden abgelehnt, zu literarischen Vorbildern werden dagegen Lysias, Xenophon, Isokrates, Demosthenes. Aristophanes, dessen Komödien aufgrund ihrer Verankerung in der Politik und dem Polisleben des ausgehenden 5. Jh.s v. Chr. kaum erhalten geblieben wären, verdankt der Tatsache, daß die Attizisten ihn als Vertreter des reinen Attisch ansahen, sein literarisches Überleben, während die Komödien Menanders trotz ihrer allgemeinmenschlichen, zeitlosen Thematik aus dem Überlieferungsprozeß verschwanden. Die extreme Form des Attizismus stieß allerdings auch auf Ablehnung. So parodiert sie z. B. Lukian in seinem *Lexiphanes* und kritisiert sie im

Rhetorum praeceptor. Das literarische Programm des Attizismus – die Rückbesinnung auf die Autoren des ausgehenden 5. und des 4. Jh.s v. Chr. – findet seine praktischen Auswirkungen in einer Vielzahl lexikographischer Werke des 2. Jh.s n. Chr., in denen für den Schulbetrieb Hilfestellungen für die Vermittlung eines korrekten Attisch geboten werden (Phrynichos, *Eklogé*; Pollux, *Onomastikón*; Harpokration, *Lexikon zu den zehn Rednern*; Moiris, *Attische Redeweisen*). Die antiquarischen Interessen in der Literatur der Zeit sind ebenfalls ein Ausfluß der Rückbesinnung auf die Klassik. Dazu zählen neben einem allgemeinen Interesse an den Realien des 5. und 4. Jh.s auch Untersuchungen zur Grammatik (Apollonios Dyskolos, Herodian [2. Jh. n. Chr.]) und Metrik (Hephaistion [2. Jh. n. Chr.]) und vor allem auch die Paradoxographie, die Sammlung und Erörterung von Absonderlichkeiten und Erstaunlichem (*Problémata*-Literatur, z. B. Plutarch, *Tischgespräche*; Athenaios, *Deipnosophistai;* Ailianos, *Bunte Geschichten*). Dem Schul- und Rhetorikbetrieb entspringt auch die Vorliebe für Anthologien und Sentenzen: Johannes Stobaios (5. Jh. n. Chr.) exzerpierte in seiner Anthologie, die zur Unterweisung seines Sohnes Septimius bestimmt ist, ca. 500 Autoren von Homer bis ins 4. Jh. n. Chr. Von dem Komödienautor Menander wurden nicht mehr die gesamten Stücke überliefert, sondern die Sentenzen zusammengestellt (Μενάνδρου Γνῶμαι [*Menándru Gnómai*]).

Eng mit der dritten Stufe der schulischen Ausbildung, der Rhetorenschule, ist die 'Zweite Sophistik' und die Blüte rhetorisch geprägter Prosagattungen in der Zeit zwischen ca. 50–250 n. Chr. verbunden. Die Bezeichnung 'Zweite Sophistik' stammt von einem Hauptvertreter dieser Strömung, von Philostratos *(Lebensbeschreibungen der Sophisten)*. Den blühenden Rhetorikbetrieb kann man als Ersatz für das Theater der klassischen und hellenistischen Periode ansehen. Berühmte Redner zogen durch die Lande und hielten für enorme Honorare in den *Odeen*, den eigens für diese Vorträge bestimmten Gebäuden, ihre Prunkreden ('Konzertreden'). Mythologische und historische Sujets werden neben literaturkritischen, politischen oder staatstheoretischen Themen behandelt, die Popularphilosophie spielt eine große Rolle. Besonders beliebt scheinen Bildbeschreibungen *(Ekphráseis)* gewesen zu sein (Philostratos, *Eikónes* [*Bilder*]), die auch schon beim *Grammaticus* im Rahmen der *Progymnásmata* geübt wurden. Hauptvertreter der Zweiten Sophistik sind Dion von Prusa (ca. 40/50–120 n. Chr.) mit dem Beinamen *Chrysóstomos*, 'Goldmund', Ailios Aristeides (117–181 n. Chr.) und die Philostratoi (2./3. Jh. n. Chr.).

Da zum Unterrichtsprogramm der Rhetorenschulen auch das Abfassen von Briefen zählte, ist das Aufblühen der Epistolographie in der Kaiserzeit auf den Schulbetrieb zurückzuführen. Neben einer Vielzahl von echten und literarischen Briefen (Alkiphron, Ailanos, vor allem Libanios, von dem ca. 1500 Briefe erhalten sind) gibt es historische 'Briefromane', in denen berühmte Literaten, Philosophen oder Gelehrte der Vergangenheit als Schreibende eingeführt werden (Themistokles, Hippokrates, Euripides, Platon, Sokrates, Aischines).

Neben dem Rhetorikbetrieb tragen maßgeblich zur literarischen Produktion der Kaiserzeit und Spätantike die Philosophenschulen bei, die ihre Lehren in verschiedenen literarischen Formen vermittelten. Die Lehren der einzelnen Schulrichtungen können – durchaus der gleichzeitigen Vorliebe für Anthologien und Sentenzen entsprechend – knapp zusammengefaßt bzw. systematisch dargestellt werden ('Doxographie'), oder die Geschichte der Schulen kann vor allem unter dem Aspekt der Lehrer-Schüler-Abfolge ('Diadoché') behandelt werden. Ebenfalls dem philosophischen und wissenschaftlichen Schulbetrieb sind die zahlreichen Einführungen ('Eisagogaí') zuzuordnen, die teils als Lehrvortrag mit Einleitung und Zusammenfassung, teils als schematisch-systematische Darstellung, teils als 'Katechismus' nach dem Frage-Antwort-Schema angelegt sind. Zu nennen sind in diesem Zusammenhang vor allem die Einführung des Porphyrios (234–305 n. Chr.) in die Kategorien des Aristoteles oder des Theon von Smyrna (2. Jh. n. Chr.) über mathematische Aspekte, die für das Verständnis der platonischen Philosophie von Nutzen sind. Umfangreiche Kommentarwerke zu den philosophischen Klassikern entstehen (z. B. die Kommentare des Alexander von Aphrodisias [2./3. Jh. n. Chr.] zu einer Vielzahl aristotelischer Schriften oder des Proklos [412–485 n. Chr.] zu Platon). Als besondere Form der Kommentierung wird die 'Paraphrase' entwickelt, die umschreibende Erklärung schwieriger philosophischer Texte (z. B. Themistios [ca. 317–388 n. Chr.] zu aristotelischen Werken). Eine eigenständige Philosophie wird im Mittelplatonismus von Plotin (205–270 n. Chr.) begründet und von der neuplatonischen Richtung in der Verbindung mit mathematischer Spekulation, Orakeldeutung und unter dem Einfluß von Mysterienkulten weiter entwickelt (S. 134).

In enger Verbindung und unter dem Einfluß der paganen Literatur entwickelt sich die christliche griechische Literatur, deren Periodisierung man mit B. Altaner und A. Stuiber (Patrologie, 1966) nach den wichtigen kirchenpolitischen und dogmatischen Entscheidungen der Spätantike vornehmen kann. Danach kann man eine 'Periode der

Grundlegung' der christlichen Literatur bis zu dem Konzil von Nikaia (Nicaea) im Jahre 325, eine Phase der Blüte bis zum Konzil von Chalkedon (451 n. Chr.) und eine 'Periode des Ausgangs' bis ca. 750 n. Chr. voneinander unterscheiden. Die erste Phase ist gekennzeichnet durch die Kanonisierung der Schriften, die als tatsächlich von den Aposteln verfaßt galten. Die 27 als kanonisch anerkannten Schriften des *Neuen Testaments* – die vier Evangelien und die *Apostelgeschichte*, 21 Briefe und die *Apokalypse* – stehen deutlich unter dem Einfluß antiker literarischer Gattungen. Die *Apostelgeschichte* ist eine Weiterentwicklung der hellenistischen Historiographie, in den Evangelien fließen biographische Elemente mit Spruchweisheit, Gnomik und Wundergeschichten zusammen, die Briefe sind dem Genus des Lehrbriefs zuzuweisen, die *Apokalypse* schließlich hat eine Wurzel in der jüdischen Widerstandsliteratur. Stark prägend wirkten auf die Ausbildung der christlichen Literatur auch die Schriften der Apostolischen Väter aus dem 2. Jh. (der *1. und 2. Klemensbrief*, die *Abschiedsworte* des Ignatius von Antiocheia an sieben Gemeinden Kleinasiens, zwei Briefe des Bischofs Polykarpos von Smyrna an die Philipper, die älteste Kirchenordnung *(Didaché)*, die *Auslegung der Herrenworte* von Papias, der *Hirt des Hermas* und das *Martyrium des Polykarpos*, das die Gattung der Märtyrerakten begründete).

Parallel zur Ausbildung des Schriftenkanons verläuft die kritische Auseinandersetzung der christlichen Autoren mit der heidnischen Philosophie und Literatur ('Apologetik'). Das Ziel der Apologeten bestand darin, die gegen das Christentum vorgebrachten Anschuldigungen zu widerlegen und gleichzeitig die Überlegenheit der christlichen Religion über die heidnische Philosophie zu erweisen. Vor allem der pagane, philosophische *Protreptikós* und der Dialog wurden als literarische Formen eingesetzt (Klemens von Alexandria [ca. 150–215 n. Chr.]). Die Ausgrenzung von nicht als kanonisch anerkannten, häretischen Lehrmeinungen erfolgte in dogmatischen, antihäretischen Streitschriften. Der Einfluß, den die Rhetorik auf die christliche Literatur ausübte, ist vor allem in den umfangreichen Predigt- und Briefcorpora zu sehen. In Analogie zu den traditionellen Formen der Rede (S. 98, 180f.) entwickeln sich die Trost-, Trauer- und Festpredigt. Auch das Genus der paganen popularphilosophischen Diatribe (S. 174) hinterläßt in den Predigten seine Spuren. Für die christliche Briefliteratur geben die antike Rhetorik – vor allem die in den Rhetorenschulen gepflegte Ethopoiie (S. 100) – und die Briefe des *Neuen Testaments* das Modell (Gregor von Nazianz [329/30–390], Gregor von Nyssa [330–395], Basileios [ca. 330–379],

Synesios von Kyrene [ca. 370-413]). Wie in der Spätantike die einzelnen Philosophenschulen extensiv die Kommentierung der Klassiker der Philosophie betrieben, begann man auch in der christlichen Literatur mit der Auslegung der kanonischen Schriften ('exegetische Literatur'). Christliche Geschichtsschreibung wird in der Form der universalhistorischen Weltchronik betrieben (Eusebios [ca. 260-339]). Auf den antiken Roman und die apokryphen Apostelakten läßt sich der christliche 'Roman', die *Pseudo-Klementinen* (3. Jh.) zurückführen, die antike Biographie wirkte auf die Ausbildung hagiographischen Schrifttums und der Märtyrerakten.

Sowohl in der christlichen wie in der paganen Literatur dominiert im Gegensatz zur spätantiken lateinischen Literatur die Prosa. Von christlichen griechischen Autoren wurde vor allem Hymnendichtung betrieben (Synesios). Von Nonnos (5. Jh.) gibt es neben seinen 48 Bücher umfassenden *Dionysiaká*, in denen er mit dem Ziel, die homerischen Epen zu übertreffen, den Dionysos-Mythos behandelt, eine *Paraphrase des Johannes-Evangeliums* in daktylischen Hexametern.

X. Die Gattungen der griechischen Literatur

Der Begriff der literarischen Gattung ist eine für alltägliche Rezeption wie wissenschaftliche Bearbeitung literarischer Texte gleichermaßen wichtige Kategorie. Manfred Fuhrmann (Rom in der Spätantike, S. 38 f.) veranschaulicht dies durch ein Beispiel: „Man findet in den 'Gesammelten Erzählungen' des amerikanischen Satirikers James Thurber die Geschichte von einer Dame, die Shakespeares 'Macbeth' in der Annahme liest, daß es sich um ein Kriminalstück handele; sie kennt die Spielregeln dieser Gattung und wendet sie auf einen ungeeigneten Gegenstand an: 'Wer ist der Täter?' und: 'Durch diese Finte lasse ich mich nicht täuschen.' Die von Thurber inszenierte Störung zeigt, was die Gattung im Normalfall leistet: sie dient als Kommunikationsbasis von Autor und Publikum; sie gibt als eine Art Code, den sowohl der Autor als auch das Publikum kennen, die Richtung vor, in der die Deutung des eine bestimmte Gattung repräsentierenden Werkes gesucht werden soll. Demgemäß pflegt auch die Philologie der Gattungszugehörigkeit aller überlieferten Literaturwerke und darüber hinaus dem Verhältnis der Gattungen zueinander größte Aufmerksamkeit zu schenken."

Dem bliebe lediglich hinzuzufügen, daß bereits die Poetologie und Literaturtheorie der Antike eine hohe Sensibilität für Gattungseigenheiten und -unterschiede entwickelt hatte. Nicht zufällig sind fast alle heute noch gebräuchlichen Termini für literarische Gattungen antiken, d. h. griechischen Ursprunges. Die Griechen unterschieden verschiedene literarische Gattungen so scharf, daß für einige bestimmte, vom Dialekt des Ursprungsgebietes gefärbte Sondersprachen verbindlich blieben: ein archaischer ionisch-äolischer Mischdialekt für das Epos, dorisch für die Chorlyrik, ionisch für wissenschaftliche, besonders medizinische Prosa, attisch für alle anderen Prosagattungen. Man hielt an diesen gattungsspezifischen Idiomen auch noch fest, als sie längst aus der lebendigen Sprachwirklichkeit des Griechischen verschwunden waren. Die gesamte griechische Literatur der Antike wird also von der Systematik der Gattungen mit ihren formalen und inhaltlichen Konventionen so stark geprägt, daß die Kenntnis der elementaren Gegebenheiten auf diesem Gebiet für das Verständnis unerläßlich ist. Im folgenden sollen die Gattungen, zuerst die poetischen, dann die prosaischen, in ihren wesentlichen Merkmalen vorgestellt werden. Die Reihenfolge innerhalb der beiden Hauptabschnitte ist chronologisch, was aber nicht bedeutet, daß z. B. in der Blütezeit der lyrischen oder der dramatischen Dichtung keine Epen mehr verfaßt worden wären, sondern nur, daß Epen früher als Lyrik und beide früher als Dramen gedichtet wurden.

1. Poesie

1.1. Epos

Die epische Dichtung der Griechen beginnt für uns mit den beiden Dichtungen, deren Rang als einzigartige Spitzenleistungen der Gattung weder in der Antike noch später je ernsthaft bestritten werden konnte. Die *Ilias* und die *Odyssee*, deren erste schriftliche Fixierung heute von den meisten Fachleuten in das vorletzte oder letzte Viertel des 8. Jh.s v. Chr. gesetzt wird – die *Odyssee* ist wohl etwas später als die *Ilias* entstanden –, stehen aber nur scheinbar am Anfang der Gattung. In Wirklichkeit setzen diese beiden Großepen eine jahrhundertealte, nach neuesten Forschungen bis tief in mykenische Zeit (16. Jh. v. Chr.) zurückreichende Tradition epischen Dichtens voraus. Diese vorhomerischen Götter- und Heroenepen wurden ohne Zuhilfenahme der Schrift, die nicht vor etwa 800 von den Griechen übernommen wurde, konzipiert und von Generation zu Generation tradiert. Die schriftlose Phase der Epik hat in den beiden erhaltenen Epen deutliche Spuren hinterlassen, was die philologische Forschung erst seit den 20er Jahren unseres Jahrhunderts durch die Arbeiten von M. Parry und seinem Schüler A. Lord zu verstehen gelernt hat. Die früher verbreitete These, daß auch *Ilias* und *Odyssee* schriftlos konzipiert und erst zu einem sehr späten Zeitpunkt – in der 2. Hälfte des 6. Jh.s v. Chr. – zu ihrer heute vorliegenden Gestalt zusammengefügt worden seien, findet kaum noch Anklang. Man neigt heute auch eher wieder zu der Annahme, daß die beiden Epen in ihrer überlieferten Gestalt im wesentlichen das Werk eines Dichter sind, wenn auch vielleicht nicht desselben. Bereits in der Antike gab es Literaturkritiker, die sogenannten Chorizonten, 'Trenner', die den Verfasser der *Odyssee* nicht für identisch mit dem der *Ilias* hielten. Mangels besserer Alternativen können wir den Dichter weiterhin 'Homer(os)' nennen, obgleich über eine Person dieses Namens nichts wirklich Gesichertes überliefert ist (S. 187f.).

Wenn man also – nach der mittlerweile 200 Jahre alten Kontroverse über die eben skizzierte 'Homerische Frage' – sagt, ein Dichter namens Homer habe in der 2. Hälfte des 8. Jh.s die beiden erhaltenen Großepen oder wenigstens eines davon geschaffen, dann bedeutet dies dennoch in vieler Hinsicht etwas anderes, als wenn man Vergil als Verfasser der *Aeneis* oder Milton als Autor von *Paradise Lost* bezeichnet. Einem Dichter im frührarchaischen Griechenland war nämlich inhaltlich und formal vieles vorgegeben, was seine später in der Antike arbeitenden und modernen Kollegen mehr oder weniger frei gestalten konnten: Inhaltlich lagen die Stoffe, Personen, Handlungsabläufe in der Überlieferung fixiert vor; formal hatte der Dichter keine andere Wahl, als sich des epischen Versmaßes, des Hexameters (S. 91), zu bedienen. Damit fügte er sich nicht nur einem metrischen Schema, sondern hatte sich auch in einer in Jahrhunderten gewachsenen artifiziellen Sprache zu bewegen, die Elemente von regional und chronologisch höchst unterschiedlicher Provenienz vereinte und so nie und nirgends gesprochen worden ist. Die epische Kunstsprache verlangte überdies, bestimmte Dinge in einer ganz bestimmten Weise auszudrücken, z. B. bestimmte Nomina mit bestimmten Epitheta zu verbinden oder öfter wiederkehrende Szenen in festgelegten, formelhaften Versen wiederzugeben. Sie war eben geschaffen für das freie Vortragen eines nicht schriftlich fixierten Textes, der gewissermaßen bei jedem Vortrag neu kreiert wurde und wohl auch jedesmal ein wenig anders ausfiel. Als Rüstzeug für diese weitgehend improvisatorische Tätigkeit hatte der Dichtersänger neben der genauen Kenntnis der Stoffe das in der epischen Kunstsprache bereitliegende Reservoir an metrisch passenden Wortkombinationen, Formeln, Ausdruckskonventionen. Ein Beispiel, das besonders gut untersucht ist, mag dies verdeutlichen: In der *Ilias* finden sich zahlreiche Ausdrücke für den Vorgang des Tötens, darunter aber nicht zwei, die metrisch einander gleichwertig wären. Für welche Formulierung der Dichter sich an einer bestimmten Stelle entscheidet, hat also wenig oder nichts mit Ausdrucksabsicht und bewußter stilistischer Gestaltung zu tun, sondern damit, in welcher metrischen Form sich das Prädikat am bequemsten in den durch die Namen der Akteure und anderes vorgegebenen Kontext fügt.

Für die anderen griechischen Epiker gelten diese, aus dem historischen Standort am Übergang von Mündlichkeit zu Schriftlichkeit resultierenden Besonderheiten nicht, soweit sie nicht auch in dieser Hinsicht bewußt Homer imitieren. Die gesamte griechische Epik beachtet aber bestimmte Gattungskonventionen, die man bei Homer in vorbildhafter Weise realisiert fand. Am wichtigsten sind:

– inhaltlich die Beschränkung auf 'große' und bedeutsame Gegenstände, auf Götter- und Heldengeschichten, später auch auf historische Begebenheiten; weiterhin die durchgängige Beteiligung der Götter am Geschehen ('Götterapparat') mit Beschreibung von Götterversammlungen, Zwiegesprächen zwischen Göttern bzw. zwischen Gott und Mensch, tatkräftigem göttlichen Einwirken auf das Geschehen.

– formal der reichliche Gebrauch von Epitheta (Beiwörtern), die Vorliebe für Vergleiche, die oft über viele Verse hinweg breit ausgeführt werden und ein Geschehen veranschaulichen; dazu die wiederholte Unterbrechung der fortlaufenden Handlungsschilderung durch statische Partien, insbesondere die ausführliche Beschreibung von Gegenständen, oft von Kunstwerken (Ekphrasis) oder Örtlichkeiten (Topothesie); der hohe Anteil von direkten Reden der handelnden Personen (in *Ilias* und *Odyssee* 67% des Textes).

Von der Epik der archaischen und klassischen Zeit sind nur *Ilias* und *Odyssee* vollständig erhalten. Die Epen des 'epischen Kyklos', einer Reihe von Homer-imitierenden, wohl größtenteils im 6. Jh. v. Chr. entstandenen Dichtungen, die die in *Ilias* und *Odyssee* 'ausgelassenen' Teile der Troja-Sage als auch andere große Mythen darstellen, kennen wir durch wenige Fragmente und spätantike Inhaltsangaben. Nur Fragmente haben wir von dem ersten bekannten historischen Epos, den *Persiká (Persischen Geschichten)* des Choirilos von Samos (um 400), dem in hellenistischer Zeit eine große Zahl von ebenfalls verlorenen historischen Epen folgen sollte (z. B. die lokalen Gründungsepen des Euphorion von Chalkis [um 250 v. Chr.] und des Rhianos von Bene [um 220 v. Chr.]). Vollständig erhalten ist dagegen das um 260 v. Chr. entstandene, knapp die Hälfte des Umfanges der *Odyssee* erreichende Argonautenepos des Apollonios Rhodios, das durch seine verfeinerte metrische Technik (strengere Reglementierung des Hexameters) ebenso wie durch seine neue poetologische Konzeption (S. 146) wegweisend für die weitere Entwicklung der Gattung und besonders auch für die römische Epik wurde. Hexametrische Epen wurden bis in die Spätantike, ja bis tief in die byzantinische Zeit verfaßt, als die Meisterung des Versmaßes wegen des Sprachwandels (Wegfall des Quantitätenunterschiedes, exspiratorischer Akzent; S. 50) eine zunehmend komplizierte Übung geworden war. Genannt seien die im 3. Jh. entstandenen *Posthomeriká* des Quintus Smyrnaeus (14 Bücher) sowie die *Dionysiaká* des Nonnos aus dem 5. Jh. – mit 48 Büchern das längste bekannte griechische Epos.

1.2. Sonstige hexametrische Dichtung

1.2.1. Lehrgedicht

Poesie mit vornehmlich didaktischer Zielsetzung gibt es in Griechenland seit Hesiod von Askra (um 700 v. Chr.). Seine beiden erhaltenen Hauptwerke wollen sowohl theoretisches Wissen über die Welt, insbesondere die in ihr wirkenden Gottheiten vermitteln (*Theogonie*) als auch zur praktischen Bewältigung des alltäglichen Lebens anleiten (*Werke und Tage*). Im 6. Jh. nutzten herausragende Vertreter der vorsokratischen Naturphilosophie die poetische Form zur Vermittlung ihrer Lehren. Von den großen Lehrgedichten des Parmenides, Empedokles und anderer haben wir jedoch nur geringe Fragmente. Im 5. und 4. Jh. verschwand die Lehrdichtung, da ihre Funktion von der jetzt sich entfaltenden fachwissenschaftlichen bzw. philosophischen Prosa übernommen wurde.

Im Hellenismus (seit etwa 300 v. Chr.) kam es zu einem Wiederaufleben der alten Form mit neuer Zielsetzung: Dichter wie Arat von Soloi oder Nikander von Kolophon verfaßten Werke, die sich nur äußerlich in die Tradition der didaktischen Dichtung stellten. Sie wollten den Leser jedoch nicht belehren – dafür gab es die jeweils einschlägigen Prosaschriften –, sondern poetische Virtuosität in der Gestaltung eines möglichst entlegenen und der dichterischen Gestaltung widerstrebenden Gegenstandes demonstrieren ('spielerischer Typus') oder eine tiefere, hinter dem Textoberfläche verborgene Wahrheit vermitteln ('transparenter Typus'). So schrieb z. B. Arat ein erhaltenes, viel gelesenes und mehrfach ins Lateinische übersetztes Lehrgedicht über den Sternenhimmel (*Phainómena*, um 250 v. Chr.), mit dem er keineswegs ein astronomisches Werk vorlegen, sondern im Sinne der stoischen Philosophie die Ordnung der Welt vermitteln wollte ('transparenter Typus'). Nikander verfaßte zwei ebenfalls erhaltene Lehrgedichte über Bisse giftiger Tiere und Gegenmittel (*Theriaká, Alexiphármaka* um 200 v. Chr., 'spielerischer Typus'). Von den meisten der zahlreichen, in dieser Epoche entstandenen Lehrgedichte kennen wir aber nur die Titel und wenige Fragmente.

In dieser hellenistischen Ausprägung wurde das Lehrgedicht von den Römern übernommen, aber auch im griechischen Kulturraum weitergepflegt. Einige kaiserzeitliche Beispiele sind erhalten: die 124 n. Chr. veröffentlichte *Erdbeschreibung (Perihégesis)* des Dionysios von Alexandria, die noch in byzantinischer Zeit als maßgebliches Geographie-

Lehrbuch in der Schule benutzt wurde. Außerdem kennen wir zwei Lehrgedichte über Fischfang und Jagd (*Halieutiká*, um 180 n. Chr., *Kynegetiká*, um 215 n. Chr.), von denen das ältere ein aus Kilikien stammender Oppianos, das jüngere ein gleichnamiger Autor aus dem syrischen Apamea verfaßt hat.

Von der antiken Literaturtheorie wurde das Lehrgedicht nur ausnahmsweise als eigene Gattung eingestuft; häufiger schloß man es aufgrund seines Inhalts und seiner didaktischen Intention insgesamt aus der Poesie aus oder schlug es mit Rücksicht auf seine Form der epischen Dichtung zu. Vom Epos hat die Lehrdichtung tatsächlich einige Charakteristika übernommen, insbesondere das Metrum. Auch gewisse Techniken der Stoffpräsentation (Wechsel von narrativen mit argumentierenden Partien, Exkurse, Beschreibungen) erinnern an das Epos. Auf den ersten Blick scheint auch der in fast allen Lehrgedichten anzutreffende Anruf der Musen oder anderer für den jeweiligen Gegenstand zuständiger Gottheiten das Vorbild des Epos zu evozieren. Im Gegensatz zum Epiker präsentiert sich der Lehrdichter aber nicht als bloßes Sprachrohr, sondern tritt selbstbewußt als in eigener Verantwortung und aus eigenem Vermögen Belehrender auf. Seit Nikander wird die *Sphragís* ('Siegel') üblich: Der Dichter weist am Ende seines Werkes dezidiert auf die eigene Person hin. Ein weiteres wesentliches Kennzeichen des Lehrgedichtes ist die besondere Beziehung zwischen Autor und Rezipient, die es so in keinem Epos gibt. Bereits bei Hesiod findet sich die Widmung des Werkes an eine bestimmte Person. Daneben denkt der Lehrdichter natürlich auch an seine namenlose Leserschaft insgesamt, so daß häufig nicht entschieden werden kann, ob der individuelle Adressat oder der Leser im allgemeinen angesprochen wird. In diesem durch besondere Signale immer wieder aktualisierten Kommunikationsmuster liegt wohl eines der ausgeprägtesten Gattungsmerkmale des Lehrgedichtes.

1.2.2. Parodisches Epos und Kleinepos (Epyllion)

Die übrigen hexametrischen Poesiegattungen haben im Gegensatz zum Epos die Gemeinsamkeit, daß ein Anspruch auf Größe und Bedeutsamkeit des Stoffes nicht erhoben wird, vielmehr teilweise sogar absichtlich das wenig Bekannte, oft auch Alltägliche zur Darstellung kommt. Bereits aus archaischer Zeit (7./6. Jh. v. Chr.) ist fragmentarisch eine Epos-Parodie unter dem Titel *Margites (Tölpel)* überliefert, dem sich der vollständig erhaltene *Frosch-Mäuse-Krieg (Batrachomyoma-*

chía, wohl später als 3. Jh. v. Chr.) zur Seite stellt. Mit Blick auf ihren Umfang könnte man diese *Ilias*-Parodie wie auch einige unter dem Namen Hesiods teilweise überlieferte epische Kleindichtungen als 'Kleinepen' *(Epyllia)* bezeichnen. Eingebürgert hat sich der (in der Antike in anderem Sinn gebrauchte) Terminus aber seit Anfang des 19. Jh.s. für eine bestimmte Sonderform hexametrischer Poesie, die es erst seit hellenistischer Zeit gibt: Es handelt sich um relativ kurze Gedichte (die Länge variiert zwischen den 75 Versen des 13. Eidyllions von Theokrit und den wohl ungefähr 1500 Versen des [nicht erhaltenen] *Hermes* des Eratosthenes), die ihren mythischen Stoff – bevorzugt abgelegene, wenig behandelte Episoden, Lokalsagen, sentimentale Liebesgeschichten, aitiologische (den Ursprung bestehender Riten und Kulte erklärende) Mythen – im leichten Tonfall einer überlegenen Distanzierung, oft auch scherzhaft oder ironisch präsentieren. Die Heroinen und Heroen des Mythos werden gewissermaßen in die bürgerliche Alltagswelt der hellenistischen Zeit transportiert und empfinden, sprechen und handeln wie 'normale' Menschen, soweit das die Vorgaben der Geschichten erlauben. Formal wird der Epyllienstil durch eine meist ungemein sorgfältige sprachlich-stilistische Durchformung geprägt. Die Gattung wird unter anderem repräsentiert durch einige unter den *Eidýllia* des Theokrit, den *Adónis* des Bion (ca. 200 v. Chr.), die *Európe* des Moschos (1. Jh. v. Chr.), die *Ilíu Hálosis (Einnahme Trojas)* des Triphiodor (ca. 300 n. Chr.), das Hero und Leander-Gedicht des Musaios (Mitte 5. Jh. n. Chr.) und den *Raub Helenas (Harpagé Helénes)* des Kolluthos (ca. 500 n. Chr.).

1.2.3. Hymnos

Das griechische Wort ungeklärter Etymologie kann in früher Zeit jede Art von Gesang meinen, verengt sich aber spätestens im 4. Jh. v. Chr. auf die Bedeutung 'Lied für eine Gottheit' (Platon, *Staat* 10, 607 a4; *Gesetze* 3, 700 b1-2). Die anfängliche metrische Vielfalt wich im Laufe der Zeit einer deutlichen Bevorzugung des Hexameters. Der Hymnos ist aber im Unterschied zum Epos nicht an das daktylische Metrum gebunden. Er wird nur deshalb hier eingereiht, weil die überwiegende Mehrzahl der erhaltenen griechischen Hymnen hexametrisch sind. Die nicht hexametrischen Hymnen gehören formal in die Rubrik 'Chorlyrik' (S. 162).

Ihrer ursprünglichen Funktion nach waren Hymnen feste Bestandteile des Kultes, und man unterschied eine ganze Reihe verschiedener

Formen je nach Kultzugehörigkeit (zum Beispiel den Paian für Apollon, den Dithyrambos für Dionysos). Derartige echte Kulthymnen sind uns vor allem aus hellenistischer und römischer Zeit durch Inschriften erhalten, in einigen Fällen sogar mit Notation der Melodie. Repräsentiert wird die Gattung aber im wesentlichen durch die literarischen Hymnen, die von Anfang an jedenfalls auch für die Verbreitung durch das Buch verfaßt worden sind. Die ältesten, noch aus dem 7. Jh. v. Chr. stammenden finden sich unter den *Homerischen Hymnen*, einer Sammlung, die auch Stücke aus klassischer und hellenistischer Zeit enthält. Als weitere Beispiele seien genannt die Hymnen des Kallimachos (3. Jh. v. Chr.), der Zeus-Hymnos des Stoikers Kleanthes (3. Jh. v. Chr.) sowie die Hymnen des Neuplatonikers Proklos (5. Jh. n. Chr.). Bei aller Verschiedenheit, die den Repräsentanten der über 1200 Jahre blühenden Gattung hinsichtlich Umfang, Grad der religiösen Ernsthaftigkeit und Aussageabsicht eigen ist, lassen sich doch in fast allen Hymnen folgende feste Bestandteile finden:

– Die Anrufung der Gottheit mit ihrem Namen, zu der meist eine mehr oder weniger große Zahl von Beinamen hinzutritt, fakultativ auch die Genealogie der Gottheit und ihre bevorzugten Aufenthaltsorte (ἐπίκλησις [*epíklesis*]/*invocatio*);

– die Aufzählung von Qualitäten und Taten des Gottes, die in längeren Hymnen sich zu einer Art Epos im kleinen verselbständigen kann (*Aretalogie*). Die Funktion dieses Teiles ist weniger, dem Gott gegenüber das eigene Anliegen zu begründen – denn der kennt ja seine eigenen Taten und Tugenden –, sondern die Selbstvergewisserung der sich an die Gottheit wendenden Person(en), warum gerade von diesem Gott Zuwendung und Hilfe erwartet werden können;

– das Vortragen der eigentlichen Bitte, mag sie nun ein konkretes Anliegen betreffen oder sich ganz allgemein auf wohlwollende Zuwendung richten (εὐχή [*euché*]/*precatio*).

Dieses Schema wurde auch von der mit einigen neutestamentlichen Texten einsetzenden christlichen Hymnik übernommen und bestimmt bis heute die Bauform christlicher Gebete.

1.2.4. Mimos und Bukolik

Auch diese poetische Gattung ist formal nicht streng an den Hexameter gebunden, sondern läßt metrische Vielfalt zu. Die frühesten bekannten Mimen, die des Sophron aus Syrakus (5. Jh. v. Chr.), sind sogar in einer rhythmisierten Prosa verfaßt. Bei weitem das meiste des Überlieferten ist jedoch hexametrisch, in dorisch gefärbter Sprache und durchgängig dialogischer Form gehalten.

Die gattungskonstituierende Gemeinsamkeit gehört aber zum Bereich nicht des Formalen, sondern des Inhaltlichen: Das Alltagsleben der einfachen Leute wird in diesen Dichtungen zum Thema der Poesie. Während der Mimos sich im städtischen Milieu bewegt und Szenen aus dem Leben der Kleinbürger zum Inhalt hat, greift die Bukolik eine in den hellenistischen Großstädten sich offenbar verbreitende Verklärung des vermeintlich einfachen und natürlichen Lebens der ländlichen Hirten auf. In einer lieblichen, friedvollen und von jeglicher Gefährdung freien Landschaft befassen sich als Akteure dieser Gedichte Hirten, denen ihr Beruf grenzenlose Muße läßt, ausschließlich mit zwei Dingen, dem Gesang und der Liebe. Die Vernachlässigung der Realität und Idealisierung geht in der griechischen Bukolik, bei Theokrit (3. Jh. v. Chr.) und seinen Nachfolgern Moschos (2. Jh. v. Chr.) und Bion (um 100 v. Chr.), aber entschieden weniger weit als in der lateinischen oder gar der neuzeitlichen Schäferpoesie. Ob Mimos und Bukolik auf folkloristische Ursprünge zurückgehen und ob diese Gedichte (insbesondere die bukolischen) einen nur dem Eingeweihten verständlichen, symbolisch verschlüsselten Hintersinn bergen, sind offene und kontrovers diskutierte Fragen.

1.3. Lyrik

Die moderne Literaturwissenschaft subsumiert unter Lyrik alle poetischen Formen, die nicht – wie Epos und Lehrgedicht – erzählend bzw. belehrend sind und nicht zur dramatischen Dichtung gehören. Die antike Auffassung von Lyrik (der ältere Terminus lautet 'Melik', von μέλος [mélos] 'Lied') ist enger: Ihr gehören alle diejenigen Dichtungen an, die dazu bestimmt waren, zu Instrumentalbegleitung (Lyra) gesungen zu werden und die entsprechend in Metren abgefaßt waren, die man als 'Singverse' bezeichnet (S. 93 ff.). Die Elegie und der Iambus, bei denen schon früh die gesprochene Rezitation ohne Musik üblich geworden zu sein scheint, gehören nach antikem Verständnis nicht zur Lyrik.

Die Lyrik ist die Gattung der griechischen Literatur, die von der Überlieferung am wenigsten begünstigt wurde. Selbst von den neun Lyrikern, denen die alexandrinischen Philologen den Status von Vorbildern zuerkannt hatten, konnte sich mit der einzigen Ausnahme Pindars kein Gedichtbuch, ja nicht einmal ein vollständiges Gedicht (abgesehen von Sapphos berühmter *Aphrodite-Ode*) über das Mittelalter hinweg retten. Alles, was wir von dieser, in der archaischen Zeit (S. 139ff.) ihre Blüte erlebenden Poesie haben, ist den Zitaten späterer Autoren zu danken. Dazu kommt ein seit gut 100 Jahren anhaltender Zustrom von allerdings meist stark zerstörten Papyri.

Die Vielfalt der Formen, Themen, Intentionen ist vielleicht das am stärksten prägende Charakteristikum der Lyrik. Man unterscheidet nach der intendierten Präsentationsform zwischen Chorlyrik und Lyrik für den Vortrag durch einen einzelnen (monodische Lyrik). Weitere Kriterien zur Einteilung lassen sich aus Inhalt und/oder der Situation gewinnen, die Anlaß zur Abfassung des jeweiligen Gedichtes gegeben hat. So unterscheidet man z. B. zwischen Hymnen auf Götter (S. 159f.), Lob- bzw. Schmähgedichten auf Menschen, Liebesgedichten und Geleitgedichten, Hochzeitsgedichten, Totenklagen, Sieges- oder Trinkliedern (*Epinikien* und *Skolia*). Eine allgemein verbindliche und systematisch überzeugende Disposition gibt es nicht. Bereits die alexandrinischen Philologen, von denen die meisten heute noch verwendeten Gliederungskategorien übernommen sind, hatten erhebliche Probleme, die riesige Masse der ihnen noch erreichbaren lyrischen Dichtung zu ordnen und gelangten dabei zu nicht immer überzeugenden Ergebnissen.

Griechische Lyrik der archaischen Zeit (und das gilt partiell auch später noch) ist stets kontextgebunden. Beinahe jedes Gedicht war ursprünglich für einen ganz bestimmten Anlaß bzw. eine bestimmte Rezeptionssituation verfaßt. Das ist ein fundamentaler und für das Verständnis sehr wichtiger Unterschied zu allem, was man heute als Lyrik bezeichnet. Eine weitere, mit moderner Lyrik verknüpfte Assoziation ist fernzuhalten, nämlich der absolute Vorrang der Subjektivität. Lyrik gilt heute als die Form von Literatur, in der das individuelle Ich des Dichters seine subjektiven Gefühle und Eindrücke äußern kann, ohne daß Objektivierung oder Plausibilisierung durch Argumentation gefordert würde. Auch die antike Lyrik kennt Subjektivität. Sie ist aber kein obligatorisches Gattungsmerkmal. Der lyrische Dichter kann ganz hinter seinem Gegenstand zurücktreten. Selbst wenn er 'ich' sagt, kann er, muß aber keineswegs sein wirkliches, biographisches Ich meinen. Es ist also nicht möglich, z. B. aus den Gedichtfragmenten des Alkaios oder der Sappho eine Biographie zu erstellen; es wäre selbst unmöglich, wenn wir die vollständigen Gedichtsammlungen hätten. Deshalb ist die Unterscheidung zwischen dichterischem und biographischem Ich ein wichtiges Prinzip bei der Interpretation antiker Lyrik.

Die neun lyrischen Dichter, die seit dem 3. Jh. v. Chr. als die maßgeblichen Vertreter der Gattung angesehen wurden (die Namen in chronologischer Reihenfolge: Alkman, Stesichoros, Sappho, Alkaios, Ibykos, Simonides, Anakreon, Pindar, Bakchylides), lebten alle zwischen der zweiten Hälfte des 7. und der ersten Hälfte des 5. Jh.s v. Chr. und lassen sich nach der dialektalen Färbung ihrer Sprache dem ionischen, dorischen und äolisch-nordwestgriechischen Bereich zuordnen. Lyrische Dichtung in griechischer Sprache gab es zwar später auch noch, doch hat sich davon mit wenigen Ausnahmen (z. B. Timotheos, ca. 450–360; Korinna, wohl 3. Jh. v. Chr.) kaum etwas erhalten. Vom – freilich rein literarischen – Fortleben der Gattung zeugen ein Rom-Hymnos der Melino (wahrscheinlich 2. Jh. v. Chr.), die wohl größtenteils im 1. Jh. v. Chr. entstandenen, erhaltenen *carmina Anacreontea* sowie 13 Gedichte des Mesomedes (1. Hälfte 2. Jh. n. Chr.)

1.4. Elegie

Unter einer Elegie versteht man ein nicht allzu kurzes Gedicht im elegischen Distichon (S. 91). Eine über dieses formale Kriterium hinausgehende Definition verbietet die große thematische Vielfalt der Gattung. Da auch die Etymologie unklar ist (vielleicht zusammenhängend mit dem armenischen *elegn*: 'Rohr', 'Flöte'), lassen sich keine Aussagen über das ursprüngliche Wesen dieser Art von Dichtung treffen.

Die griechische Elegie der archaischen Zeit, deren älteste erhaltene Fragmente bis in die Mitte des 7. Jh.s v. Chr. zurückreichen – die Gattung muß aber wesentlich älter sein –, umfaßt eine bunte Vielfalt von Themen: Mahnung und Tröstung an einen Adressaten finden sich ebenso wie Reflexion oder Selbstaussagen (Archilochos, Xenophanes); Kampfparänese (Kallinos, Tyrtaios) steht neben politischer 'Publizistik' (Solon). Auch erotische Themen fehlen nicht (Mimnermos). Vereint findet man all diese Themen in den *Theognidea*, einer knapp 1400 Verse umfassenden Sammlung von Elegien verschiedener Verfasser, darunter solche des Theognis von Megara (2. Hälfte 6. Jh. v. Chr.) – übrigens neben Homer und Hesiod das einzige Buch aus archaischer Zeit, das durch kontinuierliche handschriftliche Tradition bis in die Neuzeit überliefert worden ist. Neben dem gleichen Metrum schufen Vortragsweise und Rezeptionsmilieu Einheit in der Vielfalt: Elegische Dichtung war dazu bestimmt, zur Begleitung eines Blasinstrumentes (αὐλός, zumeist falsch mit 'Flöte' übersetzt; vom Klang und der Bauweise ist er eher der Oboe vergleichbar) beim gemeinsamen Mahl mit anschließendem Umtrunk der Männer *(Symposion)* vorgetragen zu werden.

Auf diese Weise blieb die Elegie in der klassischen Zeit lebendig, wenn auch die musikalische Vortragsweise immer weniger üblich geworden zu sein scheint. Ein für die hellenistische (und lateinische) Elegie wichtiger Dichter ist Antimachos von Kolophon (ca. 400 v. Chr.), der eine (nicht erhaltene) Sammlung von Elegien verfaßte, die mythische, zumeist unglückliche Liebesgeschichten zum Inhalt hatten und die er nach seiner verstorbenen Frau *Lyde* betitelte. Die Vereinigung der Elemente Liebe, starke persönliche Betroffenheit und Mythos ist hier – für uns jedenfalls – zum erstenmal bezeugt.

Die Elegie der hellenistischen Jahrhunderte, von der wir einiges wissen, aber nur wenig haben, befaßte sich ebenfalls mit mythischen und erotischen Themen, blieb aber vielseitig und bevorzugte insgesamt das Entlegene, Preziöse, nur dem Gelehrten Zugängliche, bei dessen poetischer Gestaltung äußerste Perfektion gefordert wurde. Repräsentatives Beispiel dieser Entwicklungsstufe der Gattung sind die fragmentarisch erhaltenen *Aitia (Ursprungslegenden)* des Kallimachos.

1.5. Epigramm

Die ältesten erhaltenen 'Aufschriften' (so die wörtliche Übersetzung von *epigrámmata*) auf Gegenständen wie z. B. Gefäßen stammen aus dem 8. Jh. v. Chr. Bereits aus dem 7. Jh. kennt man eine beträchtliche Zahl von Grab- und Weiheepigrammen in unterschiedlichen Versmaßen. Seit dem 6. Jh. behauptet sich das elegische Distichon als das mit Abstand häufigste Metrum des Epigramms. Zur literarischen Form konnte sich das Epigramm erst entwickeln, als seine anfänglich strikte Zweckgebundenheit sich lockerte. Zwar wurden die gesamte Antike hindurch weiterhin 'echte' Epigramme verfaßt, die – rein zweckgebunden – nur als Aufschriften an einem bestimmten Ort gedacht waren. Daneben begann man aber etwa seit dem 4. Jh., kleine Gedichte im Stil des Epigramms zu verfassen, die sich entweder als Aufschriften ausgaben, ohne dies tatsächlich zu sein, oder völlig auf diese Fiktion verzichteten. In der Form des Epigramms konnten unterschiedliche Inhalte behandelt werden, besonders subjektiv-persönliche Themen wie Trauer, Liebe oder Spott. In dieser Gestalt des für nahezu alle möglichen Themen offenen, kurzen und fast immer im elegischen Distichon gehaltenen Gedichtes wurde das Epigramm im griechischsprachigen Raum bis weit in die byzantinische Zeit hinein ohne Unterbrechung gepflegt. In einer 15 Bücher umfassenden Sammlung *(Anthologia Palatina)*, in der antike Epigramm-Sammlungen (die des Meleagros, 2. Jh. v. Chr., und die des Philippos, um 40 n. Chr.) mit Späterem vereinigt wurden, ist ein Teil dieser Produktion erhalten.

1.6. Iambos

Mit diesem nicht-griechischen Wort unbekannter Etymologie wurden in der Antike Gedichte meist geringeren Umfanges bezeichnet, die in der Regel in iambischem oder trochäischem Versmaß (S. 91 ff.) verfaßt und zum Vortrag bei festlichen Gelegenheiten bestimmt waren. Sie konnten gesprochen oder auch zu Instrumentalbegleitung gesungen werden. Die inhaltliche Vielfalt ist zwar beinahe ebenso groß wie bei der Elegie, doch wurde das Verspotten namentlich genannter Personen in der Antike als die dem Iambos wesensgemäße Thematik angesehen. So findet sich in diesen Gedichten besonders häufig die Anrede eines als anwesend imaginierten oder tatsächlich anwesenden Adressaten.

Als Meister der iambischen Dichtung galten Archilochos (Mitte 7. Jh. v. Chr.), Semonides von Amorgos (2. Hälfte 7. Jh. v. Chr.) und insbesondere Hipponax (2. Hälfte 6. Jh. v. Chr.), der als erster die vielleicht von ihm erfundene metrische Form des Choliambos ('Hinkiambus', S. 92) verwendet hat. Die aus seinen Gedichten erhaltenen Fragmente führen in das Milieu der gesellschaftlichen Unterschicht seiner Heimatstadt Milet. Von der Iambendichtung der späteren Antike ist besonders bemerkenswert das Iambenbuch des Kallimachos (3. Jh. v. Chr.), das sich ausdrücklich auf das Vorbild des Hipponax beruft, aber nicht dessen gewollte Anstößigkeit und Obszönität imitiert. In dieser Hinsicht kommen die Mimiamben des Herodas (1. Hälfte 3. Jh. v. Chr.) dem Hipponax näher. Es handelt sich um kurze, dramatische Szenen aus der Welt der kleinen Leute, die sich – abgesehen von ihrer metrischen Form – mit den hexametrischen Mimen des Theokrit eng berühren. Babrios benutzt im 1. Jh. n. Chr. den Choliambos zur Wiedergabe äsopischer Fabeln in zwei (vollständig erhaltenen) Büchern, und noch im 4. Jh. n. Chr. schreibt der Kirchenvater Gregor von Nazianz iambische Gedichte, in denen er andere verspottet und sich selbst rechtfertigt.

1.7. Tragödie und Satyrspiel

Die ursprüngliche Bedeutung des Begriffes (wohl 'Gesang um den Bock', d. h. vielleicht 'bei der Opferung eines Bockes') und die Einzelheiten des Entstehungsprozesses der Tragödie in der 2. Hälfte des 6. Jh.s v. Chr. liegen im dunkeln. Aus den spärlichen Nachrichten – die wichtigste ist Aristoteles, *Poetik* 1449 a9–21 – kann man erkennen, daß die Tragödie sich aus rituellen, teilweise wohl improvisierten Gesängen im Kontext des Dionysoskultes entwickelt hat. Wahrscheinlich wurden in einer frühen Phase solche Lieder allein durch einen Chor vorgetragen. Das Hinzutreten einer Einzelperson (ὑποκριτής *[hypokrités]*, 'Schauspieler', eigentlich 'Antworter'), die mit dem Chor in einen Dialog treten kann, war ein entscheidender Schritt in der Entwicklung der Gattung. Im Laufe des 5. Jh.s kamen ein zweiter und dritter Schauspieler hinzu, die Aischylos bzw. Sophokles eingeführt haben sollen. Mehr als drei sprechende Schauspieler kannte die griechische Tragödie aber nie. Ihre Blütezeit erlebte die Tragödie im demokratischen Athen des 5. Jh.s, wo alljährlich am Fest der Großen Dionysien (März/April) von drei Dichtern jeweils drei eigens und ursprünglich nur für diesen Anlaß gedichtete Tragödien, auf die ein Satyrspiel folgte, aufgeführt wurden. Die Aufführung von Dramen – Komödien wie Tragödien – fand in der Form des Agons, des Wettkampfs, statt. Ein Schiedsrichtergremium aus attischen Bürgern entschied über die Plazierung der drei Dichter. Nur von drei Dichtern dieser Periode (Aischylos, ca. 525–458; Sophokles, ca. 496–405; Euripides, ca. 480–406; S. 193 ff.) sind mehrere vollständige Stücke überliefert (insgesamt 32). Wir besitzen also nur einen winzigen Ausschnitt aus der gewaltigen Menge an Stücken, die im Athen des 5. Jh.s geschrieben wurden. Noch schlechter sieht es für die folgende Zeit aus: Die dramatische Produktion hielt in hellenistischer Zeit unvermindert an. Zwar ging man in Athen nach 386 v. Chr. dazu über, auch alte Sücke wiederaufzuführen; aber es wurden auch im 4., 3. und wohl auch noch 2. Jh. v. Chr. in großen Mengen neue Tragödien verfaßt. Die Tragödie war in dieser Zeit von einer attischen zu einer gemeingriechischen Literaturgattung geworden. Aufführungen gab es in wohl allen größeren Städten der griechischen Welt. Von dieser dramatischen Produktion der hellenistischen Zeit ist uns außer Fragmenten und einem einzigen, fälschlich unter dem Namen des Euripides überlieferten Stück (*Rhesos*, wohl aus dem 4. Jh. v. Chr.) nichts erhalten geblieben.

Formal prägte die attische Tragödie das Zusammenspiel von gesprochener Rede, zu Instrumentalbegleitung gesungenen Liedern des Chors und einzelner Schauspieler und dem Tanz des Chores. In den uns allein erhaltenen Texten – Musik und Choreographie sind verloren – manifestiert sich die Verschiedenheit dieser Strukturelemente vornehmlich im Metrum. Während in den Sprechpartien der iambische Trimeter dominiert (selten der trochäische Tetrameter), sind die Gesangspartien aus einer Vielzahl daktylischer, anapästischer und lyrischer Maße frei komponiert (S. 93 ff.). Durch die Chorlieder wird auch die Binnengliederung der Tragödie markiert. Auf einen monologisch oder dialogisch gestalteten Prolog, der auch fehlen kann, folgt das Einzugslied des Chors *(Párodos)*. Darauf wechseln Szenen, in denen Personen und auch der Chor agieren *(Epeisódia)*, mit Chorliedern *(Stásima)*. Die auf das letzte Chorlied folgende Partie bezeichnet man als *Éxodos* ('Auszug'). Die Sprache der attischen Tragödie unterscheidet sich vor allem durch das Vokabular deutlich von umgangssprachlicher oder prosaischer Ausdrucksweise. Die Nähe zur Diktion des Epos und der Chorlyrik ist besonders in den gesungenen Partien stark ausgeprägt, die sich auch durch ihre dialektale Färbung (dorisierend) von den in einem Attisch mit leicht ionischem Einschlag gehaltenen Sprechpartien abheben.

Als Stoff bevorzugt die Tragödie mythologische Themen. So kommt eine attische Tragödie in der Regel nicht ohne Götter aus – sei es, daß einer oder mehrere persönlich auftreten, sei es, daß sie im Hintergrund auf das Geschehen einwirken. Das Verhältnis von Mensch und Gottheit ist denn auch eines der elementaren Probleme, die in diesen Stücken am Beispiel der mythischen Geschichten in schier unendlicher Variation durchgearbeitet werden. Mit den Fragen, die sie aufwarfen, und den Antworten, die sie (eventuell) vorschlugen, wollten die Dichter aber nicht nur Grundgegebenheiten menschlichen Daseins bewußt machen und reflektieren, sondern häufig auch ganz konkret die aktuelle Lage, Verfassung und Politik der Polis Athen beleuchten. Wie weit dieser Wille zu politischer Einflußnahme geht und wie stark überhaupt die Tragödie in den politischen Alltag ihrer Aufführungszeit eingebunden ist, gehört zu den derzeit meist diskutierten Fragen der Interpretation. Jedenfalls sind in dieser Dichtungsform kultische Einbindung, Reflexion über die Welt und politische Bezugnahme unauflöslich miteinander verbunden. Vielleicht ist das beim Publikum verbreitete Bedürfnis nach dem Vorhandensein all dieser Elemente ein wichtiger Grund dafür, warum Tragödien mit einem nichtmythischen, sondern aus der Zeitgeschichte entnommenen Stoff vereinzelte Experimente blieben (zum Beispiel die [nicht erhaltene] *Eroberung von Milet* des Phrynichos und die [erhaltenen] *Perser* des Aischylos).

Mehr als 150 Jahre lang, vom Ende des 6. Jh.s v. Chr. bis wahrscheinlich 341/40, mußte jeder Tragödiendichter, der am Wettbewerb der Großen Dionysien teilnehmen wollte, nicht nur drei Tragödien einreichen (Trilogie), sondern auch ein Satyrspiel, das als letztes der insgesamt vier Stücke (Tetralogie) jedes der drei Konkurrenten aufgeführt wurde.

Diese in produktions- wie rezeptionsästhetischer Sicht sehr enge Verbindung der beiden Gattungen dürfte in ihrer genetischen Verwandtschaft begründet sein; Aristoteles jedenfalls sagt (*Poetik* 1449a), daß sich die Tragödie aus improvisatorischen, derb-komischen Darbietungen, wie sie besonders im dorischen Siedlungsgebiet der Peloponnes gepflegt wurden, allmählich entwickelt habe – was allerdings in der modernen Forschung heftig umstritten ist. Jedenfalls scheint ein gewisser Pratinas aus dem peloponnesischen Phleius am Ende des 6. Jh.s v. Chr. das Satyrspiel in Attika populär gemacht und zu einer Bühnenform entwickelt zu haben.

In dem oben genannten Zeitraum müssen in Athen mindestens ca. 450 Satyrspiele aufgeführt worden sein, und auch nach der Reform des Festspielprogrammes von wahrscheinlich 341/40 – statt bisher drei Satyrspielen gab es fortan an jedem Dionysosfest nur noch eines – hören wir noch für lange Zeit, wenn auch immer seltener, von der Aufführung solcher Stücke. Vollständig erhalten ist ein einziges Satyrspiel (der *Kyklop* des Euripides). Dazu kommen viele, meist kurze Fragmente und einige auf Papyrus wiedergefundene, teilweise längere Partien, die umfangreichsten aus den *Ichneutai (Spürhunden)* des Sophokles und den *Diktyulkoi (Netzfischern)* des Aischylos. Der fast vollständige Untergang der Gattung dürfte sich im wesentlichen schon in der Antike vollzogen haben. Wie rapide das Interesse am Satyrspiel mit seinem allmählichen Verschwinden von der Bühne verlorenging, wird aus der Tatsache deutlich, daß bereits die alexandrinische Bibliothek im 3. Jh. v. Chr. sich nur noch acht der 17 von Euripides geschriebenen Satyrspiele verschaffen konnte, während man die Tragödien (jedenfalls die in Athen aufgeführten) noch vollzählig besaß. Am Ende der Antike war die Gattung so gründlich in Vergessenheit geraten, daß man Satyrspiel und römische Satire für identische literarische Formen hielt.

Die enge Verwandtschaft des Satyrspiels mit der Tragödie erhellt nicht nur aus der Tatsache, daß sie von denselben Dichtern – Komödiendichter schrieben keine Satyrspiele – für dieselbe Gelegenheit verfaßt wurden, sondern auch aus einigen Gattungsmerkmalen: Die Bühnenfiguren (mit Ausnahme der Satyrn) treten in derselben Gewandung und mit denselben Masken wie die Tragödienschauspieler auf, sie benutzen als Sprechvers denselben iambischen Trimeter (allerdings mit metrischen Lizenzen, die es in der Tragödie nicht gibt), die Stoffe der Handlung stammen ebenfalls aus dem Mythos, wobei Handlungsabläufe bevorzugt werden, die sich für eine heiter-burleske Umarbeitung eignen wie z. B. die Überlistung von Unholden und Ungeheuern, Gefangensetzung und Befreiung oder raffinierte Diebstähle. Auch die Hauptbauformen der Tragödie – Chorgesang, lebhaftes Wechselgespräch, längere Einzelrede – finden sich im Satyrspiel, allerdings in freierer, weniger streng geregelter Abfolge. Das wesentliche und namengebende Element der Gattung ist der vom greisen Silenos geführte Chor der Satyrn in ihrer unverwechselbaren äußeren Erscheinung (Maske mit den charakteristischen 'satyrhaften' Gesichtszügen, 'Bühnen-Nacktheit', d. h. eng anliegendes fleischfarbenes Trikot und Hose, Pferdeschwanz und erigierter Phallos) und ihren ebenso unverwechselbaren Wesensmerkmalen (Faulheit, Trunksucht, Geschwätzigkeit, Feigheit, Geilheit): „Das Satyrspiel präsentiert /.../ die exemplarischen Gestalten und Geschichten des Mythos und der Tragödie aus der Perspektive der nichtsnutzigen Halbtiere. Mit den Satyrn und ihren Eigenschaften und Werten wird dem Zuschauer eine Gegenwelt präsentiert, die /.../ die Ideale der Polis und ihrer Mitglieder zugleich in Frage stellt und – ex negativo – bestätigt." (Krumeich/Pechstein/Seidensticker 1999, S. 38f.)

1.8. Komödie

Die dorische, vornehmlich sizilisch-unteritalische Komödie – die wahrscheinliche Etymologie von Komödie ist 'Gesang zum Komos', also zum ausgelassenen, weinseligen Umzug –, die durch einige Autoren auch literarisiert wurde (z. B. Epicharmos, um 500 v. Chr.; Rhinthon, um 300 v. Chr.), bleibt hier außer Betracht, da fast nichts erhalten ist. Griechische Komödie ist für uns identisch mit der attischen Komödie, deren Geschichte seit den alexandrinischen Philologen in drei Phasen eingeteilt wird:

1. Die Entwicklung der *Alten Komödie* reicht von der ersten dokumentierten Aufführung einer Komödie in Athen (486 v. Chr.) bis zum Ende des Peloponnesischen Krieges (404 v. Chr.). Zu den vorbildlichen Autoren dieser Phase erkoren die alexandrinischen Philologen Kratinos, Eupolis und Aristophanes, von dem allein elf vollständige Stücke erhalten sind (zwei weisen allerdings schon Merkmale der Mittleren Komödie auf.). Wie bei der Schwestergattung Tragödie war auch bei der Komödie die Aufführung fester Bestandteil der Großen Dionysien, seit etwa 440 v. Chr. auch der Lenäen (Januar/Februar), und fand in Form eines Wettkampfes von in der Regel fünf Bewerbern statt.

Formal bedient sich die Komödie eines ähnlichen Instrumentariums wie die Tragödie (Chor, Schauspieler, Sprechpartien, Gesang, Tanz, Instrumentalbegleitung), allerdings unterschieden sich Masken und

Kostüme der Komödienchöre und Schauspieler erheblich von denen der Tragödie. Das für die Alte Komödie bezeichnendste Formelement ist die *Parabase*, eine längere, etwa in der Mitte des Stückes eingebaute Chorpartie, in der die Choreuten sich direkt an das Publikum wenden und ohne Rücksicht auf die Handlung des Stückes und die ihnen darin zugewiesene Rolle sich über allerlei, die politische Gemeinschaft der Athener betreffende und dem Dichter am Herzen liegende Themen verbreiten. Auch sonst ist der Chor stets präsent und eng in das Geschehen verflochten. Der metrischen Vielfalt entspricht die Variationsbreite der Sprachebenen, von erhabenster chorlyrischer Diktion bis hin zu unflätigem Gossenvokabular. Die Personen des öffentlichen Lebens, auf die Kritik und Spott zielen, werden überall schonungslos beim Namen genannt (ὀνομαστὶ κωμῳδεῖν [*onomastí komodeín*], 'unter namentlicher Nennung der Lächerlichkeit preisgeben').

Die Handlung der Stücke der Alten Komödie geht zwar von den realen innenpolitischen Strukturen Athens und den jeweiligen außenpolitischen Gegebenheiten aus, sprengt aber regelmäßig die Grenzen des Wirklichen und erhält ihren besonderen Reiz durch phantastische, bizarre und groteske Elemente. Auch ein die Rezipienten der Moderne (und bereits die der späteren Antike) befremdendes Maß an Obszönität gehört zum Arsenal dieser Stücke. Man versteht recht gut, daß diese Form des Bühnenspiels nur unter den Bedingungen des demokratischen Athen des 5. Jh.s gedeihen konnte.

2. Die *Mittlere Komödie* läßt man bis etwa zum letzten Viertel des 4. Jh.s v. Chr. reichen. Bereits in einigen, nur durch Fragmente kenntlichen Stücken des späten 5. Jh.s deuten sich die Kennzeichen dieser Entwicklungsstufe an, die in den beiden spätesten erhaltenen Stücken des Aristophanes, in den *Ekklesiazusen* und insbesondere im 388 v. Chr. aufgeführten *Plutos*, voll ausgebildet sind: An die Stelle der politischen Thematik tritt eine fiktive, im Vergleich zur Alten Komödie nach größerer Geschlossenheit strebende Handlung. Sehr beliebt sind bis etwa in die 60er Jahre des 4. Jh.s mythische Stoffe. Die Beteiligung des Chors an der Handlung scheint reduziert zu sein. Irgendwann im Lauf des 4. Jh.s wurde das grotesk-obszöne Kostüm der Schauspieler (Polsterungen an Bauch und Gesäß, überdimensionaler Lederphallos) durch eine der Alltagskleidung angenäherte Tracht ersetzt. In Metrik und Sprache läßt sich eine Nivellierung der alten Vielfalt beobachten. Allerdings verhindert die bruchstückhafte Überlieferung gerade dieser Phase der Gattung eine präzise Beschreibung der Entwicklung.

3. Die Geschichte der Neuen Komödie beginnt mit der Aufführung

des ersten Stückes ihres bedeutendsten Vertreters, des Atheners Menander (342/41–293/92), im Jahre 321. Sie enthält sich – wie bereits die Mittlere Komödie – jeglicher Bezugnahme auf die politische Tagesaktualität, verzichtet auf das Verspotten namentlich genannter Persönlichkeiten, ist frei von Obszönität, überhaupt von allem Bizarren, Phantastischen, Grotesken. Die Stücke spielen im gutbürgerlichen Milieu und kreisen um private, familiäre Probleme. Eine Anzahl typischer Figuren, die sich schon in der letzten Phase der Mittleren Komödie herausgebildet zu haben scheinen, kehrt mit gewissen Variationen in den meisten Stücken wieder: der 'Alte', der geizig, jähzornig, listig und verschlagen, aber auch gütig oder geistig beschränkt sein kann; der 'Junge', der in der Regel verliebt und oft in finanziellen Schwierigkeiten ist; der 'schlaue Sklave', der sich gern mit dem 'Jungen' listig verbündet; die gewissenlose oder herzensgute, jedenfalls aber auf ihren Profit bedachte Hetäre. Auch die Handlung kennt bei aller Variationsbreite gewisse Konstanten: Liebesgeschichten mit Hindernissen, Wiedererkennungen von vor langer Zeit geraubten oder ausgesetzten Kindern, listig eingefädelte Intrigen und Täuschungsmanöver gehören zum typischen Repertoire. Die Neue Komödie verrät hier ihre Beeinflussung durch die Spätform der euripideischen Tragödie, während ihr ausgeprägtes Interesse an menschlichen Charakteren und Verhaltensweisen auf den Einfluß der Schule des Aristoteles, des Peripatos, deutet.

Die metrische und sprachliche Nivellierung ist so weit fortgeschritten, daß es in den überlieferten Texten nur noch Sprechverse gibt (iambische Trimeter, seltener trochäische Tetrameter) und alle Personen ein gepflegtes, der Umgangssprache der besseren Kreise wohl recht nahekommendes Attisch reden. Ein Chor trat zwar in den Pausen zwischen den jetzt immer fünf Akte aufweisenden Stücke noch auf; was er sang, wissen wir aber nicht, da die Handschriften nur den Vermerk XOPOY (*choru*, 'Chorpartie') bieten. Das menschliche Personal der Stücke ist meist durch mindestens eine Gottheit oder eine allegorische Figur erweitert, die häufig den Prolog spricht und in ihm dem Publikum den für die Handlungsentwicklung wichtigen Informationsvorsprung vor den Bühnenpersonen vermittelt. Die dramatische Illusion wird nicht nur von den Prologsprechern, sondern auch von anderen Figuren durch Einbeziehung und direktes Ansprechen des Publikums unbekümmert durchbrochen.

In dieser Form lebte die Gattung lange fort, wenn auch zuletzt wohl nur noch als Lesedrama. Der letzte nachweisbare Komödien-Agon an den Großen Dionysien fand in Athen 120 v. Chr. statt, andernorts gab es solche – allerdings nicht mehr regelmäßig ausgetragenen – Konkurrenzen noch in der Kaiserzeit. Namen von Komödiendichtern kennen wir bis ins 3. Jh. n. Chr. Über die Nachdichtungen der Römer Plautus und Terenz hat die griechische Neue Komödie, die wir erst seit wenigen Jahrzehnten durch umfangreiche Papyrusfunde wieder besser kennen, auch das europäische Lustspiel der Neuzeit nachhaltig inspiriert und geprägt.

2. Prosa

2.1. Philosophische und wissenschaftliche Fachprosa

Die ersten griechischen Bücher in metrisch nicht gebundener Sprache stammen von den sogenannten ionischen Naturphilosophen (S. 116f.): Thales (ca. 630–560), Anaximander (ca. 610–540) und Anaximenes (ca. 580–520) sollen in jeweils einer Schrift ihre Antworten auf die Frage nach dem materiellen Ursprung der Welt, der Art und Weise ihrer Entwicklung in den aktuellen Zustand und dessen genauer Beschaffenheit vorgelegt haben. Für genauere Aussagen über Inhalt, Aufbau, Form dieser und anderer Werke (z. B. das berühmte Buch des Heraklit von Ephesos, Ende 6. Jh.) sind die überlieferten Fragmente zu spärlich. Gemeinsam ist all diesen frühgriechischen Denkern, den 'Vorsokratikern', daß sie sich gegen den Mythos wenden und unabhängig von den überlieferten Weltschöpfungs- und Göttergeschichten eine auf Empirie und Rationalität gegründete Erklärung der Welt versuchen – gleichgültig, ob sie ihre Ansichten in Prosa oder (wie z. B. Parmenides, Xenophanes, Empedokles, S. 118f.) in hexametrischen Lehrgedichten vortrugen. Die frühen griechischen Prosabücher waren ausnahmslos im ionischen Dialekt verfaßt.

Prosaschriften über bestimmte Spezialgebiete entstehen ebenfalls zuerst in Ionien etwa seit der 2. Hälfte des 6. Jh.s. Am Anfang scheinen geographische und ethnographische Werke gestanden zu haben (Hekataios, S. 141, 175), seit etwa der Wende zum 5. Jh. kommen weitere Fachgebiete hinzu wie Medizin, Astronomie, Mathematik und Musik. Der Pythagoreismus scheint bei dieser allmählichen Ausdifferenzierung von wissenschaftlichen Einzeldisziplinen eine wichtige Rolle gespielt zu haben. Mehr als einige Autorennamen und Werktitel ist uns von all dem nicht erhalten.

Seit dem 5. Jh. entsteht eine quantitativ ständig zunehmende, hochdifferenzierte und alle erdenklichen Wissensgebiete umfassende Fachliteratur. Am höchsten scheint die Produktivität vom Ende des 4. Jh.s bis ins 1. Jh. v. Chr gewesen zu sein. Die ältesten Schriften des *Corpus Hippocraticum*, einer Sammlung medizinischer Abhandlungen, sind die frühesten uns vollständig erhaltenen Repräsentanten der Gattung (noch aus dem 5. Jh.). Während die Medizin sich auch weiterhin des Ionischen als Wissenschaftssprache bediente, wurde für die übrigen Fachgebiete seit dem Ende des 5. Jh.s allmählich das Attische üblich. Eine Sonderform wissenschaftlicher Literatur ist ebenfalls für das 5. Jh. erstmals bezeugt: Zenon von Elea (ca. 470–410) schrieb den ersten uns bekannten 'Kommentar', also ein Buch, das nicht autonom bestimmte Inhalte mitteilt, sondern zur Erklärung eines anderen Buches geschaffen ist (in diesem Fall des Gedichtes von Zenons Lehrer Parmenides).

Wenigstens genannt seien einige herausragende, besonders einflußreiche und erhaltene Arbeiten verschiedener Fachgebiete:
– die alle Gebiete der Philosophie, dazu Zoologie, Botanik, Mineralogie und anderes mehr behandelnden Schriften des Aristoteles, die allerdings ursprünglich für den internen Schulgebrauch und nicht zur Veröffentlichung bestimmt waren;
– die Musiklehre des Aristoxenos (ca. 360–310) in 3 Büchern;
– die mathematischen Grundlagen *(Stoicheia)* des Euklid (Eukleides) (um 300 v. Chr.) in 13 Büchern;
– die Botanik und Pharmakologie des Dioskurides (1. Jh. v. Chr.);
– die Grammatik des Dionysios Thrax (ca. 170–90 v. Chr.);
– die Astronomie des Klaudios Ptolemaios (2. Jh. n. Chr.) in 13 Büchern.

Die von den ionischen Denkern des 6. Jh.s geschaffene Form der Lehrschrift in Prosa wurde in den folgenden Jahrhunderten immer auch zur Darstellung philosophischer Inhalte benutzt, z. B. von Demokrit und Protagoras (beide 5. Jh. v. Chr.) oder in hellenistischer Zeit von Epikur (342/41–271/70) in seinem 37 Bücher umfassenden Hauptwerk *Über die Natur* und von den Archegeten der Stoa, deren jüngster, Chrysippos von Soloi (ca. 281–208), nicht weniger als 705 Abhandlungen verfaßt haben soll. Daneben entstand im sokratischen Dialog eine gänzlich andere Form der Präsentation philosophischer Inhalte: Angeregt durch das Wirken des historischen Sokrates, der selbst nichts Geschriebenes hinterlassen hatte, schufen seit dem Beginn des 4. Jh.s eine ganze Reihe seiner Schüler Dialoge, in denen Sokrates im Gespräch mit anderen gemeinsam die Wahrheit über eine bestimmte Frage zu ermitteln sucht. Erhalten sind solche Schriften nur aus der Feder des Xenophon und des

Platon. Das von Sokrates mehr oder weniger gelenkte Gespräch, das entweder direkt oder mit einem erzählenden Rahmen dargeboten wird ('dramatischer' bzw. 'diegematischer' Dialog), das Ringen um gemeinsame Erkenntnis, das teilweise aporetische, jedenfalls undogmatische Ergebnis prägen diese Werke und rücken sie in gewolltem Gegensatz zu Lehrvorträgen, wie sie die Sophisten zu halten pflegten.

Bereits Platons Nachfolger in der Akademie scheinen sich von der Dialogform abgewandt zu haben. Der Platonschüler Aristoteles, der kurz nach 339 v. Chr. eine eigene Schule gründete, den Peripatos, schrieb mindestens acht (nicht erhaltene) Dialoge, die sich stark von denen Platons unterschieden: Hauptunterredner war nicht Sokrates, sondern der Verfasser selbst, die einzelnen Bücher wurden von Proömien eingeleitet, und das Gespräch scheint weniger aus dem Austausch kürzerer Äußerungen als aus längeren Stellungnahmen bestanden zu haben. In dieser Form sind mehrere der philosophischen Schriften Ciceros gehalten, der sich für diese literarische Gestaltung auf das Vorbild des Aristoteles beruft.

Angeschlossen seien noch zwei Literaturformen, die jeweils nur in einer Hinsicht in diese Rubrik gehören: Eine besonders von den kynischen, teilweise auch von stoischen Philosophen gepflegte Form der philosophischen Belehrung nennt man Diatribe, als deren Begründer Bion von Borysthenes (3. Jh. v. Chr.) gilt. Es handelt sich um nicht allzu lange, stilistisch anspruchslose und syntaktisch einfache, aber in effektvoll pointierter Diktion gehaltene Lehrvorträge, in denen die philosophische Lehrbotschaft durch zahlreiche Beispiele, Verweise auf Mythen und Zitate (meist aus Dichtern) plausibel gemacht werden soll. Eine Art von dialogischem Charakter erhalten diese Werke dadurch, daß die Darlegungen des Sprechers immer wieder durch Einwände und Fragen eines fiktiven Gesprächspartners unterbrochen werden. Die wesentlichen Formelemente der Diatribe hat die christliche Predigt übernommen. Formal dem platonischen Dialog verpflichtet sind Dialoge mit humoristischem Inhalt, wie wir sie vor allem aus der Feder des Lukian(os) von Samosata (ca. 120–180 n. Chr., S. 212) kennen. Lukian hat aber nach dem Vorbild hellenistischer Autoren gearbeitet, insbesondere dem des Menippos von Gadara (3. Jh. v. Chr.), dessen literarische Neuschöpfung, die 'Menippeische Satire', durch eine Mischung aus Prosa und Vers *(Prosímetron)* sowie von ernsten und witzigen Inhalten *(Spudogéloion)* gekennzeichnet war.

2.2. Geschichtsschreibung und Biographie

Der Historiker unterscheidet sich nach antiker Gattungstheorie (Aristoteles, *Poetik* 1451 a38–b5) vom Dichter grundsätzlich dadurch, daß ein Dichter Dinge von der Art, wie sie wohl geschehen können, beschreibt, ein Historiker dagegen Dinge, die tatsächlich geschehen sind. Prinzipiell ist es also die Aufgabe des Geschichtsschreibers, die historische Wahrheit gewissenhaft auf empirischem Wege zu ermitteln und unparteiisch wiederzugeben. Bereits die Antike bezeichnete Herodot(os) aus Halikarnassos (er schrieb zwischen ca. 445 und 425 v. Chr., S. 200) als 'Vater der Geschichte' und brachte so zum Ausdruck, daß die Gattung der Historiographie mit seinem neun Bücher umfassenden Werk ihren Anfang genommen habe. Tatsächlich begegnen entscheidende Gattungsmerkmale erstmals bei Herodot. Vorformen von Geschichtsschreibung gibt es früher: Herodot selbst betrachtet als seinen Vorgänger den Milesier Hekataios (*ca. 560/50 v. Chr.), der nicht nur die von seinem Mitbürger Anaximander angefertigte Erdkarte verbessert, sondern auch zwei Prosawerke verfaßt hatte, in denen der von der späteren Geschichtsschreibung bearbeitete Themenkomplex jedenfalls auch berührt wurde: In den *Genealogiai* wurden in betonter Distanzierung von der mythischen Tradition des Epos, das nach seinem Selbstverständnis auch historische Erinnerung sein wollte, altüberliefertes Erzählgut einer rationalistischen Kritik unterworfen. Der *Períplus*, eine Beschreibung von Ländern und Völkern des Mittel- und Schwarzmeerraumes, bot neben geographischen und ethnographischen auch historische Informationen. Ob und in welchem Ausmaß neben dieser sogenannten ionischen Logographie lokale und Tempelchroniken bei der Entstehung der Geschichtsschreibung eine wesentliche Rolle gespielt haben, läßt sich nicht klären.

Folgende Merkmale machen Herodot zum ersten wirklichen Geschichtsschreiber der Griechen:

– Alles Legendäre, Mythische, in nicht bestimmbare, graue Vorzeiten Zurückreichende ist nicht Gegenstand der Darstellung.

– Die Frage nach dem Grad der Verbürgtheit und Glaubwürdigkeit steht im Mittelpunkt des Interesses. Der Autor bemüht sich um möglichst zuverlässige Information, indem er Augenzeugen und Kundige befragt sowie die Schauplätze des Geschehens nach Möglichkeit selbst in Augenschein nimmt. Bestehen trotz dieser Empirie und Autopsie Zweifel am Wahrheitsgehalt des Berichteten, so wird dies dem Leser ausdrücklich mitgeteilt.

– Das Werk ist bei aller Vielfalt und Buntheit seines Inhaltes um und auf ein zentrales Thema hin komponiert, die große Auseinandersetzung zwischen Athen bzw. dem Hellenenbund und dem Perserreich. Warum und wie es dazu am Beginn des 5. Jh.s gekommen ist, soll umfassend geklärt werden.

Ihren Höhepunkt – was methodische Bewußtheit und darstellerische Kunst angeht – erreicht die griechische Geschichtsschreibung im unvollendeten Werk des Atheners Thukydides (S. 201 f.) über den Peloponnesischen Krieg (431–404). Von Herodot unterscheidet ihn die strikte Beschränkung auf ein Stück selbsterlebter Zeitgeschichte und hierbei auf die politisch-militärischen Vorgänge, die noch weiter verfeinerte und gründlicher durchdachte Methodik der Quellenkritik, die konsequente Einpassung des Berichteten in ein chronologisches Raster (jahrweise, jeweils nach Sommern und Wintern), schließlich der durchgängige Einsatz direkter Reden (oft Rede und Gegenrede zum selben Thema), die den Akteuren in den Mund gelegt werden, um die oberflächlich nicht erkennbaren, in der Tiefe wirkenden Triebkräfte des historischen Geschehens transparent zu machen. Thukydides' Werk wurde von mehreren Autoren des 4. Jh.s fortgesetzt (z. B. Xenophon und Theopomp), in seiner intellektuellen Tiefe aber von keinem erreicht.

In den Jahrhunderten des Hellenismus war die Produktivität der Gattung so enorm, daß Dionysios von Halikarnassos in augusteischer Zeit – vielleicht doch etwas übertreibend – konstatieren kann, auch nur um die Namen aller Autoren aufzuzählen, würde ein ganzer Tag nicht ausreichen. Außer großen Teilen aus dem Werk des Polybios von Megalopolis (ca. 200–118 v. Chr., S. 210) und einem ebenfalls großen Teil aus der umfangreichen historischen Kompilation des Diodor(os) von Agyrion (1. Jh. v. Chr.) sind uns davon nur Fragmente geblieben. Thematisch läßt sich eine starke Differenzierung beobachten. Es gab Geschichten über Alexander den Großen und über seine Nachfolger, die Diadochen, man schrieb Lokal- und Universalgeschichte, Rom wurde ebenso zum Thema griechischer Geschichtsschreibung wie andere nichtgriechische Völker. Ein Teil der modernen Forschung glaubt innerhalb der hellenistischen Geschichtsschreibung zudem drei Richtungen unterscheiden zu können: erstens eine stark von der Rhetorik geprägte und moralisierende Form, die letztlich auf die Schule des Isokrates zurückgeht (Ephoros, Theopompos), zweitens eine von der peripatetischen Theorie des Dramas beeinflußte Richtung, die 'pathetische' Geschichtsschreibung, die eine den Leser durch starke Affekte in ihren Bann schlagende Darstellung anstrebt, drittens die 'pragmatische' Richtung, die vornehmlich den Kausalzusammenhang des historischen Geschehens aufdecken und so dem Leser nützlichen Erkenntnisgewinn verschaffen will. Die Berechtigung und die Einzelheiten dieser Kategorisierung sind heute zwar umstritten; unzweifelhaft aber fanden sich in der hellenistischen Historiographie eine Reihe von (bei Herodot und Thukydides vorgeprägten) Standardelementen:

– In einem oder mehreren Proömien grenzt der Verfasser sein Thema ab, begründet dessen Wahl, äußert sich vor allem über seine Arbeitsweise, sein Geschichtsverständnis und seine Darstellungsabsicht.

– Die in der Hauptsache auf das politisch-militärische Geschehen konzentrierte fortlaufende Darstellung wird immer wieder unterbrochen durch Exkurse, bevorzugt mit geographischer oder ethnographischer Thematik.

– Den herausgehobenen Akteuren werden zu bestimmten Gelegenheiten Reden in den Mund gelegt, die keine historische Realität und erst recht keine wörtliche Übereinstimmung mit etwaigen tatsächlich gehaltenen Reden beanspruchen, sondern vom Autor dazu benutzt werden, den Hintergrund des Geschehens und die Motivation und Intention der beteiligten Personen zu durchleuchten.

– Wichtige Persönlichkeiten werden, meist anläßlich ihres Ausscheidens aus dem historisch relevanten Ereigniszusammenhang (zumeist durch ihren Tod), zusammenfassend gewürdigt.

Derartige Würdigungen könnte man als Kurzbiographien bezeichnen. Es scheint daher sinnvoll, an dieser Stelle kurz auf die mit der Historiographie eng verwandte Gattung der Biographie einzugehen. Die Gattungsbezeichnung ist erst im 6. Jh. n. Chr. belegt, vorher verwendete man βίος *(bíos)*, lateinisch *vita*. Unter einer Biographie versteht man die Erzählung der Lebensgeschichte eines Menschen, verbunden mit der Darstellung seiner wesentlichen Charakterzüge und seiner Lebensleistung. Die Antike hat die Biographie nicht zu einer einheitlichen Gattung mit festen Konventionen ausgebildet. Sie überschneidet sich thematisch mit anderen Gattungen, neben der Geschichtsschreibung auch mit der panegyrischen Rede, unterscheidet sich aber auch von diesen. So kann die Biographie im Gegensatz zur Panegyrik auch negative Eigenschaften eines Menschen thematisieren, und im Gegensatz zum Geschichtsschreiber ist der Biograph an historischen Ereignissen nur insoweit interessiert, als sie für Lebenslauf und Charakterbild seines Helden Bedeutung bzw. Aussagekraft besitzen. Dies kann auch auf kleine Episoden und Anekdoten zutreffen, die auf den ersten Blick nebensächlich erscheinen.

Die Entstehung biographischer Literatur setzt voraus, daß Eigenart und Unverwechselbarkeit des Individuums zur Kenntnis genommen, geachtet und für mitteilenswert gehalten werden. In Griechenland entstehen Vorformen der Biographie seit dem Beginn des 4. Jh.s; insbesondere die Person des Sokrates weckte biographisches Interesse. Die früheste erhaltene Biographie ist Xenophons Schrift über den Spartanerkönig Agesilaos (wohl um 360 v. Chr. entstanden). Einen wichtigen Impuls gab in der Folge die peripatetische Schule mit ihren anthropologischen Studien, ihrer Klassifizierung bestimmter Lebensformen und Charaktertypen und ihrer differenzierten Kategorisierung von Tugenden und Lastern. So ist die Biographie im griechischen Kulturkreis seit dem 3. Jh. eine fest etablierte Gattung. Sie befaßt sich in der Regel mit Staatsmännern, Herrschern, Feldherren auf der einen und Philosophen, Dichtern und Literaten auf der anderen Seite.

Hinsichtlich der literarischen Form kann man vereinfachend zwei Typen von Biographien unterscheiden: Die literarisch-rhetorisch kunstvoll ausgestaltete Form (erhaltenes Paradebeispiel sind die Biographien des Plutarch) und die sich auf Sachinformationen beschränkende Materialsammlung (z. B. die unter Plutarchs Namen überlieferten, aber nicht von ihm stammenden *Biographien der zehn Redner*). Weil die Biographie einerseits eine Lebensgeschichte erzählen, andererseits das Charakterbild eines Individuums zeichnen will, mischen sich in ihr chronologische Vorgehensweise und systematische Anordnung. Die meisten antiken Biographien zeichnen sich außerdem durch eine moralisch-pädagogische Zielsetzung aus. Es wird versucht, die Lebensleistung eines Menschen und seine persönliche Eigenart als sinnvolle Einheit darzustellen. Die charakterliche Qualität eines Menschen hängt von dessen Naturanlange und von seiner freien Willensentscheidung ab. Determination durch das Milieu ist eine der antiken Biographie fremde Vorstellung.

Mit dem Vorherrschen der monarchischen Staatsform in den hellenistischen Diadochenreichen und später im römischen Kaiserreich wurde die Biographie zu einer bevorzugten Form der Geschichtsschreibung, da politisch relevante Geschichte weitgehend identisch mit dem Wirken eines einzigen Menschen wurde. Die Biographie ersetzte aber niemals die Historiographie, vielmehr blühten beide Formen während der gesamten Kaiserzeit, und auch im byzantinischen Mittelalter riß die Tradition nicht ab. Abschließend seien die bedeutendsten erhaltenen Werke genannt: Die bereits erwähnten Biographien des Plutarch(os) von Chaironeia (ca. 46 – nach 120 n. Chr., S. 211), die römischen Geschichten des Appian(os) von Alexandreia (ca. 95 –160 n. Chr.) und des Cassius Dion (ca. 164–nach 229 n. Chr.) sowie das Geschichtswerk des Zonaras (6. Jh.) als des letzten paganen Historikers der Antike. Seit der mittleren Kaiserzeit betätigten sich auch christliche Autoren auf diesem Gebiet, die sich begreiflicherweise in erster Linie für ihre eigene Geschichte interessierten. So entstand einerseits die von Eusebios (ca. 260–340 n. Chr.) begründete Sonderform der Kirchengeschichte, andererseits neue Formen biographischer Literatur wie die Mönchs- und Bischofsvita oder die Lebensbeschreibung von Märtyrern.

Antike griechische Geschichtsschreibung will gerade in ihren Spitzenleistungen immer auch technisch perfekt gestaltete, sprachlich und stilistisch ausgefeilte Kunstprosa sein. Es führt deshalb in die Irre, die Meßlatte der modernen Geschichtswissenschaft anzulegen, der die antike Historiographie nicht gerecht wird und nicht gerecht werden wollte. Für künstlerisch anspruchslose, von dem Geschehen Nahestehenden verfaßte und dem 'richtigen' Geschichtsschreiber als Quellenmaterial dienliche Aufzeichnungen hatte die Antike einen eigenen Namen, *Hypomnémata* (ὑπομνήματα). Vom Historiker erwartete das antike Publikum vor allem oder jedenfalls auch ästhetisch ansprechende Leistungen – ein Anforderungsprofil, an dem moderne Geschichtsschreibung ebenso kläglich scheitern müßte wie die antike vor dem Gericht moderner Wissenschaftlichkeit.

2.3. Rede

Längere zusammenhängende und in direkter Form (also nicht in der *oratio obliqua*) wiedergegebene Reden findet man in mehreren Gattungen der griechischen Literatur, in der Geschichtsschreibung ebenso wie in der Poesie, besonders dem Epos und der Tragödie ('Botenbericht'). So alt wie die Literatur selbst (wahrscheinlich sogar wesentlich älter) ist bei den Griechen auch die Hochachtung für den wirkungsvollen und mitreißenden Redevortrag: In der *Ilias* wird diese Fähigkeit bei mehreren der Hauptakteure (besonders Odysseus, Nestor, Menelaos) gleichrangig mit deren Kampfestüchtigkeit hervorgehoben, und Achilleus hat bei seinem Erzieher gelernt, „von Worten ein Sprecher zu sein und ein Täter von Werken" (*Ilias* 9, 443). Den Rang einer literarischen Gattung erhält die Rede aber erst, wenn Reden nicht nur gehalten, sondern auch in schriftlicher Form publiziert werden. Das geschah im griechischen Kulturkreis unseres Wissens erstmals im Athen der letzten Jahrzehnte des 5. Jh.s v. Chr. in größerem Stil. Zu der Gattung in engerem Sinne zählt man nur die Reden, die zu dem Zweck konzipiert wurden, von ihrem Verfasser selbst oder von einer anderen Person (oft einem zahlenden Auftraggeber) vorgetragen zu werden, und die als eigenständige Texte, also nicht als Bestandteile eines übergreifenden Kontextes, publiziert wurden.

Derartige Reden sind uns in größerer Zahl nur aus zwei weit auseinanderliegenden Zeiträumen erhalten: 1. die Erzeugnisse attischer Redner aus der Zeit zwischen ca. 420 und 320 v. Chr. und 2. griechische Reden aus der römischen Kaiserzeit, besonders aus dem 2. und dem 4. Jh. n. Chr. Der Grund dafür ist, daß ein den literarischen Geschmack der Antike beherrschendes Qualitätsurteil die Reden aus der ersten Phase als klassische Vorbilder, die aus der zweiten Phase als deren besonders geglückte Nachahmungen des Tradierens für wert erachtete.

Der Lebensalltag der demokratischen Großmacht Athen des 5. und 4. Jh.s v. Chr. mit seinen regelmäßigen Volksversammlungen, Sitzungen der Geschworenengerichte, öffentlichen und privaten Leichenfeiern bot der Redekunst besonders viele Gelegenheiten der Anwendung und besonders große Möglichkeiten der Einflußnahme (S. 142f.). Daß diese äußeren Faktoren entscheidend die etwa 100 Jahre anhaltende Hochblüte der Redekunst in Athen mitverursacht haben, sieht man auch daran, daß mit ihrem Wegfall gegen Ende des 4. Jh.s v. Chr. die Beredsamkeit zwar nicht erlosch, aber – wie bereits die nächstfolgenden Generationen urteilten – keinerlei besondere Beachtung verdienende Leistungen mehr hervorgebracht hat. Schon im 3. Jh. v. Chr. faßten alexandrinische Philologen die Texte der bedeutendsten attischen Redner der Glanzzeit zu Werkausgaben zusammen, in die allerdings auch nicht wenige Pseudepígrapha ('fälschliche Zuweisungen') hineingerieten. Spätestens im 1. Jh. v. Chr. (wahrscheinlich früher) entstand, wie zuvor schon für andere Literaturgattungen, auch für die Redekunst ein erst von der Moderne so genannter 'Kanon'. Eine Auswahl von Autoren (Antiphon, Lysias, Andokides, Isokrates, Isaios, Aischines, Lykurgos, Hypereides, Demosthenes, Deinarchos) wurde für vorbildlich erklärt, und ihre Werke galten fortan als die mustergültigen Repräsentanten der Gattung.

Von allen Autoren dieses Kanons sind vollständige Reden überliefert oder auf Papyrus wiedergefunden, mit Abstand am meisten von Demosthenes, der für die spätere Antike 'der Redner' schlechthin war, und von Isokrates, am wenigsten von Lykurgos, Deinarchos, Hypereides und Andokides. Das Erhaltene verteilt sich auf alle drei Unterarten der Beredsamkeit. In der Mehrzahl haben wir Reden für den Vortrag vor Gericht bei staatlichen oder privaten Prozessen (γένος δικανικόν [*génos dikanikón*]). Weniger zahlreich sind die politischen, auch 'Demegorien' genannten Reden für die Volksversammlung (γένος συμβουλευτικόν [*génos symbuleutikón*]), am seltensten die Gelegenheits- oder Prunkreden (γένος ἐπιδεικτικόν [*génos epideiktikón*]). Aus dem Rahmen fallen die meisten 'Reden' des Isokrates insofern, als sie weder von ihrem Verfasser noch von sonst jemandem tatsächlich vorgetragen wurden, sondern zur Verbreitung durch den niedergeschriebenen Text und zur Lektüre konzipiert waren. Die äußere Form dieser Flugschriften bzw. Sendschreiben (z. B. ihre typische Disposition in Proömium, Hauptteil, bestehend aus erzählenden und argumentierenden Partien, Epilog) rechtfertigt es aber, sie gattungstypologisch der Rede zuzuordnen.

Die Blütezeit der attischen Redekunst ist auch die Phase, in der die rhetorische Theorie zuerst ihre Pioniertaten und dann ihre nicht mehr übertroffenen, allem Späteren die Richtung weisenden Spitzenleistungen verzeichnet. Nach antiken, heute von manchen Forschern bezweifelten Nachrichten sollen die ersten Versuche einer theoretischen Durchdringung der Redekunst im westgriechischen Raum unternommen worden sein. Die Syrakusaner Teisias und Korax sollen um die Mitte des 5. Jh.s v. Chr. die ersten systematischen Rhetorik-Lehrbücher verfaßt haben. Sie fanden rasch zahlreiche Nachfolger. Auch für mehrere der attischen Redner sind derartige Lehrbücher bezeugt: Theorie und Praxis der Rede waren in dieser Phase offenbar noch Sache derselben Fachleute und profitierten voneinander in stetiger Wechselbeziehung. Auch einige Sophisten trugen Wesentliches zur Entfaltung der rhetorischen Theorie bei, z. B. Gorgias (Figurenlehre), Prodikos (Synonymik), Thrasymachos (Prosarhythmus). Aristoteles faßte wohl in den 30er Jahren des 4. Jh.s v. Chr. die wesentlichen Lehren aller bis dahin publizierten Rhetorik-Handbücher in der (verlorenen) *Synagogé technón* (συναγωγὴ τεχνῶν) zusammen und schuf auf dieser Grundlage seine über Antike und Mittelalter bis in die Neuzeit wirkungsmächtige *Rhetorik* in drei Büchern. Hier sind erstmals – jedenfalls nach unserer Kenntnis – fundamentale und fortan verbindliche Lehren ausgeführt: die Unterscheidung der drei Redearten mit ihrem Bezug auf die drei Zeitstufen und drei Grundwerte (Gerichtsrede: Vergangenheit/Gerechtigkeit; politische Rede: Zukunft/Nützlichkeit; epideiktische Rede: Gegenwart/Ehre), die Unterscheidung der Arbeitsschritte des Redners (S. 101), weiterhin die Differenzierung zwischen verschiedenen Methoden des Argumentierens sowie Grundtatsachen der Stillehre. In der Folge wurde die aristotelische Theorie kaum wesentlich weiterentwickelt, wohl aber ausgebaut. Zwei dieser nacharistotelischen Lehrbücher seien genannt: Hermagoras von Temnos (2. Jh. v. Chr.) entwickelte erstmals in systematischer Form die Lehre von den unterschiedlichen juristischen Fragestellungen (στάσεις [stáseis]) und den Konsequenzen für die jeweils einzusetzende Argumentationstechnik. Hermogenes von Tarsos (2. Jh. n. Chr.) versuchte, durch eine subtile Differenzierung stilistischer Formungsarten über die älteren stilästhetischen Kriterien der Stilqualitäten (Aristoteles), der Stilarten (Theophrast) und der Wortfügungsarten (Dionysios von Halikarnassos) hinauszugelangen.

Dieser Exkurs über die wichtigsten Erzeugnisse der rhetorischen Theorie, die gattungstypologisch natürlich nicht zur Rede, sondern zur Fachprosa gehören, führt auf direktem Wege zur kaiserzeitlichen griechischen Redekunst, die man auch als die Zweite Sophistik bezeichnet (S. 148f.). Denn im Gegensatz zu den Gerichts- und Staatsreden der attischen Redner, die aus der juristisch-politischen Realität erwachsen, unlösbar in sie verwoben sind und in sie einzugreifen versuchen, handelt es sich bei der kaiserzeitlichen griechischen Redekunst um ein Produkt der Rhetorenschule, um das Bemühen theoretisch versierter und meist umfassend belesener Spezialisten, die 500 oder mehr Jahre alten Vorbilder möglichst perfekt zu imitieren, ja zu überbieten. Die meisten Reden dieser Zeit sind epideiktisch, auch wenn sie sich als Gerichts- oder Staatsreden geben. Denn ihr einziger Zweck besteht darin, das Können ihres Erzeugers zur Schau zu stellen. Bevorzugt brillierte man mit großen Deklamationen (μελέται [melétai]) vor zahlreichem Publikum, in denen Themen aus dem Mythos oder der griechischen, besonders athenischen Geschichte des 5. und 4. Jh.s v. Chr. traktiert wurden (z. B. 'Demosthenes spricht gegen einen Antrag, für Alexander göttliche Verehrung zu beschließen'). Wir verstehen nur mit Mühe, daß derartige, angesichts der Lebensrealität des Imperiums der Adoptivkaiserzeit absurd bezuglose Konstrukte die Gebildeten massenweise regelrecht begeistern konnten. Die besten Sophisten der Zeit waren veritable Stars, einige hatten vom Kaiser finanzierte Lehrstühle inne, sie unternahmen Tourneen durch das weite Imperium und brachten es zu Reichtum und sozialem Prestige. Einer von ihnen, Herodes Atticus, wurde 141 n. Chr. sogar Konsul. Das umfangreichste erhaltene Werk eines Redekünstlers dieser Zeit ist das des Aelius Aristeides.

Der Schwung der ersten Phase der Zweiten Sophistik erlahmte zusehends in den ersten Jahrzehnten des 3. Jh.s n. Chr. Doch im 4. Jh. erlebte die griechische Redekunst eine weitere Blüte. Viele ihrer Vertreter hielten – dem seit Konstantin staatlicherseits begünstigten Christentum zum Trotz – an den alten geistigen und religiösen Traditionen fest, so

z. B. Themistios, Himerios und Libanios, der bedeutendste von allen, dessen umfangreiches erhaltenes Werk zu den von der philologischen Forschung am wenigsten bearbeiteten Texten der Antike gehört. Aber auch christliche Autoren bedienten sich nun zur Propagierung ihrer Inhalte der Rede in sorgfältig stilisierter, rhetorischer Kunstprosa. Stellvertretend für viele seien hier nur Gregor von Nyssa, Gregor von Nazianz (der 'christliche Demosthenes') und Johannes Chrysostomos genannt. Die letzte bedeutende Rhetorenschule blühte im palästinensischen Gaza bis etwa in die Mitte des 6. Jh.s n. Chr.

2.4. Brief

Unter einem Brief versteht man allgemein eine schriftliche Mitteilung an einen Abwesenden. In seinem Wesen als 'Gesprächsersatz' dient der Brief vor allem der Information des Adressaten und der Pflege persönlicher Beziehungen. Überall dort, wo die Schrift in Gebrauch kommt, gehört der Brief zu ihren frühesten Anwendungsbereichen. Die früheste Erwähnung eines Briefs findet sich in *Ilias* 6, 168; der früheste bekannte Briefwechsel ist der zwischen dem Spartanerkönig Pausanias und dem persischen Großkönig Xerxes im Jahr 478 v. Chr., der bei Thukydides 1, 128f. zitiert wird. In der Antike wurden Briefe anfangs auf zusammenklappbare, mit Wachs überzogene Holztäfelchen geschrieben, selten auch auf Tonscherben oder dünnes Blei (zwei Bleiplättchen aus der 1. Hälfte des 4. Jh.s v. Chr. sind die ältesten im Original erhaltenen griechischen Briefe), später war die Papyrusrolle allgemein üblich. Eine öffentliche Postbeförderung gab es in der ganzen Antike nicht. Herrscher und reiche Privatleute hatten eigens zu diesem Zweck Bedienstete, normalerweise aber vertraute man die Übermittlung reisenden Freunden und Bekannten an.

Antike Briefe enthalten in der Regel eine Reihe von konventionellen formalen Elementen: Sie beginnen mit dem Anfangsgruß des Absenders an den Empfänger, niemals aber wie unsere Briefe mit der direkten Anrede des Adressaten. Oft enthalten sie eine Wohlergehen wünschende und bestätigende Formel und enden mit dem Schlußgruß. In stilistisch anspruchsvollen Briefen findet man diese Standardformeln seltener. Weitere, auch von der antiken Literaturtheorie für den Brief geforderte Charakteristika bestehen in Klarheit (σαφήνεια [*saphéneia*]) und Kürze (συντομία [*syntomía*]), die unter anderem dadurch gewährleistet werden soll, daß man sich möglichst auf ein Thema beschränkt. Die Sprache soll auf rhetorischen Pomp verzichten, aber elegant und klar sein. Periodenstil gilt als dem Genos unangemessen, das Asyndeton ist beliebt, ebenso das Einstreuen von Zitaten, Anekdoten, Sprichwörtern. Die sprachlich-stilistische Gestaltung soll sich grundsätzlich dem Thema und dem Adressaten anpassen, was rein äußerlich schon durch das stets vom Standpunkt des Adressaten ausgehende Brieftempus geschieht.

Zur literarischen Form wird der Brief – ähnlich wie das Epigramm – dadurch, daß das eigentlich intendierte Kommunikationsmuster durchbrochen wird, d. h. daß er durch Publikation einem weiteren Publikum als dem bzw. den ursprünglichen Adressaten zugänglich gemacht wird. Mit Ausnahme der zahlreichen, auf Papyrus zufällig überlieferten Briefe erfüllen alle anderen erhaltenen griechischen Briefe diese Bedingung der Literarität, da sie, ohne in irgendeiner Form publiziert worden zu sein, nicht hätten tradiert werden können. Sicher nicht alle Briefe, die die Öffentlichkeit und die handschriftliche Überlieferung erreicht haben, waren von ihrem Verfasser von vornherein zu diesem Zweck bestimmt, andere wiederum sprechen primär zu einer anonymen Öffentlichkeit und nur sekundär oder gar nicht zu dem genannten Adressaten. Bei einer dritten Gruppe halten sich diese beiden kommunikativen Intentionen in etwa die Waage. Ihre Hauptaufgabe in der Bearbeitung der Briefcorpora sah die Forschung bislang jedoch weniger in der Differenzierung solcher produktions- und rezeptionsästhetischer Aspekte, sondern in der Echtheitskritik, durch die bereits vor ca. 300 Jahren die angeblich von dem Tyrannen Phalaris von Akragas (um 600 v. Chr.) verfaßten Briefe als Fälschung aus frühbyzantinischer Zeit entlarvt wurden (S. 34). Gerade in die unter den Namen bedeutender Persönlichkeiten wie Platon oder Demosthenes überlieferten Briefsammlungen scheint viel (manche meinen: ausschließlich) Unechtes hineingeraten zu sein. Das umfangreichste, von einem nichtchristlichen antiken Autor überlieferte Briefcorpus (über 1500 Briefe), das des Rhetors Libanios, enthält dagegen nach allgemeiner Auffassung relativ wenige Fälschungen.

Als rein literarisch bezeichnet man Briefe, deren Verfasser nicht identisch mit dem (fingierten oder ganz fiktiven) Absender sind und deren Empfänger nicht existieren. Wir haben einige Sammlungen solcher Briefe aus der Kaiserzeit, darunter die Bauern-, Fischer-, Hetären- und Parasitenbriefe des Alkiphron (2. Jh. n. Chr.) und die erotischen Briefe eines Autors unbekannten Namens (genannt 'Aristainetos') vom Anfang des 6. Jh.s n. Chr.

Die Vielfalt der in Briefen behandelten Themen ist nahezu grenzenlos. Neben typischen Formen wie Glückwunsch-, Kondolenz- oder Empfehlungsschreiben, Liebesbrief usw. stehen politisch-publizistische

Briefe oder Lehrbriefe verschiedener Ausrichtung (philosophisch, poetologisch, rhetorisch). Dazu gehört auch der größte Teil der sehr umfangreichen christlichen Briefliteratur der griechischen Antike, vornehmlich deren älteste und bedeutendste Repräsentanten, die in das *Neue Testament* aufgenommenen 21 Briefe.

2.5. Roman

Die Literaturgattung, die heute alle anderen weit überflügelt hat, ist in der Antike zwar vorhanden, wird von den Literaturtheoretikern jedoch nicht zur Kenntnis genommen. Deshalb existiert kein spezifischer Terminus; die Griechen behelfen sich mit ἱστορία *(historía)*, δρᾶμα *(dráma)*, μῦθος *(mythos)*, die Römer mit *fabula*. Unser Wort 'Roman' kommt aus dem mittelalterlichen Frankreich, wo es eine längere, in Prosa oder in Versen, jedenfalls aber in der romanischen Volkssprache (und nicht der lateinischen Literatursprache) verfaßte Erzählung bezeichnete. In der Klassischen Philologie wird Roman als Terminus für die längere, fiktionale Prosaerzählung benutzt.

Der Roman ist die jüngste Gattung der griechischen Literatur. Das früheste Werk, in dem romanhafte Züge deutlich auszumachen sind, ist Xenophons fiktiv-biographische *Erziehung des Kyros (Kyrupädie)* (um 360 v. Chr.). Die ersten echten Romane entstanden in frühhellenistischer Zeit (um 300 v. Chr.): der utopische Roman des Euhemeros und die romanhafte Alexandergeschichte des Onesikritos (beide nicht erhalten). In der folgenden Zeit hat die griechische Literatur mehrere Typen von Romanen entwickelt, neben den bereits genannten den historischen, den mythographischen, den Reiseroman und den komisch-satirischen Roman. Unser Bild des griechischen Romans bestimmen jedoch wesentlich fünf vollständig erhaltene Werke, die man nach ihrem zentralen Thema als Liebesromane bezeichnet: Ein Liebespaar wird durch irgendwelche Umstände getrennt, beide erleben an meist weit voneinander entfernten Orten unglaubliche Abenteuer, halten einander aber fast immer die Treue und finden am Ende wieder zusammen. Die bevorzugten literarischen Mittel und Motive dieser Form des Romans sind von mehreren älteren Gattungen übernommen: vom Epos, besonders der *Odyssee*, die Technik der Rahmenerzählung und das Motiv der Irrfahrt, von der Neuen Komödie die Motive der Kindesaussetzung und der Wiedererkennung *(Anagnórisis)*, von der Geschichtsschreibung die pseudohistorische Einbettung des Romangeschehens, von der Geographie die Vorliebe für alles Exotische, von der hellenistischen Liebeselegie die erotische Thematik, von der Rhetorik die ausgefeilten Beschreibungen von Örtlichkeiten oder Gegenständen. Typisch ist die Häufung an sich nicht unmöglicher, aber durchaus unwahrscheinlicher Begebenheiten.

Die Chronologie der erhaltenen Romane läßt sich nicht mit völliger Sicherheit festlegen. Nach der verbreitetsten Auffassung ist der älteste der Roman des Chariton von Aphrodisias (wohl 1. Hälfte 1. Jh. n. Chr., vielleicht auch älter). Aus dem 2. Jh. n. Chr. stammen die Werke des Xenophon von Ephesos (nach Meinung vieler nur als Auszug [Epitome] überliefert) und des Achilleus Tatios sowie der durch das Fehlen der Reisethematik und die Einbettung der Handlung in eine bukolische Welt aus dem Rahmen fallende Roman des Longos. Das umfangreichste, in seiner Erzähltechnik komplexeste und sprachlich-stilistisch anspruchsvollste Werk der antiken griechischen Romanliteratur, die *Aithiopiká* eines Heliodoros von Emesa, gehört ins 3. oder 4. Jh. n. Chr. Romanhafte Züge findet man auch in Erzeugnissen der christlichen Literatur, wie z. B. in den apokryphen Apostelgeschichten und den Heiligenlegenden.

XI. Autoren und Werke

Selbstverständlich kann in einer Zusammenstellung wichtiger Autoren der griechischen Literatur nur ein Querschnitt durch die griechische Literaturgeschichte gegeben werden. Zwar richtet sich die Auswahl vor allem nach den Bedürfnissen des Grundstudiums, aber trotzdem wird mancher Autor vermißt werden. Bewußt ausgespart wurden die Philosophen, die in Kapitel VIII. 'Philosophie' vorgestellt werden. Ebenfalls konnten die griechischen christlichen Autoren keine Berücksichtigung finden, für die auf das *Lexikon der antiken christlichen Literatur* (hrsg. von S. Döpp und W. Geerlings, 1998) verwiesen sei. Außerdem finden sich weitere Informationen zu Autoren in Kapitel IX. 'Die Epochen der griechischen Literatur' und X. 'Die Gattungen der griechischen Literatur'. Als Literaturangaben können jeweils nur einige ein- bzw. weiterführende Titel genannt werden. Die Epocheneinteilung richtet sich nach Kapitel IX.

1. Archaische Literatur

HOMER (HOMEROS) (2. Hälfte 8. Jh. v. Chr.)

Unter dem Namen Homers sind die ersten vollständigen literarischen Werke in griechischer Sprache, die *Ilias* (15693 Hexameter) und die *Odyssee* (12109 Hexameter), überliefert. Da sicher die *Ilias*, vielleicht auch die *Odyssee* nur wenige Jahrzehnte nach der Übernahme der Schrift von den Phöniziern entstanden (Ende des 8. Jh.s v. Chr., S. 138), kann noch nicht mit zuverlässigen Informationen zur Person des Dichters gerechnet werden. Die sieben Biographien Homers sowie der *Wettstreit Homers und Hesiods* sind spätere Produkte aus hellenistischer Zeit. Einige Informationen könnten allerdings auf das 7. Jh. zurückgehen; als Vermittlungsinstanz kommt die Rhapsodengruppe der *Homeridai* in Frage, die ihren Sitz auf der Insel Chios hatten und sich direkt auf Homer zurückführten. Der ionische Name Homeros (Ὅμηρος, wörtlich 'Bürge'), der zum ersten Mal sicher bei Xenophanes und Heraklit, eventuell schon bei Kallinos (um 650 v. Chr.) bezeugt ist, und die biographische Tradition verweisen auf das von Ionern besiedelte Kleinasien als Heimat des Dichters. Die Analyse der in *Ilias* und *Odyssee* reflektierten gesellschaftlichen Zustände legen als Schaffenszeit des Dichters die zweite Hälfte des 8. Jh.s v. Chr. nahe; manche Gelehrte gehen sogar bis in die Mitte des 7. Jh.s.

Bereits in der Antike wurde bezweifelt, daß *Ilias* und *Odyssee* von demselben Autor stammten, da sich die beiden Epen in ihrem Götter- und Menschenbild beträchtlich unterscheiden (Schulrichtung der sogenannten 'Chorizonten'). Die Forschung der Moderne, beginnend mit Wolfs *Prolegomena ad Homerum* (1795), dehnte die Fragestellung dahingehend aus, ob sich innerhalb der Epen verschiedene Schichten bzw. Einzelgesänge feststellen lassen, die verschiedenen Autoren, Bearbeitern oder Interpolatoren zugeschrieben werden können (Forschungsrichtung der Analytiker), während die Gegenposition der Unitarier die einheitliche Konzeption der Epen und damit auch die Zuschreibung an einen einzigen Autor aufrecht erhielt. In der Folge bestritt die neoanalytische Richtung zwar nicht den Einfluß älterer Ependichtung auf Homer, nahm aber jeweils einen Dichter als Verfasser jedes der beiden Epen an. Seit der Mitte des 20. Jh.s wurde unter dem Einfluß der oral-poetry-Forschung (M. Parry, A. B. Lord) die Frage diskutiert, ob die beiden Epen mündliche oder schriftlich fixierte Dichtung seien. Die Komposition der Epen, insbesondere die Rück- und Vorweise legen eine schriftliche Abfassung nahe (S. 138). Spuren der Mündlichkeit finden sich vor allem in der Formelsprache.

Die Einteilung der beiden Epen in 24 Bücher bzw. Gesänge – entsprechend dem griechischen Alphabet – kann erst nach 403 v. Chr. (griechisches 'Einheitsalphabet' des Eukleides) erfolgt sein, hat sich aber wohl aus den Vortragseinheiten der Rhapsoden entwickelt. Thema der *Ilias*, die im neunten Jahr der Belagerung Trojas durch die Griechen spielt, und 51 Tage des Trojanischen Kriegs behandelt, ist der Zorn des Achilleus (1, 1), der sich aus Verbitterung darüber, daß der Heerführer Agamemnon ihm die Kriegsgefangene Briseïs wegnahm, aus dem Kampfgeschehen zurückzieht. Die Griechen (Achäer) geraten in Bedrängnis. Achill verweigert sich ihrer Bittgesandtschaft, schickt aber seinen Freund Patroklos in den Kampf, der von dem trojanischen Helden Hektor getötet wird. Erst jetzt kehrt Achilleus in den Kampf zurück, um Patroklos zu rächen, und tötet Hektor. Das Werk endet mit dem Bittgang des trojanischen Königs Priamos zu Achill, der ihm den Leichnam seines Sohnes Hektor herausgibt.

Die *Odyssee* ist das einzige erhaltene Epos einer Reihe von Werken, die die Heimfahrten der griechischen Helden von Troja zum Inhalt hatten *(Nostoi)*. Inhalt des Werkes ist die Rückkehr des Odysseus von Troja in seine Heimat Ithaka nach 20 Jahren. Im Zentrum stehen die letzten 40 Tage vor der Heimkehr, von denen nur 16 Tage und acht Nächte erzählt werden. Die Vorgeschichte wird in Rückblicken, vor allem in den für die Gattung Epos konstitutiv werdenden Ich-Erzählungen des Helden, eingeblendet. Das Werk läßt sich in zwei Teile untergliedern: Die Bücher 1–12 behandeln die Ereignisse vor der Ankunft des Odysseus auf Ithaka, 13–24 die Ereignisse auf Ithaka nach der Rückkehr des Helden. Mit der Haupthandlung, die sich um die Person des Odysseus rankt, ist eine Nebenhandlung verbunden, die Telemachie, die Suche von Odysseus' Sohn Telemachos nach seinem Vater (Bücher 3, 4 und 15).

Homers Einfluß auf die griechische Dichtung und Kultur ist nicht zu überschätzen. Bereits früh füllte man die Lücken zwischen den beiden homerischen Großwerken mit einer Reihe von verlorenen Epen, die unter der Sammelbezeichnung *Epischer Kyklos* zusammengefaßt werden: Die *Kypria* behandeln die Vorgeschichte der *Ilias*. Die *Aithiopis* schließt an die *Ilias* an und hat Achills letzte Taten zum Inhalt. In der *Iliupersis* und der *Kleinen Ilias* werden die Ereignisse nach Hektors Tod und die Einnahme und Zerstörung Trojas geschildert. Die Gruppe der *Nostoi* schließlich widmet sich der Heimfahrt der verschiedenen griechischen Helden. Die in der Antike ebenfalls Homer zugeschriebenen 33 Hymnen stammen aus der Zeit zwischen dem 7. und 4. Jh. v. Chr. Da diese Hymnen als *Prooímia* ('Einleitungen') bezeichnet wurden, kann man annehmen, daß sie als Eröffnung einer längeren Epen-Rezitation von dem Rhapsoden vorgetragen wurden. Die homerischen Epen und die in ihnen erzählten Götter- und Heldengeschichten prägten nicht nur die Gattung Epos formal und inhaltlich, sondern ebenso Lyrik und Tragödie. Als Autorität und Klassiker, als Lehrer der Griechen forderte Homer auch schon früh die Kritik heraus. Bereits Xenophanes tadelt das homerische anthropomorphe Götterbild, Platon führt die Kritik an Homer im *Staat* breit aus.

Literatur: J. Latacz, Homer. Der erste Dichter des Abendlandes, München/Zürich ²1989; J. Latacz (Hrsg.), Zweihundert Jahre Homer-Forschung, Stuttgart/Leipzig 1991; I. Morris/B. Powell, A new companion to Homer, Leiden/New York/Köln 1997.

HESIOD (HESIODOS) (um 700 v. Chr.)

Hesiod aus Askra in Böotien ist die erste greifbare Dichterpersönlichkeit der europäischen Literatur. Sein Vater wanderte aus Kyme in Kleinasien nach Böotien aus. In den *Werken und Tagen* erfahren wir, daß sein Bruder Perses zunächst sein eigenes Erbteil verschleudert und dann versucht habe, die Unterstützung korrupter Richter zu gewinnen und Hesiod um sein Erbe zu betrügen. Erhalten sind zwei Lehrgedichte: In der *Theogonie*, die durch ein Proömium eingeleitet wird, in dem Hesiod von seiner Dichterweihe berichtet, behandelt er die Entstehung der Welt (Kosmogonie) und in katalogartiger Form – angereichert durch Exkurse – die Abfolge der Göttergenerationen (ca. 300 Götter werden genannt). Die *Werke und Tage* (ἔργα καὶ ἡμέραι [*érga kai hemérai*]) sind eine Reihe von Ermahnungen an Hesiods Bruder Perses, die mit mythologischen Exkursen (z. B. der Pandora-Geschichte, Weltzeitaltermythos) und vor allem Ratschlägen für den Landbau und die Seefahrt verbunden sind. In seiner Echtheit umstritten ist der *Katálogos*, auch *Ehoien* genannt (von ἢ οἵη [*e hoie*], 'oder die, welche...'), in dem Verbindungen von Göttern mit menschlichen Frauen erzählt werden. Sicher unecht und vermutlich aus dem 6. Jh. stammend ist die *Aspis (Schild)*, in der in Anlehnung an die Beschreibung von Achills Schild im 18. Buch der *Ilias* der Schild des Herakles beschrieben wird (*Ekphrasis*, 'Beschreibung').

Literatur: M. L. West, Hesiod. Theogony, Oxford 1966; M. L. West, Hesiod. Works and Days, Oxford 1978; M. L. West, The Hesiodic Catalogue of Women, Oxford 1985.

ARCHILOCHOS (ca. 680–630 v. Chr.)

Die Erwähnung des lydischen Königs Gyges (ca. 680–645 v. Chr.) und der Sonnenfinsternis des Jahres 648 geben den zeitlichen Rahmen für Archilochos' Leben. Er stammte von der Insel Paros und verbrachte einen Teil seines Lebens auf der Insel Thasos, einer Kolonie seiner Heimat. Auf Paros wurde Archilochos seit dem 6. Jh. v. Chr. als Heros in einem Heiligtum, dem *Archilocheion*, verehrt, in dem eine Chronik, das *Marmor Parium*, und eine Lebensbeschreibung des Archilochos (*Mnesiepes-Inschrift*) aufgestellt waren.

Die antiken Philologen und Herausgeber unterteilten die Gedichte des Archilochos nach ihrer metrischen Form in vier Rubriken: Elegien, iambische Trimeter, trochäische Tetrameter und Epoden (S. 93). Die Gedichte weisen, soweit sich das den Fragmenten entnehmen läßt, eine aktuelle Thematik auf; persönliche Erlebnisse scheinen einzufließen. Ob allerdings das elegische 'Ich' wie in dem berühmten Fr. 5 West, in dem ein Sprecher bekennt, seinen Schild weggeworfen zu haben, um sein Leben zu retten, mit Archilochos gleichzusetzen ist und persönliche Erlebnisse der Dichters berichtet werden, ist eher fraglich. In der Antike war Archilochos vor allem für seinen bitteren Spott berühmt, mit dem er einen gewissen Lykambes verfolgte, der ihm seine Tochter Neobule versprochen und das Versprechen später zurückgezogen hatte. Vor allem die 1974 entdeckte *Kölner Epode* gibt Zeugnis von diesem Spott in Verbindung mit einer derben sexuellen Erzählung. Der Sitz im Leben der Dichtung des Archilochos dürfte wie im Falle des Alkaios das Symposion sein. In den Gedichten wird den Angehörigen derselben Gruppe, den ἑταῖροι [*hetaíroi*], ein Gemeinschaftsgefühl vermittelt, Gegner werden ausgegrenzt. Die Funktion dieser iambischen Idee (ἰαμβικὴ ἰδέα [*iambiké idéa*]) ist durchaus mit dem ὀνομαστὶ κωμῳδεῖν *(onomastí komodeín)*, der namentlichen Verspottung von zumeist angesehenen Personen in der Komödie des 5. Jh.s zu vergleichen (S. 143, 170).

Literatur: Archiloque. Entretiens Hardt 10, Vandœuvres/Genève 1964.

ALKAIOS (* ca. 625/20 v. Chr.) und SAPPHO (* ca. 625 v. Chr.)

Die Dichtung des aus Mytilene stammenden Alkaios führt mitten in die politisch unruhigen Jahre, die die Insel Lesbos am Ende des 7. Jh.s erlebte und in denen sich eine Gruppe um einen gewissen Pittakos und die Brüder des Alkaios kurzfristig politisch durchsetzte (ca. 612/609). Pittakos wechselte aber bald die Seiten und verbündete sich mit dem neuen Tyrannen Myrsilos, nach dessen Tod er vom Volk selbst zum Tyrannen gewählt wurde. Im Verlauf dieser Auseinandersetzungen wurde Alkaios nach antiken Quellen dreimal verbannt; eine Reise nach Ägypten ist bezeugt.

Die Gedichte des Alkaios – erhalten sind 400 Fragmente – sind Spiegel der Auseinandersetzungen zwischen den einzelnen Hetairien auf Lesbos. Sie wurden anläßlich von Symposien der Hetairie, zu der Alkaios gehörte, vorgetragen und weisen eine große thematische Breite auf. Es finden sich Kampflieder und Kampfparänesen, bitterer Spott gegen den politischen Gegner, Trinklieder *(Skolien)* und Götterhymnen sowie mythologische Erzählungen. Das Bild des 'Staatsschiffes', das in den Sturm politischer Fehden gerät, findet sich in mehreren Fragmenten (Fr. 6, 208 a, 249, 306i Voigt).

Wie Alkaios gehörte Sappho, die etwa in derselben Zeit wie Alkaios in Mytilene oder Eresos auf Lesbos geboren wurde, der Oberschicht der Insel an. Sie wirkte in einem Kreis *(Thiasos)* von Mädchen und jungen Frauen, die sich vor ihrer Hochzeit in derartigen Gruppen zusammenschlossen. Man muß solche Thiasoi im Zusammenhang mit in archaischer und noch in klassischer Zeit üblichen Initiationsriten sehen: Junge Menschen werden an der Schwelle zum Erwachsenenleben von ihrer Familie getrennt und leben für eine bestimmte Zeit außerhalb der Gesellschaft, um sich unter der Leitung einer erfahrenen Person auf das künftige Leben als Bürger oder Ehefrau vorzubereiten.

Die knapp 200 Fragmente, die von Sapphos Gedichten erhalten sind, spiegeln diesen lebensweltlichen Kontext wider. Häufig wird die Trennung thematisiert, die Tatsache, daß eine junge Frau sich aus der Gruppe verabschiedet, um ihr Leben als Erwachsene anzutreten.

Literatur: D. L. Page, Sappho and Alcaeus, Oxford 1971; W. Rösler, Dichter und Gruppe, München 1980.

2. Klassische Literatur

PINDAR (PINDAROS) (ca. 518–440/38 v. Chr.)

Der aus Theben in Böotien stammende Pindar, Zeitgenosse des attischen Tragikers Aischylos, ist, was die in seinen Dichtungen vertretene Weltsicht betrifft, ein typischer Repräsentant der archaischen Adelskultur, obwohl seine Lebenszeit durchaus mit der Epoche der klassischen Literatur zusammenfällt. Er ist also einer der Fälle, bei denen klare Epochenabtrennungen nicht greifen (S. 137). Wie sein Vorgänger in der chorlyrischen Dichtung, Simonides von Keos (ca. 556–468), dessen Werk nur fragmentarisch erhalten ist und der nach der antiken Literaturgeschichte als 'Erfinder' des Epinikions gilt, schrieb Pindar im Auftrag von Aristokraten des griechischen Mutterlandes sowie für Tyrannen (Hieron von Syrakus, Theron von Akragas, Arkesilas von Kyrene), die ihre Siege bei den großen panhellenischen Festspielen in Siegesliedern preisen ließen (S. 140f., 162). Die Lieder wurden teilweise direkt am Ort des Sieges vorgetragen, teilweise in der Heimat des Siegers. Typische Elemente der Epinikien sind das Lob des Siegers und seiner Heimat, die Erwähnung des Anlasses, der jeweiligen Festspiele, und der sportlichen Disziplin sowie eine mythologische Erzählung. Diese stand in einer engen Beziehung zum Ort des Sieges und zum Sieger, dessen Leistung z. B. in den Taten eines Heroen widergespiegelt wird. Typisch für Pindar ist sein dunkler, gnomischer Stil und seine schöpferische Sprachgewalt, für die er in der Antike berühmt war (Horaz, *Oden* 4, 2) und die ihn im Sturm-und-Drang zum Sinnbild des Originalgenies werden ließ. Das erste der erhaltenen Siegeslieder stammt aus dem Jahre 498

(*Pythie* 10), das letzte ist auf 446 datierbar (*Pythie* 8). Von Pindars Werk, das die alexandrinischen Philologen in 17 Bücher einteilten (elf Bücher kultische Lieder [*Hymnen, Paiane, Dithyramben, Prosódia, Parthéneia, Hyporchémata*] und sechs Bücher 'weltliche' Lieder [*Enkómia, Threnoi, Epinikien*]), sind auf dem Weg der handschriftlichen Überlieferung nur die vier Bücher Epinikien erhalten. Teilweise umfangreiche Bruchstücke aus den übrigen Gattungen sind seit dem Ende des 19. und Beginn des 20. Jh.s durch Papyrusfunde bekannt.

Literatur: W. M. Calder/J. Stern (Hrsgg.), Pindar und Bakchylides, Darmstadt 1970; A. Köhnken, Die Funktion des Mythos bei Pindar, Berlin/New York 1971; E. Krummen, Pyrsos Hymnon, Berlin/New York 1990.

BAKCHYLIDES (ca. 520-nach 450 v. Chr.)

Der von der Insel Keos stammende Bakchylides, ein Neffe des Simonides, ist erst seit 1897 – seit der Publikation einer im ägyptischen Oxyrhynchos gefundenen Papyrusrolle – zu einer greifbaren Gestalt der griechischen Literaturgeschichte geworden. Erhalten sind 14 Epinikien und sechs Dithyramben. Im Gegensatz zu Pindars Dichtungen ist Bakchylides 'moderner'; er steht – vor allem in seinen Dithyramben – deutlich unter dem Einfluß der attischen Tragödie. Einen großen Raum in seinen Dithyramben nimmt die Erzählung eines Mythos ein bzw. der Episode eines Mythos, der in irgendeiner Beziehung zum Anlaß der Aufführung und zur auftraggebenden Gemeinde steht. Die großen Unterschiede, die die Gedichte des Bakchylides zu Pindars Liedern aufweisen, riefen nach seiner Wiederentdeckung zunächst große Enttäuschung hervor, da man einen zweiten Pindar erwartet, ihn aber nicht gefunden hatte. Die Differenzen in Stil, Tonlage und Weltsicht und selbst in der Komposition der Gedichte sind jedoch Ausdruck der Variationsbreite, derer sich chorlyrische Dichter bedienen konnten und die sie vor allem auch aus Gründen der Konkurrenz bewußt ausnutzten.

Literatur: H. Maehler, Die Lieder des Bakchylides, 2 Bde., Leiden 1982, 1997; B. Zimmermann (Hrsg.), Bakchylides – 100 Jahre nach seiner Wiederentdeckung, München 2000.

AISCHYLOS (525/24–456/55 v. Chr.)

Der noch zur Zeit der Tyrannenherrschaft geborene und aus dem alten Adelsgeschlecht der Eupatriden stammende Aischylos erlebte die wichtigsten Ereignisse der athenischen Geschichte des 6. und 5. Jh.s v. Chr.:

die Reformen des Kleisthenes, die Athen zur Demokratie machten (508), die Abwehr der Perser bei Marathon (490), Salamis und Plataiai (480) und die Reformen des Ephialtes, die den einflußreichen Adelsrat (Areopag) entmachteten und Athen zur radikalen Demokratie werden ließen (462/61). Nach seinem Debüt als Tragiker (499) errang er seinen ersten Sieg im tragischen Agon 484 und belegte danach zwölfmal den ersten Platz. 468 unterlag er – wohl eine Sensation im Theaterleben der Stadt Athen – dem jungen Sophokles, der in diesem Jahr erst zum zweiten Mal am Agon teilnahm. Auf Einladung des Tyrannen Hieron inszenierte er nach 472 die *Perser* in Syrakus und verfaßte im Auftrage Hierons ein Festspiel für die im Jahre 476/5 von dem Tyrannen am Fuß des Ätna gegründete Stadt Aitnai, die *Aitnaiai (Die Frauen von Aitnai)*. Bei einem weiteren Aufenthalt in Sizilien starb Aischylos 456/55 in Gela. Die in der Antike Aischylos zugeschriebene Zahl von Stücken schwankt zwischen 70 und 90. Erhalten sind neben zahlreichen Fragmenten auf dem Weg der handschriftlichen Überlieferung sieben Tragödien: die *Perser* (472), die *Sieben gegen Theben* (467), die *Orestie*, die einzige erhaltene Trilogie, bestehend aus den Tragödien *Agamemnon*, *Choëphoren (Weihgußträgerinnen)* und *Eumeniden (Die wohlmeindenden Göttinnen)* (458), die *Hiketiden (Schutzflehenden)* (vermutlich 463 v. Chr.). Hinzu kommt der *Gefesselte Prometheus*, der aufgrund von stilistischen und dramaturgischen Besonderheiten und inhaltlichen Anspielungen – jedenfalls in der vorliegenden Form – kaum von Aischylos stammt, sondern im letzten Viertel des 5. Jh.s entstanden sein dürfte.

In der antiken Literaturgeschichtsschreibung gilt Aischylos als Erfinder wichtiger Neuerungen in der Gattung Tragödie (S. 165 ff.). Nach Aristoteles (*Poetik* 4, 1449a 15) soll er den zweiten Schauspieler eingeführt und als Folge dieser Dramatisierung die Chorpartien reduziert und die gesprochenen Partien zum wichtigsten Bestandteil seiner Stücke gemacht haben. Seine Inszenierungen, für die die Tragiker des 5. Jh.s selbst verantwortlich waren, hinterließen in Athen bleibenden Eindruck. So ist überliefert, daß das Erscheinen der Erinnyen zu Beginn der *Eumeniden* im Publikum eine ungeheure Panik verursacht habe. Die sprachliche Form seiner Tragödien ist oft gewagt, reich an Neologismen und galt bereits am Ende des 5. Jh.s als dunkel. Schließlich kann Aischylos wohl auch als der Schöpfer der inhaltlich geschlossenen Tetralogie gelten – also von vier in engem inhaltlichen Zusammenhang stehenden Stücken, drei Tragödien und einem Satyrspiel. Diese Kompositionsform ermöglichte es ihm, das Schicksal von Generationen in einem übergreifenden, größeren Zusammenhang nachzuvollziehen. Von den in der Antike hochgerühmten Satyrspielen des Aischylos läßt sich auf der Basis der Papyrusfunde leider nur ein grober Eindruck gewinnen. Leitmotivisch durchzieht die Stücke des Aischylos die theologische Deutung menschlichen Lebens, Handelns und Leidens. Zwar stehen die Menschen unter einem äußeren Zwang. Aber trotzdem laden sie mit jeder Handlung, zu der sie sich aus freien Stücken entscheiden, selbst neue Schuld auf sich (*Agamemnon* 1564: „Wer handelt, muß auch leiden."). Doch menschliches Leiden und Handeln muß nicht sinnlos sein; vielmehr wird das Leid des Menschen als eine harte Erziehung zur vernünftigen Einsicht und Selbstbescheidung gedeutet (*Agamemnon* 176ff. πάθει μάθος [*páthei máthos*], 'durch Leiden lernen'). Besonders deutlich ist diese Weltsicht in der *Orestie*, aber auch schon im frühesten erhaltenen Stück, den *Persern* (472), präsent, in denen Aischylos Zeitgeschichte, die persische Niederlage bei Salamis, einer theologischen Deutung unterzieht.

Literatur: J. Latacz, Einführung in die griechische Tragödie, Göttingen 1993, 86–160; A. Lesky, Die tragische Dichtung der Hellenen, Göttingen ³1972, 65–168; M. J. Lossau, Aischylos, Hildesheim/Zürich/New York 1998; A. H. Sommerstein, Aeschylean tragedy, Bari 1996, O. Taplin, The stagecraft of Aeschylus, Oxford 1977, B. Zimmermann, Die griechische Tragödie, München,/Zürich ²1992, 32–62, B. Zimmermann, Europa und die griechische Tragödie, Frankfurt/M. 2000.

SOPHOKLES (497/96–406/405 v. Chr.)

Sophokles begann seine Laufbahn als Tragiker in Athen mit einem *coup de théâtre*: Bereits beim zweiten Mal, als ihm vom *Archon eponymos*, dem höchsten Beamten Athens, ein Chor, d. h. das Aufführungsrecht zugesprochen worden war (468 v. Chr.), verwies er Aischylos auf den zweiten Platz. Auch in der Folgezeit blieb er äußerst erfolgreich: Dreißigmal trat er zum Agon an und errang 18 Siege. Dritter, also Letzter, wurde er nie. Sein Erfolg als Dramatiker ist gekoppelt mit einem außergewöhnlichen Engagement in der Politik seiner Heimatstadt Athen. 443/42 bekleidete er das Amt eines *Hellenotamías* und war damit einer der zehn führenden Männer des attisch-delischen Seebundes. Im Samischen Krieg (441–439) war er zusammen mit Perikles, dem herausragenden Politiker jener Zeit, zu dessen engstem Kreis er gehörte, Stratege (Feldherr, Admiral), ein Amt, das er 428 und vielleicht 423/22 noch einmal bekleidete. In der ersten schweren Krise der attischen Demokratie (413/12) gehörte er dem oligarchisch gesinnten Gremium der Probulen an, die nach der verheerenden Niederlage des athenischen Heeres auf

Sizilien die radikale Demokratie eindämmen und für eine Konsolidierung der athenischen Politik sorgen sollten. Daneben bekleidete Sophokles mehrere kultische Ämter: Er war Priester des Heros Halon und maßgeblich an der Einführung des Asklepioskultes aus Epidauros nach Athen (420) beteiligt. Nach seinem Tod soll er deshalb als Heros Dexion verehrt worden sein. Von der antiken Literaturgeschichtsschreibung wird Sophokles die Einführung des dritten Schauspielers und die Erfindung der Bühnenmalerei zugeschrieben.

Von den 123 Stücken des Sophokles sind wie im Falle des Aischylos sieben Tragödien erhalten, deren Datierung mit der Ausnahme des *Philoktetes* (409) und des *Oidipus auf Kolonos* (postum 401 aufgeführt) umstritten ist. Für die übrigen Stücke läßt sich eine relative Chronologie nur nach strukturellen und inhaltlichen Kriterien erstellen: *Aias* und *Trachinierinnen* werden gemeinhin aufgrund ihrer 'Diptychonform' als frühe Stücke angesehen (50er/40er Jahre). Nach einer Notiz in der Hypothesis zur *Antigone* soll Sophokles aufgrund des Erfolgs des Stücks zum Feldherrn im Samischen Krieg gewählt worden sein, so daß die Aufführung der Antigone auf 443/42 fallen könnte. Für den *König Oidipus* könnte eine Datierung zwischen 436–433 in Frage kommen. Die Charakterisierung der Protagonistin rückt die *Elektra* in die unmittelbare Nähe des *Philoktetes*, also etwa in die Zeit zwischen 414 und 411. Das Verhältnis zur *Elektra* des Euripides ist umstritten; es spricht aber einiges für die Priorität des euripideischen Dramas.

Während bei Aischylos der Mensch in seinem Verhältnis zu Gott, das Wechselspiel von menschlicher Schuld und göttlicher Vergeltung und – im Rahmen einer großangelegten Theodizee – die Frage nach dem Sinn von Sühne und menschlichem Leid im Zentrum stehen, lenkt Sophokles den Blick auf Menschen in Extremsituationen. Unter dem Druck äußerer Umstände entfaltet sich der außergewöhnliche Charakter einer Antigone, einer Elektra oder eines Oidipus, wobei die Extremposition der Protagonisten durch die ihnen gegenübergestellten Kontrastfiguren (Ismene in der *Antigone*, Chrysothemis in der *Elektra*) um so deutlicher wird. Zentral ist in Sophokles' Tragödien die Wissensproblematik, das Verhältnis von göttlichem, absolutem Wissen und menschlicher, beschränkter Erkenntnisfähigkeit. Obwohl die Götter in Prophezeiungen und Orakeln den Menschen die Wahrheit mitgeteilt haben, liegt es in der Natur des Menschen, den göttlichen Willen zu interpretieren und umzudeuten oder gar zurecht biegen zu wollen, wie dies besonders deutlich im *König Oidipus* zum Ausdruck kommt. Die Distanz zwischen Mensch und Gott wird allerdings im postum aufgeführten *Oidi-*

pus auf Kolonos versöhnlich ausgeglichen, wenn der leidende Oidipus von der gütigen Gottheit entrückt wird.

Literatur: H. Flashar, Sophokles, München 2000; J. Latacz, Einführung in die griechische Tragödie, Göttingen 1993, 161–249; A. Lesky, Die tragische Dichtung der Hellenen, Göttingen ³1972, 169–274; K. Reinhardt, Sophokles, Frankfurt ⁴1976; B. Zimmermann, Die griechische Tragödie, München/Zürich ²1992, 63–93; B. Zimmermann, Europa und die griechische Tragödie, Frankfurt/M. 2000.

EURIPIDES (485/80–406 v. Chr.)

Im Gegensatz zu Aischylos und Sophokles war der auf der Insel Salamis geborene Euripides nach seinem Debüt als Tragiker im Jahre 455 nicht vom Erfolg verwöhnt. Nur viermal belegte er den ersten Platz, der fünfte Sieg wurde ihm postum zugesprochen. Erst nach seinem Tod – nach der offiziellen Zulassung von Wiederaufführungen im Jahre 386 v. Chr. – wurde er zum beliebtesten Bühnenautor. Im Gegensatz zu Aischylos und Sophokles scheint Euripides öffentliche Ämter gemieden zu haben. Der mangelnde Erfolg als Dramatiker und vielleicht auch die Verzweiflung über die moralisch-politische Situation in Athen am Ende des Peloponnesischen Kriegs dürften den Anstoß gegeben haben, daß er auf Einladung des makedonischen Königs Archelaos 408 Athen verließ. Zu Beginn des Jahres 406 starb er in Pella am Hofe des Makedonenkönigs.

Durch die Gunst der Überlieferung sind von seinem wohl 90 Titel umfassenden Werk 19 Stücke erhalten – darunter der *Rhesos*, der mit größter Wahrscheinlichkeit nicht von Euripides, sondern aus dem 4. Jh. v. Chr. stammt. Für *Alkestis* (438), *Medea* (431), *Hippolytos* (428), *Troerinnen* (415), *Helena* (412) und *Orestes* (408) steht das Jahr der Aufführung fest, die *Bakchen* und die *Iphigenie in Aulis* wurden erst nach dem Tod des Dichters aufgeführt. Auf der Basis der metrischen Analyse (S. 92) läßt sich jedoch auch für die übrigen Stücke eine relative Chronologie aufstellen: Die *Herakliden* fallen in die Zeit von *Medea* und *Hippolytos* (431–428). *Andromache*, *Hekabe* und *Hiketiden* gehören in die 20er Jahre des 5. Jh.s. Zwischen 420 und 416 müssen *Der rasende Herakles* und die *Elektra* entstanden sein. Nach den *Troerinnen* (415) und vor dem *Orestes* (408) dürften *Ion*, *Taurische Iphigenie* und *Phönizierinnen* zur Aufführung gelangt sein. Zum Spätwerk gehört wohl auch der *Kyklops (Der Kyklop)*, das einzige erhaltene Satyrspiel.

Zentral für die euripideischen Tragödien sind die verschiedenen Frauengestalten: die sich für ihren Gatten aufopfernde Alkestis, Phaidra, die sich vor Leidenschaft zu ihrem Stiefsohn Hippolytos verzehrt, die von

Haß auf ihren Mann Iason getriebene Medea und schließlich die unter der Grausamkeit des Kriegs leidenden Trojanerinnen, Hekabe, Kassandra, Andromache und Polyxena. Typisch für Euripides – und von dem Komödiendichter Aristophanes kritisiert und parodiert – ist die Verbürgerlichung der erhabenen Gattung Tragödie, die Ansiedelung heroischer Stoffe in unheroischer Umgebung (z. B. *Elektra*). Gerade dieser bürgerliche Charakter mancher seiner Stücke ließ Euripides zum beliebtesten Tragiker des 4. Jh.s werden, der maßgeblich die Entwicklung der unpolitischen Neuen Komödie des Hellenismus prägte. Durchgängig wird die Ferne von Gott und Mensch betont. Die Götter sind wie die Menschen von ihren Emotionen getrieben, die Menschen werden zu bloßen Schachfiguren in einem undurchschaubaren Spiel der Götter. Die durch die Sophistik und den Peloponnesischen Krieg ausgelöste politische und moralische Krise Athens spiegeln die späten Stücke des Euripides, insbesondere *Phönizierinnen* und *Orestes*, wider; die katastrophalen Folgen des Kriegs für Sieger wie Besiegte zeigen *Hekabe* und *Troerinnen*. Euripides' Stücke zeichnen sich durch ihre Bühnenwirksamkeit aus. Besonders im Spätwerk finden sich die im ausgehenden 5. Jh. beliebten *Monodien* (Arien); häufig ist die Struktur der Stücke durch die Abfolge *Anagnórisis* (Wiedererkennung von zwei lange Zeit getrennten Personen) und Intrige bestimmt.

Literatur: J. Latacz, Einführung in die griechische Tragödie, Göttingen 1993, 250–383; A. Lesky, Die tragische Dichtung der Hellenen, Göttingen ³1972, 275–522; B. Zimmermann, Die griechische Tragödie, München/Zürich ²1992, 94–138; B. Zimmermann, Europa und die griechische Tragödie, Frankfurt/M. 2000.

ARISTOPHANES (ca. 450–nach 385 v. Chr.)

Aristophanes, der einzige Dichter der Alten Komödie des 5. Jh.s, von dem komplette Stücke erhalten sind, feierte schon als junger Autor große Erfolge auf der komischen Bühne Athens. Auf einen zweiten Platz mit seinem nur in Fragmenten erhaltenen Erstlingswerk, den *Daitales (Schmausbrüder)*, im Jahre 427, folgten drei Siege in Folge mit den *Babyloniern* (nur fragmentarisch), *Acharnern* und *Rittern* (426–424). Vor seinen ersten Bühnenerfolgen hatte Aristophanes, wie er in den *Rittern* (541–544) und *Wespen* (1018–1024) andeutet, anderen, schon etablierten Autoren zugearbeitet, indem er zum Beispiel einzelne Szenen oder Chorlieder für sie schrieb. Die volle Verantwortung für seine Stücke übernahm er zum ersten Mal im Jahre 424, als er bei seinen *Rittern* auch die Regie führte. Aristophanes scheint jedoch die Pflicht der

Inszenierung nicht sehr geschätzt zu haben. Häufig – vor allem nach dem Mißerfolg der *Wolken* im Jahre 423 – übertrug er diese Aufgabe lieber einem gewissen Kallistratos oder Philonides.

Antike Quellen weisen Aristophanes 46 Titel zu. Elf Stücke sind auf dem Weg der handschriftlichen Überlieferung ganz erhalten, von den verlorenen Komödien besitzen wir immerhin 924 mehr oder weniger umfangreiche Fragmente, die teilweise auf Papyrus, teilweise auf dem Weg der indirekten Überlieferung, durch Zitate bei anderen Autoren oder in antiken attizistischen Lexika (S. 149), auf uns gekommen sind. Bei der Datierung befinden wir uns auf sicherem Boden. In den meisten Fällen sind wir sogar über die Plazierungen des Aristophanes im komischen Agon informiert, so daß wir in der Lage sind, seine Karriere als athenischer Bühnenautor recht genau zu überblicken: *Acharner* (425, 1. Platz an den Lenäen), *Ritter* (424, 1. Platz an den Lenäen), *Wolken* (423, 3. Platz an den Großen Dionysien), *Wespen* (422, 2. Platz an den Lenäen), *Frieden* (421, 2. Platz an den Großen Dionysien), *Vögel* (414, 2. Platz an den Großen Dionysien), *Thesmophoriazusen (Die Frauen, die das Thesmophorenfest begehen)* (411, vermutlich Lenäen, Rang nicht bezeugt), *Lysistrate* (411, vermutlich Große Dionysien, Rang nicht bezeugt), *Frösche* (405, 1. Platz an den Lenäen), *Ekklesiazusen (Die Frauen in der Volksversammlung*, Datierung umstritten, wohl 393–391, Rang nicht bezeugt), *Plutos (Der Reichtum*, 388, Fest und Rang nicht bezeugt).

Die Stücke des Aristophanes werden vielfach als 'politische' Komödien bezeichnet. Diese Charakterisierung trifft jedoch nur dann zu, wenn man 'politisch' im antiken Sinne versteht: Politisch sind die Komödien insofern, als sie Themen, die das Gemeinwesen, die *Polis* ('Stadt') Athen, betreffen, zum Inhalt haben. Die politischen Zustände und militärischen Ereignisse sowie die intellektuelle Auseinandersetzung in Athen in jenen Jahren sind der Boden, in dem die Komödien ihre Wurzeln haben. Aus der Kritik an den Verhältnissen in der Stadt erwächst dem Protagonisten eine Idee, wie man der Misere Abhilfe schaffen könnte. Mit Unterstützung des Chores oder gegen dessen Widerstand setzt er dann im Verlauf des Stückes seinen Plan oft in phantastischer und märchenhafter Weise in die Tat um. Häufig führt das Unternehmen des Protagonisten zu einer Umkehrung der normalen Verhältnisse und der Beziehungen von Mann und Frau oder Alt und Jung. Im zweiten Teil der Komödien wird in einer Reihe von Szenen vorgeführt, wie der komische Held die Früchte seines Vorhabens genießt und wie er unliebsame Störenfriede – oft unerfreuliche Typen des öffentlichen Lebens wie Politiker, Denunzianten, Schmarotzer und

Intellektuelle – mit Leichtigkeit davonjagt. Ein besonderes Merkmal der aristophanischen Kunst ist seine Fähigkeit, Abstraktes, Ideen und Theorien in aussagekräftige Bilder umzusetzen. Besonders deutlich wird dies in den *Wolken*, in denen der Chor der Wolken die Windigkeit und das Nebulöse der sophistischen Theorien darstellen.

Literatur: H.-J. Newiger, Metapher und Allegorie, München 1957 (Stuttgart/Weimar 2000); B. Zimmermann, Die griechische Komödie, Düsseldorf/Zürich 1998, 67–201.

HERODOT (HERODOTOS) (ca. 490–424 v. Chr.)

Der 'Vater der Geschichtsschreibung' stammt aus dem ionischen Halikarnassos (heute Bodrum in der Türkei). Herodot unternahm umfangreiche Reisen im Mittelmeerraum und hielt sich längere Zeit – wohl im Umkreis des Perikles – in Athen auf. 444/43 war er an der Gründung der panhellenischen Kolonie Thurioi in Unteritalien beteiligt. Man muß wohl annehmen, daß er – in diesem Punkt einem reisenden Sophisten vergleichbar – vor der Publikation seines Geschichtswerks Abschnitte mündlich vortrug.

Als Ziel der Geschichtsschreibung sieht es Herodot an, wie er es im Proömium seines Werkes formuliert, das Schicksal von großen wie kleinen Staaten zu beschreiben und damit dem Vergessen zu entreißen, da die Erfahrung lehre, daß im Verlauf der Zeiten menschliche Größe keinen Bestand habe (1, 5, 4). Thema seines Werkes ist die Feindschaft der Griechen und Perser, der er von ihren Anfängen an nachgehen will. Mythologische Erklärungsversuche wie die Frauenraubsgeschichten werden in Frage gestellt (1, 1–5); vielmehr sucht Herodot den Ursprung der Feindschaft in den Feldzügen des Lyderkönigs Kroisos gegen die kleinasiatischen Griechenstädte. Am Beispiel von Kroisos' Scheitern entwirft Herodot ein theologisches Erklärungsmuster, das enge Parallelen zur Theologie der aischyleischen Tragödie aufweist und das auch die persische Niederlage erklären soll: Erbschuld und eigenes Verschulden (*hýbris*) aus Blindheit oder Macht- und Habgier treiben Menschen wie Kroisos oder Xerxes zu verhängnisvollen Fehlentscheidungen. Im Anschluß an die lydische Geschichte (Buch 1) wird der Rest des Werks durch die persische Geschichte und ihre Herrscher strukturiert (angereichert allerdings mit zahlreichen Exkursen vor allem ethnographischer Art): Kyros und Kambyses (Buch 2–3, 87), Dareios (3, 88–7, 4), die Perserkriege schließlich füllen die Bücher 7–9.

Literatur: R. Bichler/R. Rollinger, Herodot, Darmstadt 2000; W. Marg (Hrsg.), Herodot, Darmstadt 1981.

THUKYDIDES (ca. 460–nach 400 v. Chr.)

Thukydides, der Sohn des Oloros, war wohl mit den athenischen Politikern Kimon und Thukydides, dem Sohn des Melesias, verwandt. In Thrakien besaß er Großgrundbesitz, eventuell Bergwerke. 424/23 war er Stratege im Peloponnesischen Krieg. Da er jedoch die Stadt Amphipolis nicht gegen den Spartanerkönig Brasidas halten konnte, wurde er aus Athen verbannt.

Sein Geschichtswerk, eine Monographie über den Peloponnesischen Krieg (431–404 v. Chr.), bezieht auch die Vorgeschichte des großen Krieges ein: In der sogenannten Archäologie (1, 2–19) wird der Peleponnesische Krieg als Höhepunkt der 'Weltgeschichte' erwiesen; die Darstellung der 50 Jahre vor Kriegsausbruch, die sogenannte Pentekontaetie (1, 89–118), zeigt Athens Aufstieg zur Großmacht. Das Werk ist unvollständig und bricht abrupt im 21. Kriegsjahr (411/10) ab. Xenophon schließt mit seinen *Hellenika* unmittelbar an Thukydides an. Da das Werk auch sonst (vor allem in Buch 5 und 8) Spuren der Unfertigkeit aufweist, wurde in der Forschung versucht, einzelne Schichten der Entstehung freizulegen und zu datieren ('thukydideische Frage'). Ziel des Geschichtswerks des Thukydides ist, wie er selbst im Methodenkapitel (1, 22) betont, die historische Genauigkeit, die auf einer Überprüfung der Quellen basiert, nicht eine literarische, angenehm zu lesende und auch vor mythologischen Exkursen nicht zurückscheuende Darstellung (S. 176). Thukydides schreibt nicht für die öffentliche Rezitation, sondern für ein Lesepublikum und die Nachwelt. Aufgrund der von ihm praktizierten genauen Erforschung der historischen Ereignisse könne man auch in Zukunft ähnliche Ereignisse, die aufgrund der konstanten menschlichen Natur immer wieder eintreten werden, mit Hilfe seines Werkes besser verstehen. Deshalb kann er voller Selbstbewußtsein von seinem Geschichtswerk behaupten, es sei „Besitz für immer" (1, 22, 4; S. 144). Das Ideal der historischen Genauigkeit schließt jedoch keineswegs die Deutung und Interpretation der Ereignisse, vor allem die Analyse der menschlichen Verhaltensweisen aus – so insbesondere in der Schilderung der großen Pest (2, 47–57) und der Bürgerkriegswirren auf der Insel Kerkyra (Korfu), die mit einer völligen Umkehrung der bisher anerkannten Normen und Werte einhergingen ('Pathologie' 3, 82). Thukydides baut seine Darstellung unter dem Einfluß der zeitgenössischen sophistischen Rhetorik oft antithetisch auf: So folgt auf das Idealbild der athenischen Demokratie, das er Perikles im *Epitáphios*, in der Leichenrede auf die Gefallenen des ersten Kriegsjahres, in den

Mund legt (2, 35–46), die Pestschilderung, in der die existentielle Bedrohung durch die Krankheit zu einer Mißachtung göttlicher und menschlicher Gesetze führt. Häufig deckt er auch in antithetischen Redepaaren die Motive und Perspektiven der Politiker und Feldherrn auf. Göttliche Einwirkung auf menschliche Entscheidungen und Handlungen blendet Thukydides im Gegensatz zu Herodot in seinem Geschichtswerk völlig aus, während der Zufall (τύχη [týche]) eine große Rolle spielt.

Literatur: H. Herter (Hrsg.), Thukydides, Darmstadt 1968; A. Tsakmakis, Thukydides über die Vergangenheit, Tübingen 1995.

LYSIAS (ca. 445–nach 380 v. Chr.)

Lysias, ein Sohn des reichen Metöken Kephalos, verbrachte seine Kindheit in Athen und siedelte im Alter von 15 Jahren nach dem Tod des Vaters zusammen mit seinem Bruder in die neu gegründete panhellenische Kolonie Thurioi (Süditalien) über, wo er wohl auch seine rhetorische Ausbildung erhielt. 412 kehrten die Brüder nach Athen zurück. Vor der Terrorherrschaft der 30 Tyrannen (404/403) konnte Lysias sich ins Exil retten. Sein Bruder kam ums Leben, das Familienvermögen ging größtenteils verloren. Ein nach Wiederherstellung der Demokratie unternommener Vorstoß, Lysias als Dank für die den Demokraten geleistete Unterstützung das Bürgerrecht zu verleihen, scheiterte aus formalen Gründen. Lysias lebte weiter als Metöke in Athen und übte fortan den Beruf des *Logographen* ('Redenschreibers') aus (S. 100). Von den 31 vollständig erhaltenen Reden gehören fast alle der gerichtlichen Beredsamkeit an. Lysias hat sie für zahlende Klienten verfaßt, die die Reden auswendig zu lernen und vor Gericht vorzutragen hatten. Angeblich waren die Reden des Lysias bis auf zwei Fälle immer erfolgreich. Ein Sonderfall ist die 12. Rede, die Lysias selbst hielt, um einen der ehemaligen 30 Tyrannen für die Ermordung seines Bruders zur Verantwortung zu ziehen. Die Vielfalt der Themen ist groß, von privaten Streitereien über Prozesse mit politischem Hintergrund bis hin zu Fällen, über die heutzutage Verwaltungsgerichte zu entscheiden hätten. Lysias gelingt es immer, für die durch seine Reden vertretenen Positionen und Personen eine grundsätzlich positive Stimmung zu erzeugen. Auch der heutige Leser ist noch geneigt, das erst auf den zweiten Blick durchaus Unwahrscheinliche zunächst zu akzeptieren. Die Analyse der Mittel, mit deren Hilfe Lysias diese psychagogische Wirkung erzielt, die Aufdeckung der unter scheinbarer Kunstlosigkeit verborgenen Raffinesse gehört zu den faszinierendsten Aufgaben der Interpretation griechischer Redner.

Literatur: K. J. Dover, Lysias and the Corpus Lysiacum, Berkeley/Los Angeles 1968; H. Hillgruber, Die zehnte Rede des Lysias, Berlin/New York 1988; M. Weißenberger, Die Dokimasiereden des Lysias, Frankfurt/M. 1987.

XENOPHON (ca. 430/25–nach 355 v. Chr.)

Als junger Mann nahm Xenophon in der Zeit der auf das Ende des Peloponnesischen Krieges folgenden Wirren gegen den Rat des Sokrates, zu dessen Kreis er zählte, am Feldzug des persischen Prinzen Kyros teil. Kyros lehnte sich gegen seinen Bruder, den Großkönig Artaxerxes, auf; seine Söldnertruppen wuren jedoch bei Kunaxa in der Nähe von Babylon besiegt, Kyros fiel. Nach der Niederlage und der hinterlistigen Ermordung der griechischen Offiziere führte Xenophon die Griechen durch Anatolien zum Schwarzen Meer. Zwischen 399 und 394 schloß er sich dem Spartanerkönig Agesilaos an. Es ist nicht geklärt, ob er deshalb oder wegen der Teilnahme am Kyros-Zug aus Athen verbannt wurde. Eine Zeitlang ließ er sich auf einem Landgut in Skillus (Westpeloponnes) nieder, das er nach der Schlacht bei Leuktra (371) verlassen mußte. Den Rest seines Lebens verbrachte er vermutlich in Korinth. Mit seiner Heimatstadt Athen muß später eine Aussöhnung stattgefunden haben, wie seine Schriften *Hipparchikos* und *Poroi* sowie die Tatsache belegen, daß sein Sohn Gryllos in der attischen Reiterei in der Schlacht bei Mantineia (362) fiel. Ob Xenophon jedoch an seinem Lebensende nach Athen zurückkehrte, ist nicht beweisbar.

Xenophon ist einer der Autoren, die die attische Prosa des 4. Jh.s zu ihrer Blüte führte. In entscheidendem Maße trug er zur Entwicklung der Prosagattungen bei (S. 145, 172 ff.), wobei die Prioritätsfrage wie im Falle der sokratischen Schriften oder des Enkomions zwischen Xenophon, Platon und Isokrates nicht eindeutig zu klären ist. Besondere Bedeutung kommen der *Anabasis* (Autobiographie mit apologetischem Tenor), der Fachschriftstellerei und der *Kyrupädie* (historischer Roman/Erziehungsroman) zu. Xenophons Denken ist wie das seines Zeitgenossen Platon von dem doppelten Schock der athenischen Niederlage im Jahre 404 und des Todes des Sokrates im Jahre 399 geprägt. So sind seine Schriften von dem Gedanken durchzogen, wie es zu diesen Ereignissen (und auch zu seiner Verbannung) kommen konnte und wie dem künftig entgegengewirkt werden könnte. Xenophon entwirft das Idealbild eines Herrschers: Wegen seiner Charaktereigenschaften, die ihm aufgrund seiner Abstammung von Natur aus zueigen sind, und wegen seiner Ausbildung, in der ein angehender Regent lernen müsse, sich unterzuordnen, um das Adelsideal der σωφροσύνη *(sophrosýne)*, des rechten Maßes und der rechten Einsicht in den Lauf der Welt, zu erlangen, wird er von seinen Untertanen derart geachtet, daß sie sich freiwillig beherrschen lassen. Es ist wohl kein Zufall, daß Xenophon diese Gedanken in der Zeit der sich anbahnenden makedonischen Hegemonie entwickelt.

Literatur: J. K. Anderson, Xenophon, London 1974; O. Lendle, Kommentar zu Xenophons Anabasis, Darmstadt 1995; R. Nickel, Xenophon, Darmstadt 1979.

ISOKRATES (436–338 v. Chr.)

Isokrates stammte aus einem vermögendem Hause und erhielt eine gründliche rhetorische Ausbildung. Als seine Lehrer werden unter anderen die Sophisten Prodikos und Gorgias genannt. Da in der letzten Phase des Peloponnesischen Krieges sein Vermögen verloren ging, mußte er sich seit etwa 403 als *Logograph* (S. 100) betätigen. Um 390 gründete er eine Rhetorenschule in Athen, die sich durch ein eigenes Bildungskonzept sowohl von den Sokratikern als auch von den Sophisten absetzte und stärker als diese zur prägenden Kraft des gesamten antiken Bildungssystems geworden ist. Isokrates war bis in die letzten Jahre seines langen Lebens literarisch tätig.

Das erhaltene Werk besteht aus neun Briefen und 21 Reden (darunter Unechtes), die jedoch nie von Isokrates selbst vorgetragen wurden, sondern zur schriftlichen Verbreitung und Rezeption durch Lesen bzw. Vortrag durch eine andere Person bestimmt waren. Thematisch lassen sich drei Gruppen unterscheiden: 1. Sechs Reden sind zu dem Zweck geschrieben, von Privatleuten vor Gericht gehalten zu werden, stammen also aus der Zeit, als Isokrates sich als Logograph betätigte. 2. Sieben Reden befassen sich hauptsächlich mit dem Bildungskonzept seiner Schule, mit dessen Fundierung in einem auf Protagoras und Gorgias zurückgehenden, erkenntnistheoretischen Pessimismus, dessen Zielsetzung (Ausbildung der Fähigkeit zum guten Denken und Handeln durch gutes Reden und Schreiben) und dessen Abgrenzung gegenüber konkurrierenden Bildungssystemen. 3. Die übrigen Reden enthalten wohlbegründete Stellungnahmen und Aufforderungen zu politischen Fragen der Zeit wie der Einigung aller Griechen gegen das Perserreich, der Frage der Hegemonie in Griechenland und der Neuorientierung der athenischen Außen- und Innenpolitik. Von herausragender Bedeutung sind der *Panegyrikós*, der *Areopagitikós* und die Rede *Über den Frieden*.

In der rhythmisierten Kunstprosa des Isokrates erreicht der klassische attische Periodenstil seine höchste Vollendung (S. 112f.).

Literatur: E. Alexiou, Ruhm und Ehre, Heidelberg 1995; F. Seck (Hrsg.), Isokrates, Darmstadt 1976; S. Usener, Isokrates, Platon und ihr Publikum, Tübingen 1994.

PLATON (S. 124–128)

ARISTOTELES (S. 129–132)

AISCHINES (ca. 390–315 v. Chr.)

Die Nachrichten zur Biographie des attischen Redners und Politikers sind oft unklar, widersprüchlich und tendenziös verzerrt. Nachdem er sich in jüngeren Jahren als Schauspieler betätigt hatte und zum Behördenschreiber gewählt worden war, wurde er seit den 40er Jahren zunehmend politisch aktiv und entwickelte sich zum profiliertesten politischen Gegner des Demosthenes. Aischines versuchte im Gegensatz zum kompromißlosen antimakedonischen Konfrontationskurs des Demosthenes an einer vorsichtig taktierenden Realpolitik gegenüber dem expandierenden Makedonien festzuhalten, um Athens Souveränität und Interessen so gut wie möglich zu wahren. Die drei erhaltenen, relativ langen Reden markieren die drei wichtigsten Stationen in Aischines' politischer Laufbahn: 345 trat er erfolgreich als Ankläger gegen einen politischen Freund des Demosthenes auf (Rede 1: *Gegen Timarchos*); 343 entging er knapp einer Verurteilung in einem von Demosthenes gegen ihn angestrengten Prozeß wegen Pflichtverletzung als Gesandter (Rede 2: *Über den Gesandtschaftsbetrug*; erhalten ist auch die Anklagerede des Demosthenes). Nach der nicht zuletzt durch die Politik des Demosthenes verursachten Niederlage von Chaironeia erhob Aischines im Jahr 336 eine Klage wegen Gesetzwidrigkeit gegen einen Antrag des Ktesiphon, Demosthenes für seine politischen Verdienste mit einem goldenen Kranz zu ehren. In dem aus unbekannten Gründen erst 330 geführten Prozeß – erhalten sind wiederum die Anklagerede des Aischines (Rede 3: *Gegen Ktesiphon*) und die Gegenrede des Demosthenes – bekam Aischines nicht das gesetzlich erforderliche Fünftel der Richterstimmen und entzog sich der drohenden Geldstrafe dadurch, daß er Athen für immer verließ. Vielleicht verbrachte er seine letzten Lebensjahre auf Rhodos, wo er eine Rednerschule gegründet haben soll. Die zwölf unter seinem Namen erhaltenen Briefe dürften unecht sein.

Literatur: E. M. Harris, Aischines and Athenian politics, Oxford 1995; G. Ramming, Die politischen Ziele und Wege des Aischines, Erlangen 1965.

DEMOSTHENES (384/83–322 v. Chr.)

Seine durch gründliche Schulung und hartes Training vorbereitete Laufbahn als Redner begann Demosthenes mit den Prozessen gegen seine Vormünder (364/63), die er teilweise erfolgreich wegen Veruntreuung des Vermögens seines früh verstorbenen Vaters verklagte. In der Folgezeit übte er mit großem Erfolg den Beruf des Logographen (S. 100) aus. Politisch trat er erstmals 355 in Erscheinung und entwickelte sich seit 351 allmählich zum Hauptvertreter einer Politik, die durch Bündnisse und entschlossene Kriegsführung das bedrohlich expandierende Makedonenreich Philipps II. zurückzudrängen suchte. Als seine in diesem Zusammenhang größte Leistung beurteilte er selbst die durch seine Vermittlung 338 geschlossene Allianz mit Athens traditionellem Erzfeind Theben, die allerdings in der völligen Niederlage von Chaironeia endete. Trotz des Scheiterns seiner Politik blieb Demosthenes in Athen ein angesehener und einflußreicher Mann, was sich besonders in seinem glanzvollen Sieg über Aischines in einem politischen Prozeß des Sommers 330 manifestierte. Seine letzten Lebensjahre sind verdunkelt durch seine undurchsichtige Verwicklung in die Unterschlagungs- und Bestechungsaffäre um Harpalos, die zu seiner Verurteilung und zum zeitweiligen Exil führte. Den nach Alexanders Tod (Juni 323) losbrechenden Aufstand vieler Griechenstädte gegen die makedonische Herrschaft unterstützte er nach Kräften und mußte deshalb nach dessen Zusammenbruch im Sommer 322 vor der Rache des Siegers flüchten. Im Herbst 322 beendete er sein Leben durch Gift im Poseidon-Heiligtum der Insel Kalauria (heute Poros).

Mit 60 Reden, einer Sammlung von 56 Proömien und sechs Briefen (darunter viel Unechtes) ist das von Demosthenes erhaltene Textcorpus das mit Abstand umfangreichste eines attischen Redners. Die Mehrzahl der Reden ist für Privatprozesse geschrieben. Berühmt ist Demosthenes aber für seine Reden vor der Volksversammlung (*Demegorien*, Reden 1–17), darunter die *Philippischen* und *Olynthischen Reden*, sowie für seine großen Plädoyers in politischen Prozessen. Zu nennen sind vor allem die *Kranzrede* (Rede 18) und die *Gesandtschaftsrede* (Rede 19), in denen die Meisterschaft auf allen Gebieten der Überredungstechnik in der Tat einen einsamen Höhepunkt erreicht. Die Idealisierung des Demosthenes als Verkörperung des vollkommenen Redners setzte erst etwa 250 Jahre nach seinem Tod ein.

Literatur: R. Sealey, Demosthenes and his time, New York/Oxford 1993; A. Schaefer, Demosthenes und seine Zeit, 3 Bde., Leipzig ²1885–1887.

MENANDER (MENANDROS) (342/41–293/90 v. Chr.)

Bis ans Ende des 19. Jh.s war Menander kaum mehr als ein großer Name der griechischen Literaturgeschichte. Seine Stücke waren lediglich hinter den lateinischen Bearbeitungen des Plautus und Terenz verschwommen sichtbar. Überliefert waren auf dem handschriftlichen Weg die aus seinen Komödien exzerpierten Sentenzen (S. 149). Seit 1897 wurden jedoch einige seiner Komödien in Bruchstücken oder sogar vollständig auf Papyri wiederentdeckt: Komplett ist der *Dyskolos (Der Schwierige)*, große Teile sind von der Samia *(Das Mädchen von der Insel Samos)*, den *Epitrepontes (Das Schiedsgericht)*, der *Aspis (Der Schild)* und der *Perikeiromene (Die Geschorene)* erhalten. Dazu kommen zahlreiche Fragmente.

Im Gegensatz zu den Komödien des Aristophanes spielt der Chor in den Stücken des Menander keine Rolle mehr, sondern wird nur als ein ein Intermezzo singender 'Akttrenner' eingesetzt; verschwunden ist mit dem Chor der Formenreichtum der Alten Komödie. Ebenfalls verschwunden ist der politische Charakter der Komödie des 5. Jh.s. Menanders Stücke sind in den privaten Bereich verlagert. Zentral für seine Kunst ist die Auslotung der zwischenmenschlichen Beziehungen, insbesondere die Möglichkeiten und Fehlschläge der menschlichen Kommunikation. Oft schreibt Menander gegen Rollenklischees an: die Hetäre oder der Sklave können einen edlen Charakter besitzen. Häufig scheint der Einfluß der zeitgenössischen Philosophie, von Epikur und Theophrasts *Charakteren*, wahrscheinlich, läßt sich aber nicht nachweisen. Die Struktur der Stücke ist durch die von Euripides gepflegte Verbindung von *Anagnórisis* und Intrige (S. 198) geprägt.

Literatur: H. D. Blume, Menander, Darmstadt 1998; G. Vogt-Spira, Dramaturgie des Zufalls, München 1992; B. Zimmermann, Die griechische Komödie, Düsseldorf/Zürich 1998, 216–254.

3. Hellenistische Literatur

KALLIMACHOS (ca. 310–240 v. Chr.)

Kallimachos stammte aus Kyrene in Libyen. Der bedeutendste Dichter des Hellenismus wirkte in Alexandria unter den ersten drei Ptolemäern als Autor, Philologe und Bibliothekar (er gab den Katalog der alexandrinischen Bibliothek, des Museions, heraus [*Pinakes*], S. 16, 146).

Von dem umfangreichen wissenschaftlichen und dichterischen Werk des Kallimachos sind vollständig sechs Hymnen und 63 Epigramme erhalten; dazu kommen umfangreiche Fragmente aus den anderen Schriften. In seinem Hauptwerk, den vier Bücher umfassenden *Aitia (Ursprünge)*, behandelt er in elegischer Form Ursprungssagen, Gründungen von Städten, Riten oder Festen (Ovid nimmt sich in den *Fasti* Kallimachos zum Vorbild). Das Spiel mit den traditionellen literarischen Formen und den verschiedenen 'Sprecherrollen' durchzieht die anderen Gattungen, in denen Kallimachos sich betätigte. Vor allem in den an den frühgriechischen Dichter Hipponax sich anlehnenden 13 *Iamben* verfolgt Kallimachos das Prinzip der dichterischen Vielfalt in verschiedenen Metren und Inhalten. Als literarische Experimente kann man auch den im elegischen Distichon gehaltenen fünften Hymnos oder das Epinikion in elegischen Distichen für Sosibios ansehen. Ebenfalls als Spiel mit dem traditionellen Hymnos kann die Dramatisierung der Form im zweiten, fünften und sechsten Hymnos gelten, wobei die Anregung von dem zeitgenössischen Mimos (Herodas) stammen dürfte. Die Mythenerzählung der *Hekale* gewinnt ihren Reiz aus der Spannung zwischen der ländlichen Atmosphäre, in der die Geschichte angesiedelt ist, und den erzählenden Vögeln auf der einen und der erhabenen hexametrischen Form auf der anderen Seite. Für die gesamte hellenistische und römische, vor allem augusteische Dichtung ist das poetologische Programm verpflichtend, das Kallimachos im Prolog der *Aitia* und im *Apollon-Hymnos* explizit, in den anderen Werken in verschlüsselter Form vorstellt: Die große, ausufernde Form des narrativen Epos wird abgelehnt, das in Homer bereits seinen unerreichbaren Höhepunkt erreicht hat. Statt dessen soll die formal ausgefeilte Kleinform gepflegt werden. Die literarischen Vorbilder sind in verschlüsselter Form eingearbeitet. Je raffinierter die Zitate, Anspielungen oder gar nur Anklänge sind, desto größer ist die Kunst des Dichters einzuschätzen, desto größer das Vergnügen des Lesers beim Entschlüsseln der Texte (S. 146f.). Selbst philologische Probleme oder Streitfragen können in den neuen poetischen Erzeugnissen – mit impliziter Polemik gegen Kontrahenten – mit Lösungsvorschlägen eingebaut werden. Dieses vielschichtige Spiel mit Prae- und Subtexten faszinierte nicht nur die hellenistische und augusteische literarische Welt, sondern findet – nach Jahrhunderten der Ablehnung, in denen man in der hellenistischen Dichtung eine abgeleitete, abhängige und unoriginelle Literatur sah – in der philologischen und literaturwissenschaftlichen Forschung unter dem Gesichtspunkt der Intertextualitätstheorie gerade in der jüngsten Gegenwart immer größeres Interesse.

Literatur: G. O. Hutchinson, Hellenistic poetry, Oxford 1988.

Theokrit (Theokritos) (1. Hälfte 3. Jh. v. Chr.)

Nur wenig ist über das Leben Theokrits aus Syrakus, des Zeitgenossen des Kallimachos, bekannt, der seit ca. 270 v. Chr. ebenfalls in Alexandria tätig war. Der Antike galt er als Begründer der Bukolik. Vergil preist in seinen *Eklogen* die 'sizilische Muse' des Theokrit (4, 1; 6, 1 f.), die er in Rom heimisch gemacht habe. Die Einschränkung allein auf die Hirtendichtung, wie sie Vergil vornimmt, wird allerdings der Vielfalt des theokriteischen Werks nicht gerecht. Die umfangreicheren 30 Gedichte und 24 Epigramme (einiges Unechte ist dabei) wurden in der Antike als *Eidyllia* ('Bildchen', 'Miniaturen') bezeichnet, woraus sich – wiederum in eingeschränktem Sinne – der moderne Begriff der 'Idylle' entwikkelte. Neben den das Bild von Theokrit prägenden Hirtengedichten finden sich mythologische und erotische sowie den Herrschern gewidmete Gedichte. Die in einem – so niemals gesprochenen – Dialekt ('Kunstdorisch') verfaßten Gedichte sind oft in der von Theokrits Zeitgenossen Herodas entwickelten Form des Mimos, also eines Miniaturdramas, gehalten. Bisweilen entsteht eine komisch-parodistische Spannung zwischen der Welt der kleinen Leute und dem Bildungsanspruch der alexandrinischen Poetik, die Theokrit wie Kallimachos vertritt.

Literatur: B. Effe, Theokrit und die griechische Bukolik, Darmstadt 1986.

Apollonios (1. Hälfte 3. Jh. v. Chr.)

Apollonios mit dem Beinamen Rhodios (von Rhodos) ist der einzige erhaltene Epiker der griechisch-römischen Literatur zwischen Homer und Hesiod und Vergil. Nach den antiken Angaben zu seiner Biographie stammte er aus Alexandria. Der Beiname 'Rhodios' verweist darauf, daß er selbst längere Zeit auf der Insel Rhodos verbrachte oder seine Familie von Rhodos stammte. Er gilt als Schüler des Kallimachos und war wahrscheinlich als Nachfolger Zenodots als Bibliothekar in Alexandria tätig (ca. 270–245 v. Chr.). In dieser Zeit dürfte sein Epos, die 5835 Verse umfassenden *Argonautika* entstanden sein, die die Argonautensage – Iasons Fahrt nach Kolchis, die Erringung des Goldenen Vlieses mit Hilfe Medeas und die Rückfahrt der Argonauten mit Medea – behandeln. Bezugspunkt der *Argonautika* sind Homers Epen, mit denen sich Apollonios kreativ auseinandersetzt, wobei die homerischen Szenen und Personen oft als Kontrastmodell eingesetzt werden, von denen sich die Figuren in den *Argonautika* absetzen. Besonderes Gewicht legt Apollonios auf die Darstellung der Affekte, die die Personen seines

Epos beherrschen, und auf die Auslotung der weiblichen Psyche (Medea). Obwohl das Epos des Apollonios der alexandrinischen Norm der kleinen Form widerspricht, weist es zahlreiche Berührungspunkte mit der gleichzeitigen Poesie auf. Sein ständiges Spiel mit der homerischen Vorlage, gelehrte ethnographische Exkurse, Ursprungssagen weisen ihn als typischen *poeta doctus* aus.

Literatur: G. O. Hutchinson, Hellenistic poetry, Oxford 1988.

POLYBIOS (ca. 200–120 v. Chr.)

Polybios stammte aus Megalopolis (Peloponnes). Sein Vater Lykortas war ein führender Kopf des Achäischen Bundes. Nach der Schlacht von Pydna (168) wurde Polybios als Geisel nach Rom verschleppt, fand aber bald Zugang zum Kreis um P. Cornelius Scipio Aemilianus, den er auf Feldzügen nach Spanien und Afrika begleitete.

Sein als Weltgeschichte konzipiertes Werk in 40 Büchern, von denen lediglich ein Drittel erhalten ist, behandelt die Zeit von 220–144 v. Chr. und widmet sich der Frage, wie Roms Aufstieg zur Weltmacht zu erklären ist. Polybios schreibt als profunder Kenner der römischen Geschichte und Verfassung, in der er das Ideal der 'Mischverfassung' verwirklicht sieht. Im Gegensatz zur gleichzeitigen hellenistischen Geschichtsschreibung lehnt Polybios die rhetorisch gefärbte 'pathetische Historiographie' (S. 176) ab und vertritt statt dessen eine sachbezogene, objektive Darstellung der historischen Abläufe, die auf zuverlässigen Quellen und einer genauen Kenntnis von ethnographischen und geographischen Sachverhalten beruht. Wie Thukydides räumt auch er dem Zufall eine entscheidende Rolle in der Geschichte ein.

Literatur: F. W. Walbank, A historical commentary on Polybius, 3 Bde., Oxford 1957–1979.

4. Literatur der Kaiserzeit und Spätantike

DIONYSIOS VON HALIKARNASSOS (2. Hälfte 1. Jh. v. Chr.)

Der erste griechische Autor der Kaiserzeit, von dem ganze Werke überliefert sind, ist der aus der kleinasiatischen Stadt Halikarnassos stammende Dionysios, der zwischen 30 und ca. 8 v. Chr. in Rom tätig war. In seinen *Römischen Altertümern* behandelte er die Geschichte Roms von den Anfängen bis zum 1. Punischen Krieg, in der Schrift *Über die alten Redner* fomuliert er programmatisch das Programm des literarischen Klassizismus und Attizismus der Kaiserzeit und leitet damit die Abwendung von der hellenistischen, alexandrinischen Literatur und Literaturtheorie ein, wie dies der anonyme Traktat *Über das Erhabene* (Pseudo-Longin) mit seiner Betonung der großen Werke, der 'Höhenkammliteratur', in ähnlicher Weise tut (S. 148).

Literatur: Th. Hidber, Das klassizistische Manifest des Dionys von Halikarnass, Stuttgart/Leipzig 1996.

PLUTARCH (PLUTARCHOS) von Chaironeia (ca. 50–120 n. Chr.)

Plutarch verbrachte einen großen Teil seines Lebens in der böotischen Stadt Chaironeia. Er unternahm ausgedehnte Reisen nach Ägypten und Italien, zählte einflußreiche Römer zu seinen Freunden und besaß wohl auch einigen politischen Einfluß. Die letzten 30 Jahre seines Lebens bekleidete er ein Priesteramt in Delphi.

Im 'Katalog des Lamprias' (4. Jh. n. Chr.) werden 227 Werke Plutarchs aufgezählt, von denen 78 Schriften verschiedenen Inhalts (die sogenannten *Moralia*, da zahlreiche von ihnen popularphilosophische Themen behandeln) und 50 Biographien erhalten sind. Die Unterteilung des umfangreichen Werks, in das auch einiges Unechte (zwölf Pseudepigrapha) eingedrungen ist, in folgende sechs Gruppen bietet sich an: 1. Rhetorische Werke, die für den öffentlichen Vortrag verfaßt wurden wie der *Der Ruhm Athens;* 2. popularphilosophische Abhandlungen zu verschiedenen Themen wie Aberglauben, Affektbeherrschung, Politik; 3. philosophische Dialoge in aristotelischer Tradition (z. B. *Tischgespräche*); 4. philosophische Lehr- und Streitschriften (z. B. der Kommentar zum platonischen *Timaios*; polemische Schriften gegen die Stoiker und Epikureer); 5. antiquarische Abhandlungen über römische und griechische 'Altertümer' (besonders religiöser Art) und zur Literatur; 6. Biographien, die bekannteste Werkgruppe. Erhalten sind 22 Parallelbiographien (von 23), 19 mit abschließender vergleichender Würdigung (Synkrisis) der einander gegenübergestellten Griechen und Römer, in der es Plutarch mehr auf die exemplarische Darstellung von Größe und Tüchtigkeit ankommt als auf die Behandlung der politischen Geschichte. Dazu kommen vier Einzelbiographien.

Literatur: C. P. Jones, Plutarch and Rome, Oxford 1971; K. Ziegler, Plutarchos, in: RE 21, 1 (1952), Sp. 635–962.

LUKIAN (LUKIANOS) (ca. 120–180 n. Chr.)

Lukian aus Samosata (Syrien) erhielt seine rhetorische Ausbildung in Kleinasien und Athen; ausgedehnte Reisen führten ihn auch in den Westen des Imperium Romanum. In seinem umfangreichen literarischen Werk – 80 Schriften sind unter seinem Namen überliefert, von denen ca. 70 als echt gelten – spielt er verschiedene literarische Techniken und Formen durch: Übungs- und Prunkreden, Dialoge, Traktate und insbesondere die Menippeische Satire, in der er phantastische Inhalte mit satirischer Darstellung verbindet *(Ikaromenipp, Zeus als Tragöde, Nekyomantie)*. Auf die Inspirationsquelle seines Spotts, die Alte attische Komödie, greift Lukian z. B. im *Timon* zurück, auf die Neue Komödie des Hellenismus in den *Hetärengesprächen*. Zahlreiche Schriften zeugen von dem großen erzählerischen Talent Lukians, besonders die *Wahren Geschichten*. Mit dem in seiner Zeit grassierenden Attizismus (S. 148 f.) setzt er sich parodistisch im *Lexiphanes* und *Rhetorenlehrer* auseinander.

Literatur: H.-G. Nesselrath, Lukians Parasitendialog, Berlin/New York 1985; M. Weißenberger, Literaturtheorie bei Lukian, Stuttgart/Leipzig 1996.

LIBANIOS (314–393 n. Chr.)

Der aus Antiocheia (Syrien) stammende Libanios scheint seine ungewöhnlich ausgebreitete und gründliche Kenntnis der klassischen griechischen Literatur in einem weitgehend selbständig betriebenen, im 15. Lebensjahr begonnenen Studium erworben zu haben. Fünf Studienjahre in Athen (336–340) vervollständigten seine Ausbildung. Fortan war er in Konstantinopel und Nikaia als Redelehrer tätig und siedelte 354 wieder in seine Heimatstadt über, wo er bis zu seinem Tod eine stark frequentierte Rhetorenschule leitete. Libanios hat sich dem Christentum nie zugewandt und wohl auch deshalb eine enthusiastische Bewunderung für den nur kurz regierenden Kaiser Julian (361–363) empfunden, der eine Restauration paganer Religion und Kultur betrieb. Aber auch zu Julians christlichen Nachfolgern hatte der 'altgläubige' Rhetor gute Beziehungen.

Die virtuose Beherrschung der attizistischen Kunstsprache, die Libanios auszeichnet, ließ ihn schon bald zu einem den Klassikern selbst nahezu gleich geachteten Stilvorbild avancieren. Dies – und natürlich seine enorme literarische Produktivität – erklärt den riesigen Umfang der von ihm überlieferten Schriften: Erhalten sind mehr als 100 Reden (darunter sowohl 'echte' Reden über ein in die reale Welt des 4. Jh.s eingebettetes Thema als auch für Unterrichtszwecke bestimmte Deklamationen über historische, mythische oder fiktive Gegenstände), eine Sammlung rhetorischer Elementarübungen (*Progymnásmata*) sowie mehr als 1500 Briefe. Besondere Beachtung innerhalb dieses unübersehbaren Corpus verdienen wohl die mit Julian in Zusammenhang stehenden Reden (Reden 12–18, 24), die den Fanatismus und die Intoleranz des siegenden Christentums grell beleuchtende 30. Rede, die Beschreibung der Stadt Antiocheia (Rede 11) oder die auf den Sophisten Polykrates (um 400 v. Chr.) replizierende Verteidigung des Sokrates (*Declamatio* 1).

Literatur: G. R. Sievers, Das Leben des Libanios, Berlin 1868 (Nachdruck Amsterdam 1969); H.-U. Wiener, Libanios und Julian, München 1995.

XII. Das Studium

1. Studienorganisation

1.1. Allgemeines

Jedes Studium wird durch eine *Studienordnung* geregelt. Sie nennt zunächst die Voraussetzungen für das Fachstudium und beschreibt die Studien- und Ausbildungsziele, d. h. die Fähigkeiten und Kenntnisse, welche die Studierenden im Verlaufe des Studiums erwerben und zum Schluß nachweisen müssen, sodann die Studieninhalte, d. h. Tätigkeiten und Gegenstände, mit denen sie sich während des Studiums befassen sollen. Die Studienordnung weist die Pflicht- und Wahlpflichtveranstaltungen sowie den Umfang des freien Wahlbereichs aus. Schließlich nennt sie die zu erbringenden Studienleistungen sowie die Voraussetzungen und Anforderungen der möglichen Prüfungen.

Da die *Studienordnungen* für Studiengänge der griechischen Philologie an deutschen Universitäten sich sehr unterscheiden, können im folgenden nur allgemeine Angaben gemacht werden. Es empfiehlt sich, zu Beginn des Studiums eine Studienberatung des jeweiligen Instituts für Klassische Philologie aufzusuchen, um Besonderheiten in Erfahrung zu bringen.

1.2. Studienbeginn

Unabdingbare Studienvoraussetzung sind gute Kenntnisse der griechischen Sprache; sie werden in der Regel durch das *Graecum* nachgewiesen. Auch Kenntnisse des Lateinischen, d. h. ein *Latinum*, werden für ein Griechischstudium verlangt. Die Nachweise sind, sofern sie zum Studienbeginn nicht vorliegen, innerhalb des Grundstudiums nachzureichen. Daß sich hierbei die Regelstudienzeit um ein bis zwei Semester verlängert, ist selbstverständlich. Seit längerem schon zeichnet sich eine generelle Verlagerung des Spracherwerbs im Altgriechischen von den Schulen zur Hochschule ab, so daß mittlerweile die meisten Studierenden der griechischen Philologie unversitäre 'Eigengewächse' sind. Fasziniert von der außergewöhnlichen, gar nicht allzu fremden Sprache

(S. 42) und der Literatur, ergreifen viele im Anschluß an das intensiv erworbene Hochschul-Graecum auch das Studium des Griechischen selbst. Dies kann in der Weise einer späten Fachwahl (wenn die Universität eine solche – etwa in Magisterstudiengängen – vorsieht) oder durch einen Fachwechsel (freilich dem BAFÖG-Amt gegenüber zu begründen) erfolgen. Auch sollte gerade für das Lehramt die Möglichkeit, sofern gegeben, genutzt werden, das Griechische als drittes Fach mitzustudieren.

Für den Erfolg oder Mißerfolg eines altsprachlichen Studiums können viele Bedingungen ausschlaggebend sein. Mögen die schulischen Voraussetzungen heute bei weitem nicht mehr den hohen Anforderungen genügen, die noch vor wenigen Jahrzehnten an den Universitäten seitens der Klassischen Philologie erhoben wurden, mag die materielle und personelle Ausstattung der Institute an den Hochschulen auch immer dürftiger werden, so ist doch das Interesse an den antiken Gegenständen und den alten Sprachen nach wie vor lebendig. Das Fach ändert gegenwärtig seine Ausrichtung: Über die Antike-Rezeption in der modernen Kunst und Literatur bietet es beispielsweise einen wichtigen Bezugsrahmen für die vergleichende Literaturwissenschaft und für die Kunstgeschichte. Die Antike ist dauerhaft und wird gerade in Zeiten fortwährenden Wandels als Konstante beansprucht. Es lohnt sich, Griechisch zu studieren. Diese Gewißheit steht nicht am Beginn des Studiums. Aber im Laufe der Semester (vielleicht erst im Hauptstudium) wird in manchen Fächerkombinationen deutlich, daß das Griechische und seine Literatur mehr als nur eine Ergänzung zu anderem sein können. Wie intensiv man die Verbindungen gestaltet, die sich etwa mit der Geschichtswissenschaft oder der Philosophie oder anderen Disziplinen ergeben, ist jedem selbst vorbehalten.

Eigenes Interesse und individuelle Neigung sowie Anregungen aus dem Kreis der Kommilitonen oder der Dozenten haben großen Einfluß auf die Studienergebnisse. Eine Studienordnung kann nur den äußeren Rahmen bilden. Entscheidender für den erfolgreichen Verlauf des Studiums sind persönliche Faktoren. Deshalb sollten die Betreuungsangebote des Instituts, sollte das Gespräch mit den Dozenten, sollten die Initiativen der Fachschaft stets wahrgenommen werden.

1.3. Grundstudium

Im Grundstudium ist eine straffe Organisation ratsam. Um in dem kurzen Zeitraum von vier Semestern die Kenntnisse der studierten Sprache und des mit ihr zusammenhängenden Wissens zu sichern, bedarf es des regelmäßigen Besuchs bestimmter Veranstaltungen oder besser: des wiederholten Nachweises und der verstärkten Kontrolle erworbener Fähigkeiten.

An einigen Instituten für Klassische Philologie werden beispielsweise Grammatikrepetitorien als nichtobligatorische Übungen angeboten; man kann sie besuchen (und man wird sie auch tunlichst besuchen), ist aber nicht dazu verpflichtet. Die das Grundstudium abschließende *Deutsch-griechische Klausur* sollte eben nicht einzig und allein auf den Fährnissen eines Grammatikkurses aufbauen, sondern vielmehr auf dem selbständigen Umgang mit der Grammatik als solcher. Auch wenn die Repetitorien obligatorisch sind und das Bestehen ihrer Abschlußklausuren über den Aufstieg in das Hauptstudium entscheidet, sollten sich die Studierenden schon in den ersten Semestern darüber im klaren sein, daß diese Kurse lediglich stimulieren wollen und der Selbstkontrolle dienen. Das Gleiche gilt für griechisch-deutsche Übersetzungsübungen; es handelt sich um Klausurenkurse, die auf die zweite schriftliche Prüfungsleistung des Zwischenexamens, nämlich die Übertragung eines Originaltextes (Prosa oder Poesie) ins Deutsche (*Griechisch-deutsche Klausur*), vorbereiten.

An den meisten Universitäten wird eine *Einführung in die Klassische Philologie* angeboten, als Vorlesung, Übung oder Proseminar. In dieser Einführung werden die methodischen Grundbegriffe, die grundlegenden Sachverhalte und literaturgeschichtlichen Zusammenhänge der Klassischen Philologie vorgestellt und erarbeitet. Hierüber sollen die Studierenden in den Umgang mit wissenschaftlicher Literatur und anhand ausgewählter Beispiele in die philologische Arbeitsweise eingeführt werden. In den *Proseminaren* werden die in der Einführung vermittelten Grundkenntnisse an ausgewählten, überschaubaren Texten erprobt. Der erfolgreiche Besuch eines Proseminars kann durch ein Referat, eine schriftliche Hausarbeit oder eine Abschlußklausur nachgewiesen werden. In den *Vorlesungen* wird jeweils ein Gebiet der Gräzistik (ein Autor, eine Gattung, eine Epoche oder auch ein literarisches Motiv) zusammenhängend dargestellt.

Regelmäßig erscheinen Kurse im Veranstaltungsspektrum, deren Bedeutung oft mißverstanden wird: *Lektüren*. Das Mißverständnis besteht darin, daß vielfach angenommen wird, es handele sich um bestimmte Lektürepensen, deren man sich in gleicher Weise zu entledigen habe, wie man es von der Schule her gewöhnt ist, nämlich in gerade dem begrenzten Umfang, den ein Kurs bewältigt. Hier sei ein besonderer

Appell ausgesprochen: Eine universitäre Lektüreübung will einem Studienanfänger den Einstieg in ein flüssiges, intensives und ausgreifendes Lesen des betreffenden Autors und anderer Autoren seiner Gattung ermöglichen. Das Lektürepensum des Kurses kann insofern nur ein Bruchteil dessen sein, was letztlich geleistet werden muß: Einigen hundert in der Übung gelesenen Versen Homers sollten Tausende im Selbststudium folgen!

Vielfach findet auch eine *Einführung in die Metrik* statt, in der die wichtigsten metrischen Formen der griechischen Dichtung in der Theorie wie in der Praxis (metrische Analysen und Leseübungen) behandelt werden.

Als eine vage Leitlinie möge für die Anfangssemester des Griechischstudiums folgender Plan dienen, in welchem bis auf einen fachdidaktischen Anteil Lehramts- und Magisterstudiengänge keine Unterschiede aufweisen. Je nach Studienordnung ist er natürlich im Einzelfall zu modifizieren. Doch sollte das Bestreben dahin gehen, Erwerb und Festigung des erforderlichen Sprachwissens auf die ersten beiden Jahre des Studiums zu konzentrieren. Sehr hilfreich sind hierbei Tutorien. Auf diese vornehmlich von Studierenden höherer Semester angebotene Handreichung auf dem Weg zur Zwischenprüfung sei ausdrücklich aufmerksam gemacht.

Idealplan des griechischen Grundstudiums SWS

1. Semester:
   - Vorlesung 2
   - Einführung in die Klassische Philologie 2
   - Stilübung I 2
   - Lektüre Prosa 2

2. Semester:
   - Vorlesung 2
   - Literaturwissenschaftliches Proseminar Prosa 2
   - Stilübung II 2
   - Lektüre Poesie 2
   - Einführung in die antike Metrik 2

3. Semester:
   - Vorlesung 2
   - Literaturwissenschaftliches Proseminar Poesie 2
   - Stilübung III 2

- Lektüre Poesie oder Prosa 2
- Sprachwissenschaftliche Übung 2

4. *Semester:*
   - Vorlesung 2
   - Kulturgeschichtliches Proseminar 2
   - Klausurenkurse (Dt.-gr./Gr.-dt. Übersetzungen) 4
   - Fachdidaktische Übung 2
   - Lektüre Poesie oder Prosa 2

ZWISCHENPRÜFUNG

Zur Erweiterung altertumswissenschaftlicher Methodenkenntnisse sollten möglichst auch kulturgeschichtliche Veranstaltungen (im obigen Plan ist sogar an ein Seminar gedacht) z. B. in Alter Geschichte, Archäologie, Philosophie oder Religionswissenschaft besucht werden. Das gleiche gilt für die Allgemeine und Vergleichende Sprachwissenschaft. Ob solche Ausflüge in das weitere Umfeld der Altertumskunde in das Grund- oder in das Hauptstudium gehören und welches Ausmaß sie annehmen, wird vom jeweiligen Lehrangebot und von der individuellen Studienökonomie abhängen.

Neben dem stetigen Heranziehen der altertumswissenschaftlichen Handbücher (zu grammatischen, historischen, mythologischen und anderen Fragen) und dem kontinuierlichen Lesen einer Literaturgeschichte sollte man während des gesamten Studiums versuchen, die wichtigsten Werke einiger Autoren in einem Querschnitt durch Epochen und Gattungen über eine seminaristische oder (besser noch) freie Lektüre kennenzulernen. Als ein unverbindliches Beispiel für einen solchen Durchgang seien folgende Lektürevorschläge genannt:

> Homer: von *Ilias* oder *Odyssee* etwa 12 der insgesamt 48 Bücher
> Frühe griechische Lyrik: Sappho, Alkaios u. a. in Auswahl
> Chorlyrik: Bakchylides und Pindar, je eine Ode
> Tragödie: Aischylos, Sophokles, Euripides – je ein Stück, z. B. die *Choephoren* des Aischylos, den *König Ödipus* des Sophokles und die *Medea* des Euripides
> Komödie: von Aristophanes ein Stück, z. B. die *Wolken*, dazu Menanders *Dyskolos*
> Geschichtsschreibung: 2 Bücher Herodot, 1 Buch Thukydides, 2 Bücher Xenophon
> Philosophie: Vorsokratiker (kursorisch), Platon in Auswahl,

etwa *Apologie, Phaidon,* 2 Bücher der *Politeia,* von Aristoteles zumindest die *Nikomachische Ethik* und die *Poetik*
Reden: Lysias, Isokrates, Demosthenes – je 2 Reden
Hellenistische Dichtung: eine Auswahl aus Kallimachos, Apollonios von Rhodos und Theokrit
Kaiserzeitliche Literatur: eine Auswahl aus Plutarch, Lukian, Dion von Prusa – dazu den Roman *Daphnis und Chloe* von Longos

Einige praktische Ratschläge

Systematisches Erlernen eines Grundwortschatzes: Lektürefähigkeit ist vom Vokabelwissen abhängig. Eine allgemeine Grund-Wortkunde (vgl. Literaturverzeichnis) ist hierfür sehr hilfreich. Sie sollte parallel zur Lektüre durchgearbeitet werden.

Auswendiglernen von längeren Textpartien: Ein Studienanfänger wird in einem Semester kaum die gesamte *Odyssee* im Original lesen können, aber er kann in dieser Zeit eines der vierundzwanzig Bücher auswendig lernen. Die Wirkung einer derartigen Maßnahme ist erstaunlich. Plötzlich lassen sich die übrigen Bücher Homers und die griechische Epik insgesamt auf der Basis der tief eingewurzelten Homerverse schneller und mit größerem Verständnis erfassen. Das Lernvokabular der Dichtung festigt sich wie von selbst. Auch rhythmisierte Prosa (z. B. Abschnitte aus einer Demosthenes-Rede oder eine kleine Rede des Lysias) eignet sich für das Memorieren, da ein attischer Redner sie selbstverständlich auch aus dem Gedächtnis vortrug. Eine Ode des Alkaios oder der Sappho wird man überhaupt erst richtig verstehen und würdigen können, wenn man sie lernt und immer wieder rezitiert. Das Gleiche gilt auch für Chorpartien aus den Tragödien etwa des Sophokles oder des Euripides.

Eigenes Klausurenstellen (Deutsch-Griechisch): Die beste Form der Stilübung ist die Retroversion selbst angefertigter Übersetzungen. Man nehme eine Partie aus Xenophons *Memorabilien* oder aus einer Rede des Lysias und übertrage sie sorgfältig ins Deutsche, wobei die Konstruktionen und das Vokabular des Originals durchschimmern sollten. Diesen Text läßt man vierzehn Tage in der Schublade ruhen. Dann begibt man sich ohne Hilfsmittel an die Rückübertragung. Die Erfahrung lehrt, daß ein Teil der Vorlage noch idiomatisch in der Erinnerung haftet, also bei der Wiederherstellung originalgetreu auf dem Blatt erscheint; der Rest fällt dem eigenen Grammatikwissen und Wortschatz anheim. Fehler werden gemacht, die zu finden und zu beseitigen von besonders großem Interesse ist. Klärung verschafft nicht nur der Blick in die Grammatiken und Lexika, sondern auch das Gespräch mit Kommilitonen und Dozenten.

Individueller Lektüreschwerpunkt: Für die private Lektüre sollte man sich im Laufe des Studiums ein oder zwei zentrale Gebiete auswählen (aus denen durchaus die Examensarbeit und verschiedene Prüfungsthemen hervorgehen können), einer stärkeren persönlichen Neigung, in der Regel auch einer Fächerkombination entsprechend (insofern historisch, literaturwissenschaftlich, philosophisch usw. geprägt). Hier sollte nach Kräften vertieft 'Ganzheitslektüre' betrieben werden, etwa aller Werke bestimmter Autoren oder sogar einer Gattung. Eine solche Vorgehensweise ist bedeutend effektiver als eine die gesamte griechische Literatur durchstreifende Lektüre in Auswahl, schließt diese aber keineswegs aus.

Künstlerische Textarbeit: Auch die künstlerische Umsetzung antiker Texte (dies meint natürlich in erster Linie dramatische Literatur, aber nicht nur diese) ist sehr förderlich. Wem es gelungen ist, im altphilologischen Studium ein antikes Werk teilweise oder ganz durch die Mitwirkung an einer Aufführung zu verinnerlichen, kann auf diese an inneren und äußeren Erlebnissen reiche Arbeit so zurückgreifen wie der Studierende einer modernen Philologie auf einen längeren Aufenthalt im Land der studierten Sprache. Von daher ist im altsprachlichen Bereich eine Theaterarbeit ähnlich positiv zu bewerten wie eine Exkursion in die mediterranen Zentren der griechisch-römischen Kultur. Zudem lassen sich hierüber interdisziplinäre Aspekte verwirklichen. Die Inszenierung eines griechischen Dramas setzt die Mithilfe zumindest der Archäologie und der Musikwissenschaft voraus. Man sollte nicht warten, bis ein Dozent auf die Idee kommt, ein Inszenierungsprojekt anzubieten: Einfach selbst damit anfangen! Was noch nie recht in Angriff genommen wurde, aber eine dankbare Aufgabe für musikbegeisterte Philologiestudenten wäre und durchaus ein größeres Publikum fände, ist die Intonation und Darbietung von Chorlyrik.

1.4. Hauptstudium

Im Hauptstudium werden die fundierten Sprachkenntnisse und das erworbene methodische Instrumentarium in *Hauptseminaren* und *Kolloquien* wissenschaftlich erprobt. Sprachklausuren treten nach der Zwischenprüfung fast ganz in den Hintergrund. Sie werden zwar im Abschlußexamen wieder verlangt, doch das eigentliche Studium hat nunmehr eine philologische Qualität im engeren Sinne angenommen. Die Studienleistung der Hauptseminaristen besteht in Referaten und schriftlichen Abhandlungen zu bestimmten wissenschaftlichen Problemen. In diesen schriftlichen Arbeiten wird eine textkritische und interpretatorische Auseinandersetzung mit den griechischen Originalen unter Einbeziehung von fachspezifischer Sekundärliteratur geführt.

In der Regel werden im Lehramtsstudium zwei, im Magisterhauptfach sogar drei benotete Hauptseminarscheine verlangt. Studierende mit dem Ziel eines Lehramtsabschlusses müssen qualifizierte Leistungen im Bereich der Fachdidaktik nachweisen sowie Schulpraktika (teilweise schon im Grundstudium) absolvieren.

Der Beginn des Hauptstudiums bietet, da zu dieser Zeit kein unmittelbarer Examensdruck gegeben ist, die gute Gelegenheit, einen Auslandsaufenthalt (über ein DAAD-Stipendium oder das SOKRATES-Programm) einzulegen oder an einer Exkursion teilzunehmen. Mit einem Studium der griechischen Philologie wird sinnvollerweise immer eine Exkursion in den griechischen Kulturbereich (Griechenland, Kleinasien, Sizilien, Kampanien) einhergehen.

2. Der Studienabschluß

2.1. Allgemeines

Von den verschiedenen Abschlüssen des Griechischstudiums wird heute seltener als früher die 'Erste Staatsprüfung für das Lehramt an Gymnasien (bzw. der Sekundarstufe I/II)', das sogenannte *Erste Staatsexamen*, angestrebt. Es findet nach einer Regelstudienzeit von 8 Semestern statt. Dieser Abschluß bildet die Grundlage insbesondere für den Staatsdienst als Lehrer, ermöglicht aber auch die Bibliothekarslaufbahn. Die für die einzelnen Bundesländer maßgeblichen Prüfungsordnungen sind im Buchhandel erhältlich. Auskünfte erteilen die Staatlichen Prüfungsämter.

Das *Magisterexamen* (ebenfalls nach einer Regelstudienzeit von 8 Semestern) und die *Promotion* sind dagegen *akademische Prüfungen*, deren Durchführung von den Bestimmungen der einzelnen Hochschulen geregelt wird. Auskünfte erteilen die jeweiligen Einschreibstellen oder Studienfachberater. Über aktuelle berufliche Perspektiven des Griechischen Philologen mit den akademischen Graden *Magister artium* (M. A.) und *Dr. phil.* informieren die Arbeitsämter.

Nach den Vorgaben des Hochschulrahmengesetzes ist für das Griechischstudium in Deutschland an manchen Hochschulen, so etwa in Greifswald, auch ein 'Bachelor of Arts' als Abschluß (Regelstudienzeit: 6 Semester) möglich, an den ein 'Master of Arts' anschließen kann.

Das *Staatsexamen* besteht in einer Vielzahl von Teilprüfungen: einer wissenschaftlichen Abhandlung *(Staatsarbeit, Zulassungsarbeit)* in einem der kombinierten Fächer, Klausuren und mündlichen Prüfungen in beiden Fächern sowie im begleitenden erziehungswissenschaftlichen Studium (Pädagogik, gegebenenfalls auch Psychologie, Philosophie und Soziologie). Von der Erweiterungsmöglichkeit des Ersten Staatsexamens durch ein zusätzliches Unterrichtsfach wird hinsichtlich des Griechischen häufig Gebrauch gemacht. Ein Referendariat (Vorbereitungsdienst auf das Lehramt mit dem Abschluß des *Zweiten Staatsexamens*) ist nur ein einziges Mal, und zwar für eine Zweierkombination vorgesehen. In jedem weiteren Fach darf aber auf der Basis des hierin abgelegten Ersten Staatsexamens und des anderweitig absolvierten Referendariats unterrichtet werden. Vielfachkombinationen erhöhen somit die Einstellungschancen.

Die *Magisterprüfung* umfaßt ein Hauptfach und zwei Nebenfächer oder zwei gleichwertige Hauptfächer. Die Fachprüfungen schließen mit einer Klausur und einem mündlichen Examen ab. Ein wichtiger Bestandteil des Prüfungsverfahrens ist die *Magisterarbeit* (eine mehrmonatige schriftliche Hausarbeit); sie weist die wissenschaftlichen Fähigkeiten des Magisterkandidaten aus.

Die *Promotion* setzt bereits ein abgeschlossenes Hochschulstudium (Staatsexamen oder Magisterabschluß) voraus und besteht hauptsächlich in der Abfassung einer *Dissertation*, die einen selbständigen, innovativen Forschungsbeitrag darstellen soll. Die Doktorprüfung im Rahmen der Promotion umfaßt in der Regel ein Hauptfach und zwei Nebenfächer *(Rigorosum)* oder auch nur ein einzelnes Fach *(Disputation)*. Es handelt sich im Falle des *Rigorosums* um ein ausschließlich mündliches Examen über verschiedene mit den Prüfern vereinbarte Themen in den kombinierten Fächern. Gelegentlich trifft man an deutschen Hochschulen (wieder) ein freieres Promotionsverfahren an, das mit einer *Disputation* endet, der öffentlichen Verteidigung der Dissertation anhand von Thesen.

Obwohl die Abschlußprüfungen von Lehramts-, Magister- und Promotionsstudium sich in Charakter und Ausrichtung unterscheiden, sind sie einander formal doch sehr ähnlich, so daß sich die Prüfungsteile *wissenschaftliche Hausarbeit, schriftliche Klausurarbeit* und *mündliche Prüfung* in ihren Gemeinsamkeiten wie folgt darstellen.

2.2. Die wissenschaftliche Hausarbeit

Im Rahmen der Promotion liegt das Hauptgewicht ganz auf der *Doktordissertation*. Sie gerät oft zu einem Werk von mehreren hundert Seiten und ist die Frucht vieler Jahre. Die Themenwahl findet in Absprache mit dem betreuenden Hochschullehrer statt; im Laufe der Erarbeitung werden gelegentlich Teilergebnisse in Einzelgesprächen oder im Kreis eines Doktorandencolloquiums diskutiert. Modifikationen des Themas (vor allem hinsichtlich seiner Eingrenzung) und des methodischen Vorgehens sind oft unerläßlicher Teil des wissenschaftlichen Prozesses. Durch die Buchpublikation in einer Mindestauflage wird das Ergebnis der Dissertation auch einer breiteren Öffentlichkeit vorgestellt.

Für ein Magisterexamen ist der wissenschaftliche Anspruch der *Magisterarbeit* ebenfalls relevant; eine Publikation sieht das Verfahren aber nicht vor. Die Magisterarbeit wird wie die *schriftliche Hausarbeit* (Zulassungsarbeit) des Staatsexamens in einer festgelegten Arbeitszeit (ca. drei bis sechs Monate) und in einem bestimmten Umfang (etwa 70 bis 100 Seiten) angefertigt. Es versteht sich von selbst, daß innerhalb dieses kurzen Intervalls Änderungen am Thema der Arbeit nicht mehr vorgenommen werden können. Die zu bearbeitende Aufgabe (etwa ein auf einen Text oder Textausschnitt bezogenes Problem; eine Motivuntersuchung; ein Vergleich mehrerer Texte oder Textpartien) wird deshalb durch den zum Prüfer bestellten Hochschullehrer in begrenzter Form fest vorgegeben.

Man beginnt mit einer Materialsammlung, zu der neben den Primärtexten vor allem auch Sekundärliteratur zählt. Bei der Abfassung der Arbeit wird es zuerst einmal nötig sein, das Problem als solches zu formulieren und bereits in der Fachliteratur vorgeschlagene Lösungen zu referieren. Dies ist gewissermaßen ein Forschungsbericht, der natürlich in der Kürze der Zeit nicht allumfassend dargeboten werden kann. Die eigene Untersuchung des Gegenstandes sollte sich nun in einer klar gegliederten und sprachlich verständlichen Abhandlung anschließen und den Hauptteil der Arbeit bilden. Hierbei werden für die einzelnen Problemstellungen (sind sie vornehmlich textkritischer oder interpretatorischer Art) verschiedene Methoden der Erarbeitung erforderlich sein.

Wichtig ist die Kennzeichnung der benutzten Literatur: Zitate sollten in Anführungszeichen, lateinische Texte möglichst kursiv gesetzt werden, was bei griechischen Texten, da sie sich durch die Schrift als solche schon abheben, nicht erforderlich ist. Fußnoten mit den entsprechenden Referenzen ermöglichen dem Leser (und das ist in erster Linie der Gutachter) eine Kontrolle des wissenschaftlichen Apparats.

Die antiken Werke sollten nach einem systematischen Standard zitiert werden. Es empfiehlt sich, die lateinischen Autoren nach Maßgabe des *Thesaurus Linguae Latinae* (Indexband) anzugeben, die griechischen Autoren nach dem *Neuen Pauly.* Abkürzungen sind stets erlaubt unter Berücksichtigung der Verständlichkeit für die voraussichtlichen Leser. So ließe sich zum Beispiel eine Seite der Abhandlung H. Patzer, Hauptperson und tragischer Held in Sophokles' 'Antigone', Wiesbaden 1978 (zitiert nach H. Patzer, Gesammelte Schriften, Stuttgart 1985, 318–87) mit Kurztitel folgendermaßen anführen: Patzer, Hauptperson 325.

Die gesamte für die Arbeit herangezogene *Literatur* ist in einem Verzeichnis am Ende in vollständiger Form anzuführen, und zwar am besten in Gruppen (Primärtexte, Kommentare, Sekundärliteratur) unterteilt, in alphabetischer Reihenfolge. Wichtige, aber nicht leicht zugängliche Werke sollten als solche gekennzeichnet werden; das Literaturverzeichnis braucht das Thema nicht zu erschöpfen, es sollte aber alles Verwendete enthalten:

1. Textausgaben
Beispiele:
Sophoclis fabulae ed. Pearson, Oxford 1924.
Sophoclis fabulae edd. H. Lloyd-Jones/N. Wilson, Oxford 1990.

2. Kommentare
Beispiele:
Jebb, Sophocles III: The Antigone, Cambridge ³1900.
G. Müller, Sophokles, Antigone, Heidelberg 1967.

3. Sekundärliteratur
Beispiele:
Blundell, Helping Friends and Harming Enemies. A Study in Sophocles and Greek Ethics, Cambridge 1989.
Minnie K. Flickinger, The ἁμαρτία of Sophocles' Antigone, Diss. Iowa 1935.
H. Patzer, Hauptperson und tragischer Held in Sophokles' 'Antigone', Wiesbaden 1978 (zitiert nach H. Patzer, Ges. Schr., Stuttgart 1985, 318–87).
B. Seidensticker, Die Wahl des Todes bei Sophokles, Fondation Hardt, Entretiens 29 (1983) 105–53.
Th. A. Szlezák, Bemerkungen zur Diskussion um Sophokles, Antigone 904–920, RhM 124 (1981) 108–142.

Bei der *äußeren Form* ist zu beachten:
1. Die zur Begutachtung eingereichte Arbeit sollte maschinengeschrieben sein (eineinhalbzeilig), wobei nur die Vorderseite des Blattes zu beschreiben ist, mit genügend großem Rand für Bemerkungen des Korrektors (ca. 4 cm).
2. Anmerkungen sollten, wenn möglich, am Fuß der gleichen Seite stehen.
3. Ein Inhaltsverzeichnis dient der Orientierung des Lesers, eine deutliche Gliederung des Textes in Teile, Kapitel, Abschnitte und Absätze verbessert die Lesbarkeit.

Gründliches Korrekturlesen verhilft der Arbeit zu einer formalen Qualität und stimmt den Leser gewogen. Ebenso bedarf die äußere Form an sich (das Layout beim Computersatz) von der Gestaltung des Inhaltsverzeichnisses bis zur Bibliographie im Anhang einer sicheren Hand (hier gilt, wie in vielem, der horazische Grundsatz der *simplicitas*). Eine Zusammenfassung sollte den Abschluß bilden; diese wird, wenn vorhanden, oft zuerst gelesen und leitet das Verständnis.

2.3. Die Klausurarbeit

Wie für die Zwischenprüfung, so gilt auch für die Abschlußexamina (mit Ausnahme der Doktorprüfung), daß mindestens eine Teilprüfung als Klausur abzulegen ist. Im Studium der griechischen Philologie bedeuten Klausuren vornehmlich Übersetzungen aus dem Griechischen ins Deutsche und aus dem Deutschen ins Griechische. In der griechisch-deutschen Übersetzungsklausur ist ein griechischer Originaltext (Prosa oder Poesie) im Umfang von etwa 240 Wörtern ohne Hilfsmittel ins Deutsche zu übersetzen. Zusatzfragen (zur Literaturgeschichte, zur Mythologie, zur Metrik) sind je nach Gewichtung kurz oder ausführlich zu beantworten. In der deutsch-griechischen Übersetzungsklausur (hauptsächlich von Lehramtskandidaten verlangt) sind zum Nachweis vertiefter Grammatikkenntnisse und aktiver Sprachbeherrschung deutsche Texte ohne Hilfsmittel in ein idiomatisch und grammatisch korrektes Griechisch zu übertragen.

2.4. Die mündliche Prüfung

Gegenstand der mündlichen Prüfung ist im Grunde das gesamte Fachwissen. Nach vorheriger Absprache mit den Prüfern werden verschiedene Prüfungsfelder abgesteckt. Diese sind orientiert an einzelnen Autoren, Epochen und Gattungen (die Lehramtsprüfungsordnungen regeln die anzugebenden Teilgebiete).

Zu einem mündlichen Examen gehört die ad hoc abverlangte Übersetzung eines kleineren Textabschnitts. In der Regel entwickelt sich aus dieser Partie bzw. im Rückgriff auf sie ein Dialog zu übergeordneten Fragen. In einem solchen Prüfungsgespräch sollte sich nach Möglichkeit das Studium in seiner ganzen Breite widerspiegeln. Kultur- und literaturhistorische Aspekte können ebenso behandelt werden wie fachdidaktische, sprachwissenschaftliche und wirkungsgeschichtliche Fragestellungen. Es versteht sich von selbst, daß Prüfer und Prüfungskandidaten zielstrebiger miteinander kommunizieren, wenn sie sich gut kennen. In der Examensphase wird man daher das Angebot eines *Examenscolloquiums*, wenn ein solches eingerichtet ist, nutzen. Die Prüfung vorbereitende Einzelgespräche mit den Prüfern sind gleichfalls hilfreich, Sicherheit zu gewinnen.

Die *Zeit* der mündlichen Prüfungen beträgt bei der Doktorprüfung insgesamt ca. 90 Minuten (Disputation) – 120 Minuten (Rigorosum), wobei das Hauptfach im Rigorosum etwa die Hälfte beansprucht, bei der Magisterprüfung in der Regel 30–60 Minuten für das Hauptfach, je 20–30 Minuten für die Nebenfächer, im Staatsexamen je nach Gewichtung der einzelnen mündlichen Prüfung 45, 30 oder 20 Minuten.

Ein Abschlußexamen ist eine wichtige Hürde. Man sollte gut vorbereitet sein. Das einmalige Durchlesen von Texten reicht selten aus für eine Prüfung. Hat man eine bestimmte Themenwahl getroffen und ein Textkontingent für das Examen zusammengestellt, sollten die fraglichen Schriften mindestens zweimal durchgearbeitet sein. Erst die wiederholte Lektüre bietet die Basis für ein fundiertes Prüfungswissen. Je früher man sich auf eine Abschlußprüfung vorbereitet, desto reicher wird das Pensum sein, aus dem der Prüfungsstoff hervorgeht. Das Examen bietet eine gute Gelegenheit, sich besonders intensiv mit den griechischen Originalen zu befassen. Dies sollte man früh beherzigen und im Laufe des Studiums alle gegebenen Möglichkeiten wahrnehmen, sich examensähnlichen Situationen auszusetzen: Klausuren, Seminararbeiten und Referate tragen über die Semester hinweg stets ein wenig zu einer soliden Prüfungsvorbereitung bei. Man sollte solche 'kleinen Prüfungen' nicht ungenutzt verstreichen lassen: sie sind Ansporn und Bestätigung zugleich.

Anhang

XIII. Verzeichnis der wichtigsten, in textkritischen Apparaten verwendeten Abkürzungen

(Die Abkürzungen der Verbformen im Perf. können jeweils die 3. Pers. Sg. und Pl. im Aktiv, oft auch das PPP bedeuten; hier ist nur die 3. Pers. Sg. genannt)

a.	annus,-i,-o,-um	Jahr, im J., des J.
acc.	accedente, accedit	wobei hinzukommt, kommt h.
add.	addidit	hat hinzugefügt
ad l. / ad loc.	ad locum	zur Stelle
adn. crit.	adnotatio critica	kritischer Apparat
adscr.	adscripsit	hat dazugeschrieben
al.	alii / aliis locis / alias	andere / an anderen Stellen / anderswo
al. al.	alii aliter	andere haben andere und unterschiedliche Versionen / Vorschläge / Meinungen
ap.	apud	bei
a. r.	ante rasuram	vor Stelle, an der radiert wurde
cet. / cett.	ceteri	alle übrigen
cf.	confer	vergleiche
cl. / coll.	collato,-is	nachdem zum Vergleich herangezogen wurde(n)
cod., codd.	codex, codices	Handschrift(en)
coni.	coniecit	hat vermutet
cont.	contulit	hat zum Vergleich herangezogen
corr.	correxit	hat berichtigt
def. / defend.	defendit	hat verteidigt
del.	delevit	hat getilgt
dist.	distinxit	hat durch Interpunktion getrennt
ed. / edd.	editor / editores	Herausgeber
e. g.	exempli gratia	zum Beispiel
em.	emendavit	hat berichtigt
eras.	erasit	hat ausradiert
evan.	evanuit	ist verschwunden
excid.	excidit	ist ausgefallen
exp.	expunxit	hat getilgt
fort. / ft.	fortasse	vielleicht
ibid.	ibidem	am selben Ort
i. e.	id est	das heißt
init.	intitium,-o	(am) Anfang
i. m.	in margine	am Rand
i. r.	in rasura	an einer Stelle, an der radiert wurde
ins.	inseruit	hat eingefügt

it.	iteravit	hat wiederholt
i. t.	in textu	im Text
lac. ind. / - stat.	lacunam statuit / indicavit	eine Lücke hat festgestellt
l. c./loc. cit.	locus,-o citatus,-o	der (am) angeführte(n) Ort
lect.	lectio(nem / -es)	Lesart(en)
litt.	littera,-ae,-am	Buchstabe(n)
loc.	locavit	hat plaziert
m.	manus	Hand / Hände
mg.	margo,-ine	(am) Rand
m. r.	manus recentior	jüngere (d. h. zeitlich spätere) Hand
mut.	mutavit	hat verändert / vertauscht
n.	nota	Anmerkung
n. l.	non liquet	bleibt unklar
om.	omisit	hat ausgelassen
p. / pag.	pagina	Seite
plur.	plurimi	die meisten
prob.	probavit / -nte,-ntibus	hat gebilligt / wobei billigt,-en
q. d.	qui / quae / quod dicitur quae dicuntur	der / die / das sogenannte(n)
ra. / ras.	rasura	Stelle mit Radierung
rec., recc.	recentior, -es	jüngere(r)
rell.	reliqui	die übrigen
rest.	restituit	hat wiederhergestellt
s.	sive	oder auch
saec.	saeculum,-i,-o	(im / des) Jahrhundert(s)
sc. / scil.	scilicet	das heißt also
Schol. / Σ / σχ	Scholion	antiker / mittelalterl. Kommentar
sec.	secundum	gemäß
secl. / scl.	seclusit	hat ausgesondert, d. h. getilgt
sim.	simile,-ia,-iter	ähnlich(es)
sp. / spat.	spatium,-o	(im) Zwischenraum
sq., sqq.	sequens,-tem,-tes	folgend(e)(n)
sup. / ss.	superscripsit	hat darübergeschrieben
suppl.	supplevit	hat ergänzt
transpos.	transposuit	hat umgestellt
tuent.	tuentur	verteidigen
ut vid.	ut videtur	wie es scheint
v., vv.	versus	Vers, Verse
v(ar). l(ect).	varia(e) lectio(nes)	verschiedene Lesart(en)
v. / vd.	vide	siehe

XIV. Stammbäume zur griechischen Mythologie

Stammbaum der Atriden

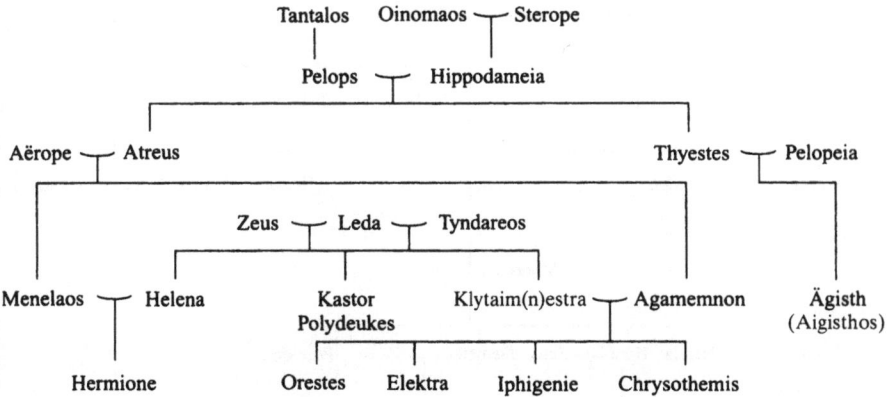

Stammbäume zur griechischen Mythologie

Götter und Giganten

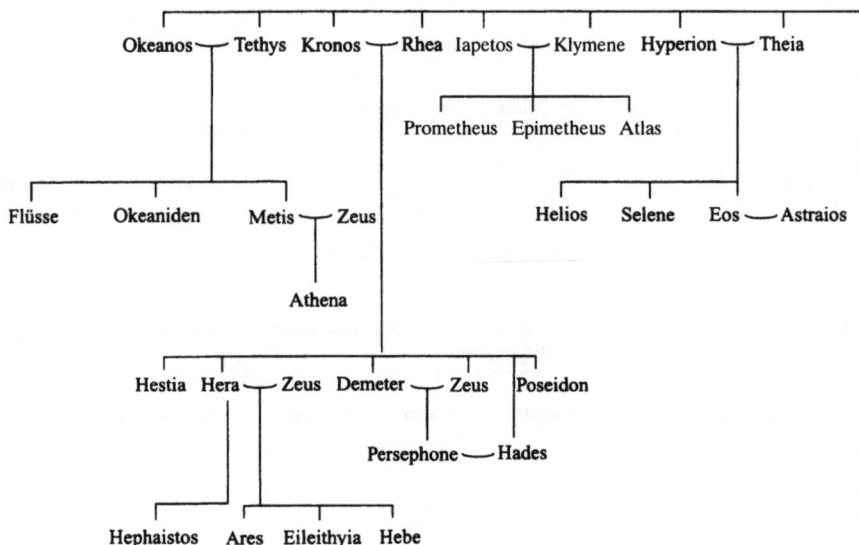

Stammbäume zur griechischen Mythologie

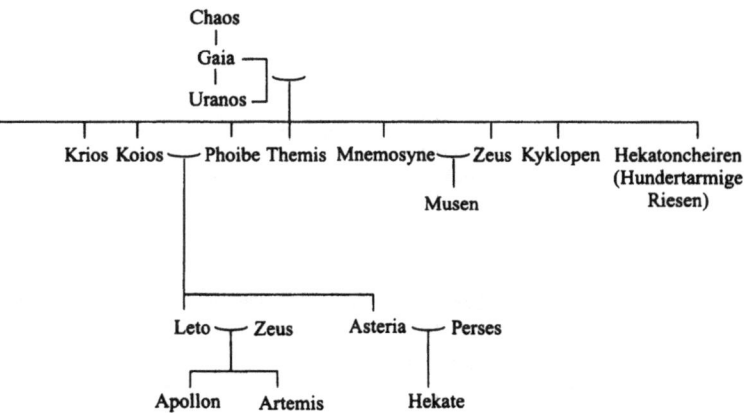

Stammbaum des Oidipus (Labdakiden)

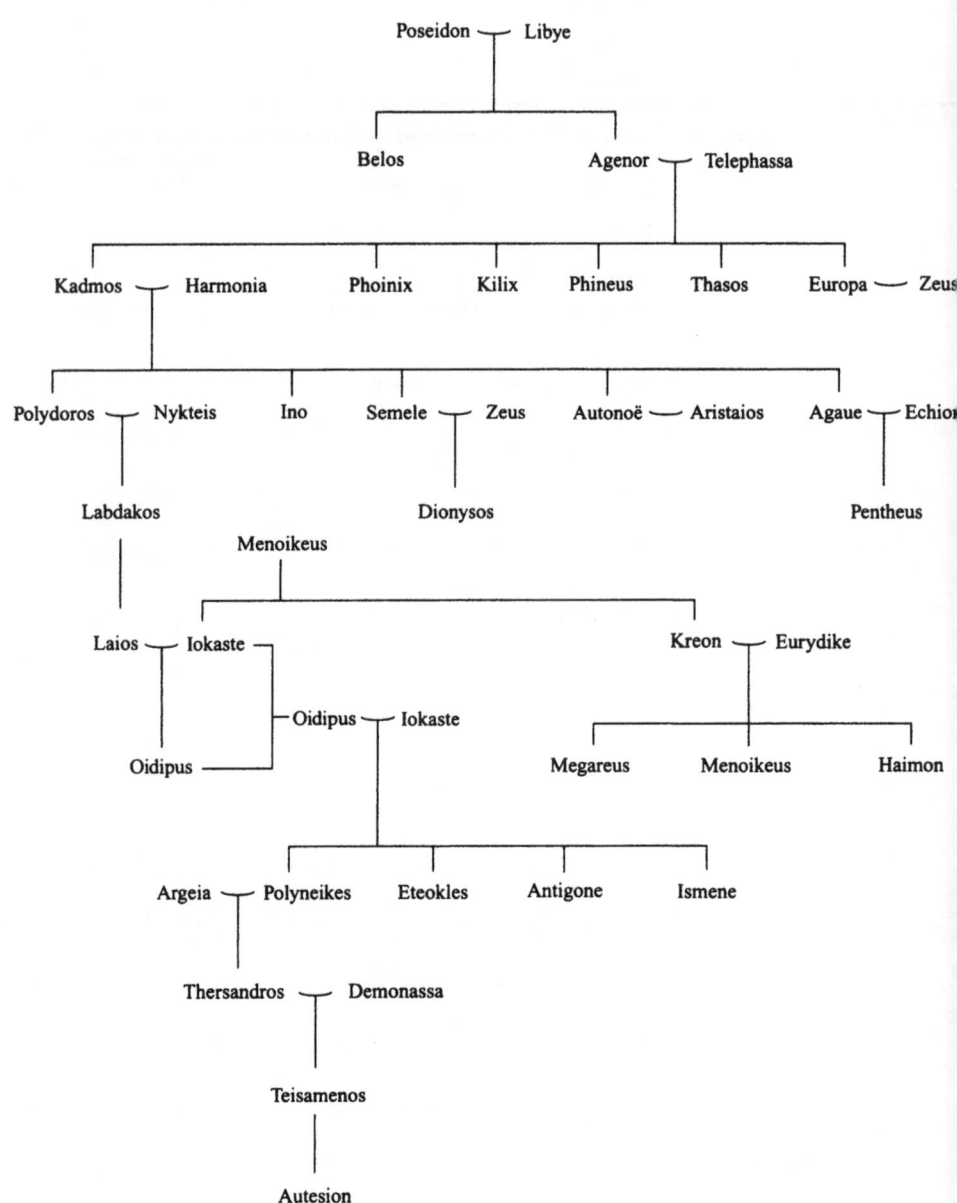

Das trojanische Herrscherhaus

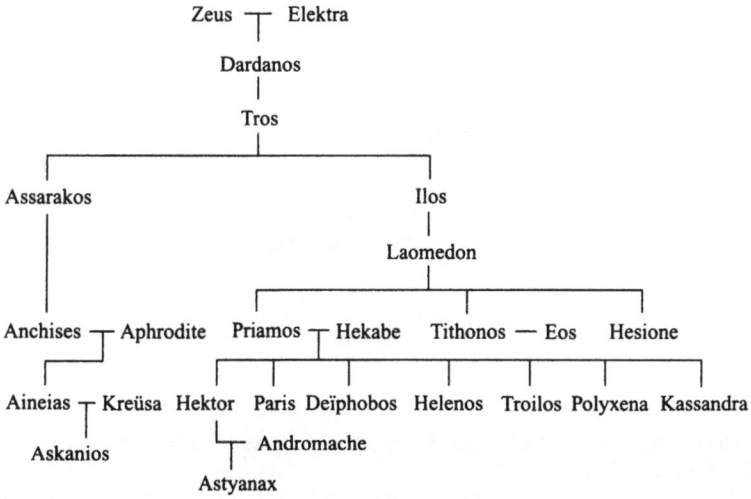

nach: Metzler Lexikon Antike. Herausgegeben von Kai Brodersen und Bernhard Zimmermann. Verlag J. B. Metzler, Stuttgart/Weimar 2000.

XV. Literaturverzeichnis

Unter 1 werden zunächst allgemeine Literaturhinweise gegeben, unter 2 weiterführende Literaturangaben zu den einzelnen Kapiteln. Die Literaturhinweise zu Kap. XI 'Autoren und Werke' finden sich jeweils im Anschluß an die Darstellung der einzelnen Autoren. Es versteht sich von selbst, daß die Literaturhinweise keinen Anspruch auf Vollständigkeit erheben, sondern nur einige weiterführende Titel genannt werden können.

1.´ Allgemeines

1.1. Literaturgeschichten

B. Altaner/A. Stuiber, Patrologie. Leben, Schriften und Werke der Kirchenväter, Freiburg/Basel/Wien [8]1978.
A. Dihle, Griechische Literaturgeschichte. Von Homer bis zum Hellenismus, München [3]1998.
A. Dihle, Die griechische und lateinische Literatur der Kaiserzeit, München 1989.
S. Döpp/W. Geerlings (Hrsg.), Lexikon der antiken christlichen Literatur, Freiburg/Basel/Wien 1998.
P. E. Easterling/B. M. W. Knox (Hrsg.), The Cambridge history of classical literature. Vol. I: Greek literature, Cambridge 1985.
M. Hose, Kleine griechische Literaturgeschichte. Von Homer bis zum Ende der Antike, München 1999.
A. Lesky, Geschichte der griechischen Literatur, Bern/München [3]1971 (auch als Taschenbuch bei dtv).
H.-G. Nesselrath (Hrsg.), Einleitung in die griechische Philologie, Stuttgart/Leipzig 1997.
W. Schmid/O. Stählin, Geschichte der griechischen Literatur. Erster Teil: Die klassische Periode der griechischen Literatur, 5 Bde., München München 1929–1948 (Nachdruck 1961–1980) (Handbuch der Altertumswissenschaft VII 1).
W. Schmid/O. Stählin, Geschichte der griechischen Literatur bis auf die Zeit Justinians. Zweiter Teil: Die nachklassische Periode der griechischen Literatur, 2 Bde., München [6]1920–1924 (Nachdruck 1961–1981) (Handbuch der Altertumswissenschaft VII 2).
E. Vogt (Hrsg.), Griechische Literatur, Wiesbaden 1981 (Neues Handbuch der Literaturwissenschaft Bd. 2).
Zahlreiche Beiträge zu griechischen Autoren finden sich auch in W. Haase/H. Temporini (Hrsgg.), Aufstieg und Niedergang der römischen Welt *(ANRW)*, Berlin/New York 1972ff. (I. Von den Anfängen Roms bis zum Ausgang der Republik, 4 Bde., 1972/73; II. Principat, 1974ff.)

1.2. Nachschlagewerke

Das umfassendste Nachschlagewerk für den Bereich der gesamten Altertumswissenschaft ist immer noch *Paulys Realencyclopädie der classischen Altertumswissenschaft (RE)* von Pauly und Wissowa (1. Reihe: A–Q, 49 Bde., 1894–1963; 2. Reihe: R–Z, 19 Bde., 1914–1972; 15 Supplementbände [1903–1978] und 2 Registerbände [1996/1998]).

Als neues enzyklopädisches Nachschlagewerk, in dem auch die Wissenschaftsgeschichte und die Rezeption der antiken Literatur Berücksichtigung findet, entsteht momentan, auf 15 Bände angelegt, *Der Neue Pauly* (Stuttgart/Weimar 1996ff.).

Unentbehrlich für die spätantike Literatur und Kultur sowie die Rezeption antiker Autoren in der lateinischen christlichen Literatur ist das auf ca. 40 Bände angelegte *Reallexikon für Antike und Christentum (RAC)*, Stuttgart 1950ff. Über die Übergangszeit zwischen Spätantike und Mittelalter sowie die Rezeption der Antike im Mittelalter informiert das *Lexikon des Mittelalters*, München/Zürich 1974ff.

Weitere wichtige Nachschlagewerke:
Der Kleine Pauly. Lexikon der Antike (5 Bde.), hrsg. v. K. Ziegler, W. Sontheimer und H. Gärtner, München 1964–1975 (auch als Taschenbuchausgabe).
Kleines Wörterbuch des Hellenismus, hrsg. v. H. H. Schmitt/E. Vogt, Wiesbaden 1988.
Lexikon der Alten Welt, hrsg. v. C. Andresen u. a., Stuttgart/Zürich 1965 (Nachdr. als Sonderausgabe 1990).
Metzler Lexikon antiker Autoren, hrsg. v. O. Schütze, Stuttgart/Weimar 1997.
Metzler Lexikon der Antike, hrsg. v. K. Brodersen/B. Zimmermann, Stuttgart/Weimar 2000.
Tusculum-Lexikon griechischer und lateinischer Autoren des Altertums und des Mittelalters, bearb. v. A. Buchwald, A. Hohlweg und O. Prinz, München/Zürich ³1982.
The Oxford Classical Dictionary *(OCD)*, hrsg. v. S. Hornblower und A. Spawforth, Oxford ³1996.
The Oxford Companion to Classical Civilization, hrsg. v. S. Hornblower und A. Spawforth, Oxford 1998.

1.3. Zur Mythologie und Religion

W. Burkert, Homo necans. Interpretationen zu altgriechischen Opferriten und Mythen, Berlin/New York 1972.
W. Burkert, Griechische Religion der archaischen und klassischen Epoche, Stuttgart/Berlin/Köln/Mainz 1977.
F. Graf, Griechische Mythologie, München/Zürich 1985.
M. Grant/J. Hazel, Lexikon antiker Mythen und Gestalten, München 1980 (u. ö.).
E. Moormann/W. Uitterhoeve, Lexikon der antiken Gestalten. Mit ihrem Fortleben in Kunst, Dichtung und Musik, Stuttgart 1995.
Lexicon Iconographicum Mythologiae Classicae *(LIMC)*, München/Zürich 1981ff.

1.4. Bibliographien

Das umfassendste Verzeichnis sämtlicher im Bereich der Altertumswissenschaften erschienenen Arbeiten ist seit 1924 *L'année philologique. Bibliographie critique et analytique de l'antiquité gréco-latine* (Paris 1924ff.), nach ihrem Begründer kurz auch nur *Marouzeau* oder *L'année philologique* genannt. Da die Bände der *L'année philologique* oft mit beträchtlicher Verspätung erscheinen, gewährt den aktuellsten Stand die viermal jährlich erscheinende bibliographische Beilage des *Gnomon*. – Forschungs- und Literaturberichte finden sich in den Zeitschriften *Lustrum* (1956 ff.), *Anzeiger für die Altertumswissenschaft* (1948 ff.) und in *ANRW* (s. o. unter 1).

1.5. Texte/Ausgaben

Die wichtigsten Reihen, in denen die Werke griechischer und lateinischer Autoren erscheinen, sind die *Bibliotheca Teubneriana* (Stuttgart/Leipzig) und die *Bibliotheca Oxoniensis* (Oxford Classical Texts, Oxford). Die gesamte griechische Literatur ist jetzt auch auf CD-Rom zugänglich *(Thesaurus Linguae Graecae; TLG)*. – Von zweisprachigen Reihen sind zu nennen: *Collection Budé*, Paris (mit franz. Übersetzung); *Loeb Classical Library*, London/Cambridge (Mass.) (mit engl. Übersetzung) sowie die *Sammlung Tusculum*, Zürich/Düsseldorf (mit deutscher Übersetzung). – Die christliche griechische Literatur ist komplett greifbar in der momumentalen *Patrologiae cursus completus, series Graeca (PG)*, ed. J.-P. Migne, Paris 1857–1866 (161 Bde., *Conspectus auctorum*, 1882; *Indices*, 2 Bde., 1912/1932), die allerdings nicht den Rang einer krtischen Ausgabe beanspruchen kann. Weitere wichtige Reihen: *Corpus Christianorum. Series Graeca (CCG)*, Turnhout 1977 ff.; *Fontes Christiani* (mit deutscher Übersetzung), Freiburg/Wien 1990 ff.; *Sources Chrétiennes (SC*, mit franz. Übersetzung), Paris 1941 ff.; *Cambridge Patristic Texts (CPT)*, Cambridge 1899 ff.

1.6. Einige Fragmentausgaben zur griechischen Literatur

H. von Arnim, Stoicorum veterum fragmenta, 4 Bde., Leipzig 1903–1924 (SVF).
A. Bernabé, Poetarum epicorum Graecorum testimonia et fragmenta, Stuttgart, Leipzig 1987 (korrigierter Nachdruck 1996).
W. Bühler, Zenobii Athoi proverbia, bisher 3 Bde., Göttingen 1982 ff.
M. Davies, Epicorum Graecorum Fragmenta, Göttingen 1988.
H. Diels/W. Kranz, Die Fragmente der Vorsokratiker, 3 Bde., Berlin/Zürich ^{6}1951/52 *(DK)*.
B. Gentili/C. Prato, Poetae elegiaci, 2 Bde., Leipzig 1988, 1985.
A. Hilgard/A. Lentz/R. Schneider/G. Uhlig, Grammatici Graeci, 4 Bde., Leipzig 1867–1910 *(GG)*.
F. Jacoby, Die Fragmente der griechischen Historiker, 3 Teile in 14 Bänden, Berlin/Leiden 1923–1958 *(FGrH)*.
R. Kassel/C. Austin, Poetae Comici Graeci, Berlin, New York 1983 ff. *(PCG)*.
E. L. Leutsch/F. G. Schneidewin, Corpus Paroemiographorum Graecorum, 2 Bde., Göttingen 1839–1851 (Hildesheim 1958) *(CPG)*, dazu: L. Cohn, Supplementum, Breslau 1887 (Hildesheim 1961).
H. Lloyd-Jones/P. Parsons, Supplementum Hellenisticum, Berlin/New York 1983 *(SH)*.
C. Müller, Geographi Graeci minores, Paris 1855–1861.
D. L. Page, Poetae Meleci Graeci, Oxford 1962 *(PMG)*; dazu: D. L. Page, Supplementum Lyricis Graecis, Oxford 1974 *(SLG)*. Page wird jetzt ersetzt durch M. Davies, Poetarum Melicorum Graecorum Fragmenta, Oxford 1991 ff.
I. U. Powell, Collectanea Alexandrina, Oxford 1915 (Chicago 1981).

B. Snell/R. Kannicht/St. Radt, Tragicorum Graecorum Fragmenta, Göttingen 1981 ff. *(TrGF)*.
M. L. West, Iambi et elegi Graeci ante Alexandrum cantati, 2 Bde., Oxford ²1989, ²1992.

1.7. Wörterbücher

H. G. Liddell/R. Scott/H. S. Jones/R. McKenzie, A Greek-English Lexicon, Oxford 1961 (dazu: Revised supplement, ed. W. Glare, Oxford 1996).
G. W. H. Lampe, A patristic Greek lexicon, Oxford ⁷1984.

2. Literaturhinweise zu den einzelnen Kapiteln

I. Einleitung

E. Burck/F. Maier, Klassischer Philologe/Klassische Philologin, Bielefeld ⁷1994 (Blätter zur Berufskunde/Bundesamt für Arbeit, Nürnberg; kostenloser Bezug über die Arbeitsämter/Berufsberatung).
J. Latacz, Die Gräzistik der Gegenwart, in: E.-R. Schwinge (Hrsg.), Die Wissenschaften vom Altertum am Ende des 2. Jahrtausends n. Chr., Stuttgart/Leipzig 1995, 41–89.
Studienangebote deutscher Hochschulen, hrsg. von der Hochschulrektorenkonferenz (HRK), erscheint zweimal jährlich im Verlag Karl Heinrich Bock, Bad Honnef.

II. Geschichte der klassischen Philologie

W. Den Boer, Les études classiques aux 19e et 20e siècles: leur place dans l'histoire des idées, Genf 1980 (Entretiens Hardt 26).
W. W. Briggs/W. M. Calder III (Hrsg.), Classical scholarship. A biographical encyclopedia, New York/London 1990.
C. O. Brink, Klassische Studien in England: Historische Reflexionen über Bentley, Porson und Housman, Stuttgart/Leipzig 1997 (Übers. des engl. Orig. Cambridge 1986).
H. Flashar/K. Gründer/A. Horstmann, Philologie und Hermeneutik im 19. Jh. Zur Geschichte und Methodologie der Geisteswissenschaften, Göttingen 1979.
A. T. Grafton, Defenders of the text. The tradition of scholarship in an age of science, 1450–1800, Cambridge (Mass.)/London 1991.
A. T. Grafton/G. W. Most, Philologie und Bildung seit der Renaissance, in: F. Graf (Hrsg.), Einleitung in die lateinische Philologie, Stuttgart/Leipzig 1997, 35–48.
A. Gudeman, Grundriß der Geschichte der Klassischen Philologie, Leipzig/Berlin ²1909 (Nachdruck Darmstadt 1967).
A. Hentschke/U. Muhlack, Einführung in die Geschichte der Klassischen Philologie, Darmstadt 1972.
W. Kroll, Geschichte der Philologie, Berlin ²1919.
J. Latacz, Die Gräzistik der Gegenwart, in: E.-R. Schwinge (Hrsg.), Die Wissenschaften vom Altertum am Ende des 2. Jahrtausends n. Chr., Stuttgart/Leipzig 1995, 41–89.
R. Pfeiffer, Geschichte der Klassischen Philologie. Von den Anfängen bis zum Ende des Hellenismus, München ²1978.

R. Pfeiffer, Die Klassische Philologie von Petrarca bis Mommsen, München 1982.
J. E. Sandys, A history of classical scholarship, 3 Bde., Cambridge 1903–1908 (Nachdruck 1998).
E. Vogt, Griechische Philologie in der Neuzeit, in: H.-G. Nesselrath (Hrsg.), Einleitung in die griechische Philologie, Stuttgart/Leipzig 1997, 117–132
N. G. Wilson, Griechische Philologie im Altertum, in: H.-G. Nesselrath (Hrsg.), Einleitung in die griechische Philologie, Stuttgart/Leipzig 1997, 87–103.
N. G. Wilson, Griechische Philologie in Byzanz, in: H.-G. Nesselrath (Hrsg.), Einleitung in die griechische Philologie, Stuttgart/Leipzig 1997, 104–116.
N. G. Wilson, Scholars of Byzantium, London ²1996.
U. von Wilamowitz-Moellendorff, Geschichte der Philologie (Einleitung in die Altertumswissenschaft I 1), Leipzig/Berlin ³1927 (Nachdruck Stuttgart/Leipzig 1998).

III. Sprachgeschichte

W. S. Allen, Vox Graeca. A guide to the pronounciation of classical Greek, Cambridge ²1974.
R. Browning, Von der Koine bis zu den Anfängen des modernen Griechisch, in: H.-G. Nesselrath (Hrsg.), Einleitung in die griechische Philologie, Stuttgart/Leipzig 1997, 156–168.
F. Dornseiff, Die griechischen Wörter im Deutschen, Berlin 1950.
G. Fink, Die griechische Sprache, München 1986.
O. Hoffmann/A. Debrunner/A. Scherer, Geschichte der griechischen Sprache (Sammlung Göschen), 2 Bde. Berlin ⁴1969.
E. Kieckers, Historische griechische Grammatik (Sammlung Göschen), 4 Bde. Berlin 1925–1926.
M. Meier-Brügger, Griechische Sprachwissenschaft. Bd 1: Bibliographie, Einleitung, Syntax. Bd. 2: Wortschatz, Formenlehre, Lautlehre, Indizes (Sammlung Göschen), Berlin 1992.
C. W. Müller/K. Sier/J. Werner (Hrsg.), Zum Umgang mit fremden Sprachen in der Antike, Stuttgart 1992.
H. Poeschel, Die griechische Sprache. Geschichte und Einführung, München ⁵1968 (dtv-Taschenbuch, München 1975).
H. Rix, Historische Grammatik des Griechischen. Laut- und Formenlehre, Darmstadt ²1992.
R. Schmitt, Einführung in die griechischen Dialekte, Darmstadt 1977.
F. Sommer, Sprachgeschichtliche Erläuterungen für den griechischen Unterricht, Leipzig ³1927 (Nachdruck Darmstadt 1961).
K. Strunk, Vom Mykenischen bis zum klassischen Griechisch, in: H.-G. Nesselrath (Hrsg.), Einleitung in die griechische Philologie, Stuttgart/Leipzig 1997, 135–155.
J. Wackernagel, Vorlesungen über Syntax mit besonderer Berücksichtigung von griechisch, lateinisch, deutsch, 2 Bde., Basel ²1926–1928.

IV. Vom Autograph zur modernen Edition

Überlieferungsgeschichte
H. Blanck, Das Buch in der Antike, München 1992.
T. Dorandi, Tradierung der Texte im Altertum; Buchwesen, in: H.-G. Nesselrath (Hrsg.), Einleitung in die griechische Philologie, Stuttgart/Leipzig 1997, 3–16.

H. Hunger/O. Stegmüller u. a., Geschichte der Textüberlieferung der antiken und mittelalterlichen Literatur, Bd. 1, Zürich 1961 (München 1975).
H. Hunger, Handschriftliche Überlieferung in Mittelalter und früher Neuzeit; Paläographie, in: H.-G. Nesselrath (Hrsg.), Einleitung in die griechische Philologie, Stuttgart/Leipzig 1997, 17–44.
E. Pöhlmann, Einführung in die Überlieferungsgeschichte und in die Textkritik der antiken Literatur, Bd. 1, Darmstadt 1994.
L. D. Reynolds/N. G. Wilson, Scribes and scholars: A guide to the transmission of Greek and Latin literature, Oxford ³1991.
W. Schubart, Griechische Palaeographie, München 1925.

Textkritik
Th. Birt, Kritik und Hermeneutik nebst Abriß des antiken Buchwesens, München 1913 (Handbuch der Altertumswissenschaft I 3).
K. J. Dover, Textkritik, in: H.-G. Nesselrath (Hrsg.), Einleitung in die griechische Philologie, Stuttgart/Leipzig 1997, 45–58.
H. Fränkel, Einleitung zur kritischen Ausgabe der Argonautika des Apollonios (Abh. Akad. Wiss. Göttingen, Phil.-hist. Kl., Folge 3, 55, 1964).
A. Gercke/E. Norden, Einleitung in die Altertumswissenschaft, Bd. 1, Leipzig/Berlin ²1912, 36–80.
P. Maas, Textkritik, Leipzig ⁴1960.
G. Pasquali, Storia della tradizione e critica del testo, Firenze ²1952.
M. L. West, Textual criticism and editorial technique, Stuttgart 1973.

V. Hilfswissenschaften

Epigraphik
F. Bérard/D. Feissel/P. Petitmengin/M. Sève (Hrsg.), Guide de l'épigraphiste, Paris ²1989.
L. Robert, Die Epigraphik der Klassischen Welt, Bonn 1970 (Übers. des frz. Orig. Paris 1961).
G. Klaffenbach, Griechische Epigraphik, Göttingen ²1966.
G. Petzl, Epigraphik, in: H.-G. Nesselrath (Hrsg.), Einleitung in die griechische Philologie, Stuttgart/Leipzig 1997, 72–83.

Papyrologie
D. Hagedorn, Papyrologie, in: H.-G. Nesselrath (Hrsg.), Einleitung in die griechische Philologie, Stuttgart/Leipzig 1997, 59–71.
O. Montevecchi, La papirologia, Turin 1973.
H.-A. Rupprecht, Kleine Einführung in die Papyruskunde, Darmstadt 1994.
E. G. Turner/P. J. Parsons, Greek manuscripts of the ancient world, London ²1987.

VI. Metrik

A. M. Dale, The lyric metres of Greek drama, Cambridge ²1968.
R. Kannicht, Griechische Metrik, in: H.-G. Nesselrath, Einführung in die griechische Philologie, Stuttgart/Leipzig 1997, 343–362.
B. Snell, Griechische Metrik, Göttingen ⁴1982.
U. v. Wilamowitz-Moellendorff, Griechische Verskunst, Berlin 1921 (Nachdruck Darmstadt 1975).
M. L. West, Greek metre, Oxford 1982.

VII. Rhetorik

F. Blass, Die attische Beredsamkeit, 3 Teile in 4 Bdn. Leipzig ²1887–1898 (Nachdruck Hildesheim 1962).
W. Eisenhut, Einführung in die antike Rhetorik und ihre Geschichte, Darmstadt ⁵1994.
M. Fuhrmann, Die antike Rhetorik. Eine Einführung, Zürich ⁴1995.
H. Hommel, Rhetorik, Lexikon der Alten Welt, Sp. 2611–2626.
R. C. Jebb, The Attic orators from Antiphon to Isaeus, 2 Bde. Lund 1883 (Nachdruck New York 1962).
G. Kennedy, The art of persuasion in Greece, Princeton (N. J.) ⁶1974.
W. Kroll, Rhetorik, RE, Suppl. 7, 1940, Sp. 1039–1138.
H. Lausberg, Elemente der literarischen Rhetorik. Eine Einführung für die Studierenden der klass., rom., engl. u. deutschen Philologie, Ismaning ¹⁰1990.
H. Lausberg, Handbuch der literarischen Rhetorik. Eine Grundlegung der Literaturwissenschaft, München ³1990.
M. Korenjak, Publikum und Redner. Ihre Interaktion in der sophistischen Rhetorik der Kaiserzeit, München 2000.
J. Martin, Antike Rhetorik. Technik und Methode, München 1974 (Handbuch der Altertumswissenschaft II 3).
E. Norden, Die antike Kunstprosa vom VI. Jahrhundert v. Chr. bis in die Zeit der Renaissance, 2 Bde., Leipzig ³1915 (Nachdruck der 2. Aufl. 1909, Darmstadt 1983).
J. Richter-Reichhelm, Compendium scholare troporum et figurarum. Schmuckformen literarischer Rhetorik, Frankfurt 1988.
R. Volkmann, Die Rhetorik der Griechen und Römer in systematischer Übersicht, Leipzig ²1885 (Nachdruck Hildesheim 1963).

VIII. Philosophie

J. Barnes, Early Greek philosophy, New York 1987.
H. Diels/W. Kranz, Die Fragmente der Vorsokratiker (s. 1.6).
Geschichte der Philosophie (Beck'sche Elementarbücher), hrsg. v. W. Röd, Bd. I: W. Röd, Die Philosophie der Antike 1. Von Thales bis Demokrit, München 1976; Bd. II: A. Graeser, Die Philosophie der Antike 2. Sophistik und Sokratik, Plato und Aristoteles, München 1983; Bd. III: M. Hossenfelder, Die Philosophie der Antike 3. Stoa, Epikureismus und Skepsis, München 1985.
G.-F. Geyer, Einführung in die Philosophie der Antike, Darmstadt ²1988.
Th. Gomperz, Griechische Denker. Eine Geschichte der griechischen Philosophie, 3 Bde., Bde. I u. II 4. Aufl., Bd. III 3./4. Aufl. Leipzig 1922–1931 (Nachdruck 1973).
W. K. C. Guthrie: A history of Greek philosophy, 6 Bde. Cambridge 1962–1981 (Bd. 1 in 2. Aufl. 1967).
Historisches Wörterbuch der Philosophie, hrsg. v. J. Ritter u. a., Basel 1971 ff.
G. B. Kerfeld, The sophistic movement, Cambridge 1981.
A. A. Long, Hellenistic philosophy. Stoics, Epicureans, Sceptics, London ²1985.
F. E. Peters, Greek philosophical terms. A historical lexicon, New York/London 1967.
M. Pohlenz, Die Stoa. Geschichte einer geistigen Bewegung, 2 Bde., Göttingen ⁵1978–1980.
G. T. Schwarz, Philosophisches Lexikon zur griechischen Literatur, München/Bern 1956.

F. Ueberweg, Grundriß der Geschichte der Philosophie:
  I. Die Philosophie des Altertums, hrsg. v. K. Praechter, Berlin [12]1926 (Nachdruck 1957).
  II. Die patristische und scholastische Philosophie, hrsg. v. B. Geyer, Berlin [11]1928 (Nachdruck 1960).
Neubearbeitung:
  Die Philosophie der Antike, Bd. 2/1: Sophistik – Sokrates – Sokratik, hrsg. v. H. Flashar, Basel/Stuttgart 1998.
  Die Philosophie der Antike, Bd. 3: Ältere Akademie – Aristoteles – Peripatos, hrsg. v. H. Flashar, Basel/Stuttgart 1983.
  Die Philosophie der Antike. Bd. 4: Die hellenistische Philosophie, hrsg. v. H. Flashar, Basel/Stuttgart 1994.
E. Zeller, Die Philosophie der Griechen in ihrer geschichtlichen Entwicklung, 3 Teile zu je 2 Abteilungen, Leipzig [4-6]1903–1923 (Nachdruck 6 Bde., Hildesheim 1963, 4 Bde., Darmstadt 1963).
E. Zeller, Grundriß der Geschichte der griechischen Philosophie, 13. Aufl. v. W. Nestle, Leipzig 1928.

IX. Die Epochen der griechischen Literatur

R. Herzog/R. Koselleck (Hrsg.), Epochenschwelle und Epochenbewußtsein, München 1987 (Poetik und Hermeneutik 12).
M. Hose, Kleine griechische Literaturgeschichte, München 1999.
J. Latacz, Epos, in: Der Neue Pauly Bd. 4, Stuttgart/Weimar 1998, 11–22.

X. Die Gattungen der griechischen Literatur

Theorie
G. B. Conte, Genres and readers, 1994.
K. W. Hempfer, Gattungstheorie, München 1973.

Allgemein
Gattungsartikel im Neuen Pauly

Epos
J. B. Hainsworth, The idea of epic, Berkeley 1991.
A. T. Hatto, Eine allgemeine Theorie der Heldenepik, Opladen 1991.
J. Latacz, Homer. Eine Einführung, München/Zürich [3]1997.
J. Latacz (Hrsg.), Zweihundert Jahre Homer-Forschung: Rückblick und Ausblick, Stuttgart 1991.
I. Morris/B. Powell (Hrsg.), A new companion to Homer, Leiden/New York/Köln 1997.

Lehrgedicht
B. Effe, Dichtung und Lehre. Untersuchungen zur Typologie des antiken Lehrgedichts, München 1977.

Kleinepos
K. J. Gutzwiller, Studies in the hellenistic epyllion, Königstein 1981.

Hymnos
L. Käppel, Paian. Studien zur Geschichte einer Gattung, Berlin/New York 1992.
St. Schröder, Geschichte und Theorie der Gattung Paian, Stuttgart/Leipzig 1999.
B. Zimmermann, Dithyrambos. Geschichte einer Gattung, Göttingen 1992.

Bukolik
B. Effe/G. Binder, Die antike Bukolik, München/Zürich 1989.

Lyrik
H. Fränkel, Dichtung und Philosophie des frühen Griechentums: Eine Geschichte der griechischen Epik, Lyrik und Prosa bis zur Mitte des fünften Jahrhunderts, München ²1962 (Nachdruck 1993)
D. E. Gerber (Hrsg.), A companion to the Greek lyric poets, Leiden/New York/Köln 1997.

Elegie und Iambos
K. Bartol, Greek elegy and iambus: Studies in ancient literary sources, Poznan 1993.
M. L. West, Studies in Greek elegy and iambus, Berlin/New York 1974.

Epigramm
L'épigramme Grecque: Sept exposés suivis de discussions, Genève/Vandœuvres 1968 (Entretiens Hardt 14).
M. Lausberg, Das Einzeldistichon: Studien zum antiken Epigramm, München 1982.

Tragödie
P. E. Easterling (Hrsg.), The Cambridge companion to Greek tragedy, Cambridge 1997.
J. Latacz, Einführung in die griechische Tragödie, Göttingen 1993.
A. Lesky, Die tragische Dichtung der Hellenen, Göttingen ³1972.
B. Zimmermann, Die griechische Tragödie, München/Zürich ²1992.
B. Zimmermann, Europa und die griechische Tragödie, Frankfurt/M. 2000.

Satyrspiel
R. Krumeich/N. Pechstein/B. Seidensticker (Hrsg.), Das griechische Satyrspiel, Darmstadt 1999.
B. Seidensticker (Hrsg.), Satyrspiel, Darmstadt 1989.

Komödie
B. Zimmermann, Die griechische Komödie, Düsseldorf/Zürich 1998.

Philosophische und wissenschaftliche Fachprosa
M. Fuhrmann, Das systematische Lehrbuch. Ein Beitrag zur Geschichte der Wissenschaften in der Antike, Göttingen 1960.

Geschichtsschreibung und Biographie
A. Dihle, Studien zur griechischen Biographie, Göttingen ²1970.
S. Hornblower (Hrsg.), Greek historiography, Oxford 1994 (Nachdruck 1996).
O. Lendle, Einführung in die griechische Geschichtsschreibung: Von Hekataios bis Zosimos, Darmstadt 1992.
A. Momigliano, The development of Greek biography, Cambridge (Mass.) 1993.

Rede

F. Blass, Die attische Beredsamkeit, 3 Bde., ²1887–9188 (Nachdruck 1979).
W. Eisenhut, Einführung in die antike Rhetorik und ihre Geschichte, Darmstadt ³1982 (Nachdruck 1994).
G. Kennedy, The art of persuasion in Greece, Princeton ⁶1974.
G. Kennedy, A new history of classical rhetoric, Princeton 1994.
J. Martin, Antike Rhetorik. Technik und Methode, München 1974 (Handbuch der Altertumswissenschaft II 3).

Brief

S. K. Stowers, Letter and writing in Greco-Roman antiquity, Philadelphia 1986.
K. Thraede, Grundzüge griechisch-römischer Brieftopik, München 1970.
J. L. White, The form and function of the body of the Greek letter, Cambridge (Mass.) 1972.

Roman

N. Holzberg, Der antike Roman. Eine Einführung, München 1986.
B. E. Perry, The ancient romances, Berkeley/Los Angeles 1967.
M. Picone/B. Zimmermann (Hrsg.), Der antike Roman und seine mittelalterliche Rezeption, Basel 1997.
G. Schmeling (Hrsg.), The novel in the ancient world, Leiden u. a. 1996.
J. Tatum (Hrsg.), The search for the ancient novel, Baltimore/London 1994.

XII. Studium

Grund- und Aufbauwortschatz Griechisch, bearbeitet v. Th. Meyer/H. Steinthal, Stuttgart 1993.
Griechische Grammatik, von E. Bornemann, unter Mitwirkung von E. Risch, Frankfurt/M. ²1978.
H. Menge/A. Thierfelder/J. Wiesner, Repetitorium der griechischen Syntax, 10. korrigierte und um ein Supplement erweiterte Auflage, Darmstadt 1999.
H. Zinsmeister, Griechische Laut- und Formenlehre, Sprachwissenschaftliche Studienbücher: Abt. 1, Heidelberg 1990.
J. Holzhausen, Griechische Stilübungen I. Ein Übungs- und Lehrbuch zur griechischen Sprache, München 1999.

XVI. Glossar/Sachregister

Agon ('Wettkampf', Organisationsform von Dramen- und Dithyrambenaufführungen) 143
Akademie (Schule Platons) 128 f.
Anaklasis (Vertauschen metrischer Elemente) 92
anceps (doppeldeutige Stelle im Vers, an der Länge oder Kürze möglich ist) 88
Anthologia Palatina (Sammlung griechischer Poesie) 24, 164
Aphairesis (s. Elision) 89
Apologetik (Verteidigung des Christentums) 151
Asianismus (barocke Stilrichtung der Kaiserzeit) 148
Asynarteten (Verbindung heterogener metrischer Glieder) 93
Attizismus (sich am klassischen attischen Stil orientierende Richtung der Kaiserzeit) 148, 211 f.

Barytonese (zurückgezogener Akzent im Äolischen) 48
Brücke (Stelle im Vers, an der Wortende vermieden wird) 89, 91
Buchdruck 29
Buchkultur 56

Canones (Listen vorbildlicher Vertreter der Literaturgattungen) 18
Chorizonten (Forschungsrichtung des Hellenismus, die für Homers *Ilias* und *Odyssee* zwei Autoren ansetzte) 154
Codex s. Kodex

Demegorie (Rede vor der Volksversammlung) 181
Diadoche (Schüler-Lehrer-Abfolge) 150
Diatribe (Moralpredigt) 151, 174

Didaskalie (Aufführungsprotokoll) 15
Dihärese (Einschnitt im Vers nach einem Metrum) 89
Dionysien (Große oder Städtische; Hauptfest des Gottes Dionysos in Athen mit Aufführungen von Dithyramben und Dramen) 143
Dipylon-Kanne 58, 83
Dithyrambos (altes Kultlied des Dionysos) 143, 160
Dittographie (Doppelschreibung) 75
Doxographie (systematische Darstellung von Lehrmeinungen) 150

editio princeps (Erstdruck) 29
Eisagoge (Einführung) 149
Ekklesie (Volksversammlung) 143
Ekphrasis (Beschreibung) 149, 156, 190
Elision (Ausstoßen eines Vokals) 89
Emendatio (Textverbesserung) 74 f.
Epinikion (Siegeslied) 140, 191
Epithalamion (Hochzeitslied) 140
Epoche (wörtlich 'Haltepunkt', Zeitabschnitt) 135 ff.
Ethopoiie (Charakterdarstellung) 151
Euphonie (Wohlklang) 89
Examinatio (Überprüfung der Überlieferungsträger eines Textes) 74 f.

Fragmentsammlungen 39

Glosse (in den Text eingedrungene Erklärung) 75
Götterapparat (im Epos) 156

Haplographie (Einfachschreibung) 75
Hetairie (politischer Club) 140, 191
Hexapla (Ausgabe des *Alten Testaments* von Origines) 22

Hiat (Aufeinandertreffen von Vokalen) 89
Homerische Frage 154f.
Humanisten 27
Hymenaios (Hochzeitslied) 140
Hypomnema (Kommentar, Materialsammlung; lat. commentarius) 18, 179
Hyporchema (Tanzlied) 140
Hypothesis (Inhaltsangabe) 17

Ikonolatrie (Bilderverehrung) 58
Inkunabel (Wiegendruck) 69
Isochronie (Zusammenfallen der Quantitäten) 22

Katalexe (Ausfall eines Elements am Ende eines Verses) 90
Kepos (Schule Epikurs) 146
Kodex (Buchform der Antike) 54f.
Koine (einheitliche Sprachform des Griechischen seit dem Hellenismus) 44f., 148
Konjektur (Korrekturversuch einer korrupten Textstelle) 75
Kontamination (Verschmelzen mehrerer Vorlagen) 73
Krasis (Verschmelzen von auslautendem und anlautendem Vokal) 89
Kritischer Apparat (Dokumentation der Überlieferungslage in einer wissenschaftlichen Ausgabe) 76f.

Leitfehler (offensichtlicher Fehler in der handschriftlichen Überlieferung) 70
Lenäen (Frühjahresfest des Dionysos mit Dramenaufführungen) 143
Lexika 21f., 199
Logograph (Redenschreiber) 100, 202, 204, 206

Majuskel (Großschrift) 59
Mänade (Anhängerin des Dionysos) 94
Marmor Parium (auf Paros gefundene Chronik) 84
Melik (Lyrik) 161
Metacharakterismos (Umschrift von Majuskel- in Minuskelschrift) 63

Metrik (Lehre vom Versbau, den Versarten) 88ff.
Minuskel (Kleinschrift) 59
Museion (Bibliothek in Alexandria) 15f.

Nestor-Becher 58, 83
Neuplatonismus 22f., 134

Obelos (waagrechter Strich zur Kennzeichnung unechter Verse) 16
Odeion ('Gesangshalle'; Ort der Prunkreden der Kaiserzeit) 149
onomasti komodein (persönlicher Spott in der Komödie) 143
Oxyrhynchos (Fundort zahlreicher wichtiger Papyri in Ägypten) 86

Paian (Kultlied des Apollon) 160
Paläographie (Lehre vom Wandel der Schriftarten) 59–66
Papyrus (Beschreibstoff der Antike) 53f., 85
Parabase (Bauform der Komödie des 5. Jahrhunderts v. Chr.) 170
Partheneion (Lied für Mädchenchor) 140
Pergament (Beschreibstoff aus Leder) 53f.
Peripatos (Schule des Aristoteles) 132
Phyle (Hauptverwaltungseinheit Attikas) 143
Pinakes (Bibliothekskatalog des Kallimachos) 16
Praefatio (Vorwort) 76
Progymnasmata (Vorübungen in der Rhetorenschule) 148f., 213
Prooimion (Einleitung, auch Bezeichnung der homerischen Hymnen) 189
Prosodie (Lehre von den Quantitäten der Vokale) 88
Prosodion (Prozessionslied) 140

Querelle des anciens et modernes 34

Recensio (Sammlung aller Überlieferungsträger) 69
recto (Papyrus-Seite, auf der die Fasern horizontal verlaufen) 53

Sacco di Roma (Einnahme Roms 1527) 30
Scholion (antike oder byzantinische kommentierende Anmerkung) 18
Serapeion (Bibliothek in Alexandria) 16
Skazon (Hinkiambus) 92
Skolion (Trinklied beim Symposion) 140, 191
Sphragis ('Siegel', Dichter weist auf seine Person hin) 158
Stemma codicum (Stammbaum der Handschriften) 70
stichisch (derselbe Vers kann beliebig oft wiederholt werden) 90
Stoa (Philosophenschule) 133f.
Symposion (nach festen Regeln verlaufendes Gelage) 140

Synizese (s. Krasis) 89
Synkope (Unterdrückung eines metrischen Elements) 94
Synkrisis (vergleichende Würdigung) 211

Tetralogie (vier in einem inhaltlichen Zusammenhang stehende Stücke) 194
Thiasos (Kultgemeinschaft) 140, 191
Threnos (Klagelied) 140
Topothesie (Ortsbeschreibung) 156

verso (Papyrus-Seite, auf der die Fasern vertikal verlaufen) 53

Zäsur (Einschnitt im Vers innerhalb eines Metrums) 89, 91

XVII. Namensregister

Achilleus Tatios 186
Ailian(os) 149f.
Ailios Aristeides 149, 182
Aischines 180, 205
Aischylos 92-94, 144, 166, 167, 168, 193-195
Akusilaos von Lampsakos 141
Aldus Manutius 29
Alexander d. Gr. 145
Alexander s. auch Alexandros
Alexandros Aitolos 16
Alexandros Polyhistor 20
Alexandros von Aphrodisias 22, 150
Alkaios 95f., 139f., 162, 163, 191
Alkiphron 150, 184
Alkman 139, 163
Anakreon 49, 163
Anaxagoras 56, 120
Anaximander 116f., 141, 172, 175
Anaximandros s. Anaximander
Anaximenes 117, 172
Andokides 145
Antisthenes von Athen 123
Anthologia Palatina 24, 164
Antimachos 14, 164
Antiphon 144, 180
Apollodoros von Pergamon 20
Apollonios Dyskolos 22, 149
Apollonios Rhodios 16f., 49, 156, 209f.
Appian(os) 178
Arat(os) 157
Archelaos 197
Archilochos 49, 93, 139, 165, 190f.
Arethas 63
Aristainetos 184
Aristarch(os) von Samothrake 18
Aristipp(os) von Kyrene 123
Aristonikos 21
Aristophanes von Athen 92, 95, 139f., 144, 146, 148, 169, 198-200
Aristophanes von Byzanz 17f.
Aristoteles 15, 97f., 115, 129-132, 150, 173, 174, 181, 194

Aristoxenos 173
Artemidor(os) von Tarsos 21
Athenaios 18, 149
Auratus 31
Aurispa 18

Babrios 165
Bakchylides 95, 163, 193f.
Basileios 151
Batrachomyomachia 159
Bekker 37
Bentley 33f.
Bessarion 28
Bion von Borysthenes 174
Bion von Smyrna 159, 161
Biondo 28
Boccaccio 27
Böckh 37
Bopp 36
Bruni 28
Budé 30f.
Burman 34

Caecilius von Kale Akte 20
Casaubon 31
Cassius Dion 178f.
Catull(us) 96
Chamaileon 15
Chariton 186
Charon von Lampsakos 141
Choirilos 156
Chrysipp(os) 133, 173
Chrysoloras 27
Cobet 35
Corpus Hippocraticum 173

De Montfaucon 133
Deinarchos 180
Demetrios von Phaleron 15
Demodokos 140
Demokrit(os) 119f., 173
Demosthenes 101f., 148, 180, 184, 205f.

Derveni 56f., 85
Didymos von Alexandria 157f.
Diogenes 123
Dion Chrysostomos 149
Dionysios von Halikarnassos 20, 45, 148, 210f.
Dionysios von Milet 141
Dioskurides 173
Du Cange 33

Empedokles 119, 157
Ephialtes 142, 294
Epicharmos 50, 169
Epikur(os) 133f., 146, 173
Epischer Kyklos 156
Erasmus von Rotterdam 29f.
Eratosthenes 17, 132
Eudoxos 129
Euhemeros 185
Eukleides von Megara 123, 173
Euphorion von Chalkis 156
Eupolis 169
Euripides 92, 94, 142, 166, 168, 197f.
Eusebios 22, 179
Eustathios 24

Fabricius 35
Ficino 28
Filelfo 28

Gildersleeve 40
Goethe 136
Gorgias 88, 100, 111, 121, 144, 181
Gregor(ios) von Korinth 24
Gregor(ios) von Nazianz 151
Gregor(ios) von Nyssa 151
Gronovius 32
Grotius 32
Guarino von Verona 28

Harpokration 149
Heinsius 32
Hekataios 141f., 172, 175
Heliodor(os) 186
Hemsterhuys 34
Hephaistion 22, 149
Herakleides Pontikos 15
Herakleitos s. Heraklit
Heraklit 117f., 141, 172, 187
Hermagoras 182

Hermann 37, 95
Hermogenes 182
Herodas 165, 208f.
Herodes Atticus 182
Herodian(os) 22, 149
Herodot(os) 175, 200f.
Hesiod(os) 139, 142, 157, 189f., 209
Hesych(ios) 23
Heyne 35
Hieron 145, 194
Himerios 183
Hippias 15
Hipponax 49, 92, 165, 208
Hofman-Peerlkamp 35
Homer(os) 49, 97, 138f., 146, 149, 187–189, 209
Homerische Hymnen 160
Horaz 96, 147
Hypereides 180

Ibykos 139, 63
Ignatius von Antiocheia
Isokrates 101, 148, 181, 204f.

Jaeger 40
Julian (Kaiser) 212

Kallimachos 16, 146, 164f., 207f., 209
Kallinos 49, 163, 187
Karneades 129
Kleanthes 133, 160
Kleisthenes von Athen 142f., 194
Klemens von Alexandria 151
Kolluthos 159
Konstantin d. Gr. 138
Korax 181
Korinna 49, 163
Krates von Mallos 19
Kratinos 169
Kritias 142

Lachmann 37, 73
Lambinus 31
Le Clerc 33
Libanios 183, 184, 212
Lipsius 32
Longin(os) 21, 211
Longos 186
Lord 188
Lukian(os) 148f., 174, 212

Namensregister

Lykophron 16
Lykurg(os) 14, 180
Lysias 100, 148, 202 f.

Maas 73, 95
Mabillon 33
Marcus Antonius 148
Margites 158
Melanchthon 29
Meleagros 164
Melino 163
Menander 146, 148 f., 171, 207
Menandros s. Menander
Menippos 174
Mesomedes 163
Mimnermos 49, 139, 163
Moiris 149
Mommsen 38
Moschopulos 25
Moschos 159, 161
Müller 38
Muretus 30
Musaios 159

Neues Testament 44, 151
Niebuhr 37 f.
Nietzsche 39
Nikandros 157
Nonnos 152, 156

Octavianus (Augustus) 148
Onesikritos 185
Oppian(os) 158
Origenes 22
Ovid 208

Palaiologen 25
Pamphilos von Alexandria 21
Panaitios 133
Papias 151
Parmenides 118 f., 139, 157
Parry 154, 188
Paulus 185
Perikles 195, 201
Petrarca 27
Phalaris 184
Phemios 140
Pherekydes von Athen 141
Philitas von Kos 15
Philostrat(os) 149

Philoxenos von Alexandria 20
Photios 24, 63
Phrynichos (Lexikograph) 149
Phrynichos (Tragiker) 167
Piccolomini 29
Pindar(os) 95, 163, 192 f.
Pizzicolli 28
Planudes 25
Platon 115, 124–128, 144, 150, 173 f., 184
Plotin 150
Plutarch(os) 147, 149, 178, 211
Poggio 27
Polemon von Ilion 19
Poliziano 29
Pollux 149
Polybios 44, 146 f., 176, 210
Polykarpos von Smyrna 151
Porphyrios 22, 150
Porson 34, 93
Poseidonios 133
Post 183
Pratinas 168
Prodikos 15, 181
Proklos 150, 160
Protagoras 15, 121
Psellos 24
Pseudo-Longin 211
Ptolemaios 173
Pythagoras 117

Quintus Smyrnaeus 49, 156

Reuchlin 29
Rhianos 156
Robortelli 30
Ruhnken 34

Salutati 27
Sappho 49, 95 f., 139 f., 163, 191 f.
Scaliger 31 f.
Schlegel 37
Schleiermacher 37
Semonides 49, 139, 165
Simon 33
Simonides 95, 139, 145, 163
Skylax 141
Sokrates 123, 143 f.
Solon 49, 93, 139, 163
Sophokles 166, 168, 195–197

Sophron 50, 160
Stephani 31
Stesichoros 139, 163
Stobaios 23, 149
Suda 24
Synesios von Kyrene 152

Teisias 181
Thales 116, 141, 172
Themistios 150, 183
Theodosius 138
Theognidea 163
Theognis 49, 139
Theokrit(os) 146, 159, 161, 209
Theon 21
Theophrast(os) 15, 132
Thrasymachos 181
Thukydides 142 f., 176, 201 f., 210
Timotheos 56 f., 163
Triklinios 25
Turnebus 31
Tyrannion von Amisos 20
Tyrtaios 163
Tzetzes 24

Valckenaer 34
Vergil 209
Victorius 30
Vossius 32

Welcker 38
Westphal 95
Wilamowitz 38
Winckelmann 35 f.
Wolf 36, 188
Wyttenbach 34

Xanthos von Sardes 141
Xenophanes 118, 139, 183
Xenophon von Athen 142, 145, 148, 173 f., 178, 185, 203 f.
Xenophon von Ephesos 186

Zenodot(os) 16, 209
Zenon von Elea 173
Zenon von Kition 133
Zonaras 179

Abbildungsnachweis

Abb. 1 H. Blanck, Das Buch in der Antike, München 1992, S. 116
Abb. 2 H. Hunger, in: Die Textüberlieferung der antiken Literatur und der Bibel, München 1975, S. 78 © Atlantis Verlag AG, Zürich, 1961
Abb. 3 ibid. S. 81
Abb. 4 ibid. S. 83
Abb. 5 ibid. S. 97
Abb. 6 H. Hunger, in: H.-G. Nesselrath, Einleitung in die griechische Philologie, © B. G. Teubner Stuttgart/Leipzig 1997, S. 29
Abb. 7 ibid. S. 30
Abb. 8 ibid. S. 31
Abb. 9 ibid. S. 37
Abb. 10 ibid. S. 40
Abb. 11 ibid. S. 41
Abb. 12 ibid. S. 42